Haunted Empire

Apple after Steve Jobs

后帝国时代

乔布斯之后的苹果

[美] 尤卡瑞·依瓦塔尼·凯恩 / 著
Yukari Iwatani Kane

钱峰 / 译

中信出版集团 · 北京

图书在版编目（CIP）数据

后帝国时代：乔布斯之后的苹果/（美）尤卡瑞·
依瓦塔尼·凯恩著；钱峰译. -- 北京：中信出版社，
2018.1
书名原文：Haunted Empire: Apple after Steve
Jobs
ISBN 978-7-5086-8419-2

Ⅰ.①后… Ⅱ.①尤 ②钱… Ⅲ.①电子计算机工
业－工业企业管理－经验－美国 Ⅳ.①F471.266

中国版本图书馆CIP数据核字（2017）第 295360 号

后帝国时代：乔布斯之后的苹果

著　者：尤卡瑞·依瓦塔尼·凯恩
译　者：钱　峰
出版发行：中信出版集团股份有限公司
　　　　　（北京市朝阳区惠新东街甲 4 号富盛大厦 2 座　邮编　100029）
承 印 者：三河市西华印务有限公司

开　本：787mm×1092mm　1/16　　　印　张：27.5　　　字　数：330 千字
版　次：2018 年 1 月第 1 版　　　　印　次：2018 年 1 月第 1 次印刷
京权图字：01-2012-1313　　　　　　广告经营许可证：京朝工商广字第 8087 号
书　号：ISBN 978-7-5086-8419-2
定　价：48.00 元

目　录

本书基丁 5 年纪实报道整埋而成，其中
包括我为《华尔街日报》做的对苹果公司为
期 3 年的采访。书中涉及的所有名字和细节
均属实。

在乔布斯去世以前我就已着手此书的创
作，我本打算记录这位总裁和他的团队如何将
苹果公司从破产边缘拯救下来，以及如何将其
变成一个辉煌无比的帝国。然而，大约一年以
后，我意识到眼前正上演着更引人注目的一
幕：公司领袖变迁。之前我曾跟踪报道过索尼
公司，它在创始人逝世后就开始走下坡路了，
因此，我对苹果公司如何能够在一个愈加复杂
的商业环境下妥善应对各种挑战特别感兴趣。
于是我再次着手这个问题——一个伟大的公司
在失去了伟大的领袖以后，还能否续写神话？
我想，如果可以的话，那也非苹果莫属。

尽管我熟悉有关苹果公司的所有重大新闻

自
序

事件，在报道期间也接触到了好几位执行官，但苹果公司除了让我旁听了一次股东大会之外，没有再透露更多的内部信息。即便如此，通过对近 200 位人士的 200 余次采访，我掌握了苹果公司在美国、欧洲和亚洲运作的第一手资料。被采访的人士中有苹果公司曾经和现任的执行官及员工，还有在该公司运营的不同阶段与公司内部有密切接触的合作伙伴、律师、朋友以及熟人。我还采访了富士康和三星的前任员工、执行官、商业顾问和合作伙伴。但鉴于这三个商业巨头之间秘而不宣的关系，他们中的大多数人都要求对姓名保密，以免受到负面影响。

为了写好这个故事，我走遍了世界各地。从加利福尼亚州库比蒂诺市的苹果公司总部开始，我先后去了芝加哥、波士顿、伦敦、法兰克福、北京、香港、首尔和东京。我还驱车到亚拉巴马州的罗伯茨代尔市拜访了蒂姆·库克的家乡，到学校采访了几位他以前的老师，还在卢妈妈的店（Mama Luo's restaurant）里吃了炸鸡。我到圣何塞出席了苹果和三星的审判案件，到深圳暗访了黑市，还在龙华的富士康建筑群门前看到了大批涌入工厂的工人。在台北台中工业区的鸿海集团总部门前，表情严肃的保安阻止我在他们所在的马路这侧拍照。我还搜集了关于苹果公司运营的公开记录，查阅了上千页的聆讯记录、内部备忘录、公司邮件以及其他文件，这些都帮助我把零散的细节拼成一个完整的故事。

书中涉及的一些场景和对话有的是第一手资料，有的是我从视频中看到的，其他则是从采访、笔录和调研中整理获得的。当然，一些细节是根据受访人的回忆得出的。我明白回忆有时并不可信，所以我想尽办法证实它们的准确性。当我在书中提及某个名字时，读者朋友们切莫以为这个人接受了我的采访。很多言论是曾经公开发表的，或者是在苹果内部分享以后广为人知的。

我咨询了众多领域的相关专家，他们为我讲解了很多专业知识的背景与环境，比如专利法、公司治理和软件设计。我还借鉴了世界各地杰出的记者同事的观察和报道，他们慷慨地提供资料以充实此书，他们的名字在"致谢"部分都有提及。

为了讲好这个关系全球的故事，我广泛阅读了多语言版本的新闻、文章和书籍，包括英文、中文、韩文和日文。我曾在日本留学，所以阅读日文文章对我来说没什么困难。中文和韩文材料则由精通这两门语言的得力助手们鼎力相助。

那个星期三，整个帝国陷入一片沉寂。

从波士顿到旧金山，全美各地的苹果旗舰店在大白天竟然闭门谢客。在芝加哥，苹果店面玻璃上挂了一面白帘。在华盛顿，一名保安纹丝不动地伫立门前紧盯着入口。在曼哈顿，灯光还亮着，电脑仍开着，而办公室已人去楼空。

此时，这些门店的员工正围聚在远程视频设备周围，等着为他们富有远见卓识却英年早逝的创始人举行追悼仪式。史蒂夫·乔布斯罹患癌症已有数年，所以他的去世并非毫无征兆，但这仍然是一个晴天霹雳。在苹果东京分部，员工哭声一片。尽管是大半夜，他们仍然都来到了公司。几年前，乔布斯顺道参观时他们就在场，因此他们觉得没有理由不去见证他的最后一次聚会。

在地球另一边位于加利福尼亚州北部的苹

果"无限循环"工业园总部，正值上午。远近各地的粉丝纷纷来到园内，把鲜花、气球和赠言放在乔布斯办公楼前沿过道临时设置的悼念处。苹果的员工也来到这里参加典礼，树上挂着一串串彩色的千纸鹤，在日本，千纸鹤象征着和平与宁静。公司大门前的美国国旗、加州州旗和苹果的公司旗都降了半旗。园内挂着标语，告示职员禁止上传有关图片。在苹果，保密是一条法令，而在那天，这条法令显得尤为重要。公司希望能够安静地为其 CEO（首席执行官）举办丧事，而不受外界干扰。

一家颇为大胆的电视台派了一架直升机在工业园上空盘旋，摄像机记录下了那一幕。镜头下，人们聚集在公司的露天剧场外。秋季将至，树叶染成了鲜红色。成千上万的职员伫立园中。随着班车将人们送出，越来越多的人在外面排列成行。乔布斯的妻子劳伦小心翼翼地坐在舞台左侧，她一袭黑衣，双眸藏在墨镜之下，脸上偶尔闪过空洞的微笑。

正对院子的办公室中，苹果的员工站在阳台上眺望着。他们旁边的高楼上挂着很多乔布斯的黑白照片，每幅都有两层楼那么高。一位陨落的帝王开启了神化之路。其中一张照片中，年轻的乔布斯盘腿而坐，膝上放着第一代 Mac 电脑。另外一张拍摄于 2004 年，乔布斯双手紧扣，嘴角泛着自信的微笑，似乎他已经预见到苹果无可限量的未来。第三张照片可以作为其传记的封面——乔布斯蓄起络腮胡，一只手轻托下颌——显然，这个男人知道他成功地改变了世界。

附近堆着很多题为《铭记史蒂夫》的白色封皮的编程书籍。里面收录了乔布斯 2005 年在斯坦福大学毕业典礼上的演讲。

"你们的时间有限，所以不要浪费时间活在别人的生活里。"上面写道，"不要被信条所惑——盲从信条就是活在别人思考的结果里。不要让别人的意见淹没了你内在的心声。最重要的是，拥有跟随内心与直觉的勇气。"

这些振奋人心的诘语透露出乔布斯傲慢自大的一面：他是一个目中无人、专制蛮横的暴君。不过他去世以后，这些纷繁复杂的评论只是徒增了其人生的奇幻色彩而已。

尽管诸位忠于苹果的人士聚集于此是要缅怀其CEO精彩卓越的一生，但事实上很多人则更加急切地想要证明苹果没有乔布斯也可以走下去。苹果的管理团队独自运营公司至今已有一段时间了，他们都非常清楚地知道将要面临怎样巨大的挑战。到处都有人等着看苹果走向衰落。前副总经理、苹果董事阿尔·戈尔告诉人们要有信心。乔布斯早就为他们做好了准备，他生前不断地向他们灌注热情与激情，让他们敢于思考并研发能够改变世界的产品。"只要冰球仍在眼前，就不要停止向前滑。"阿尔引用冰球明星韦恩·格雷茨基（加拿大职业冰球手，有"伟大冰球手"之美誉）的话说道，乔布斯也曾借用过这段话。

当苹果的首席产品设计师乔纳森·艾夫出现在舞台上时，人们似乎感到了　丝宽慰。他和乔布斯共同研发出众多设计精美的产品，他是乔布斯最亲密的同事。

"他比任何人都明白，虽然最终的想法是如此强大，但它们起初都是非常脆弱的想法，一不小心就会被忘记，被放弃，被否定得彻彻底底。"艾夫说道，"我认为，他的成功意味着至美和至纯的胜利，也意味着……'蔑视一切'这种态度的胜利。"

现在艾夫必须要保住这些理想，不让它们消散。乔布斯的其他得力助手也一样，他们都肩负着让苹果续写胜利神话的重任。

苹果新任CEO蒂姆·库克在人们眼中是一个坚忍克己的人，但当他站到麦克风前谈论苹果的损失时，声音也变得沙哑。"刚刚过去的两周是我人生中最痛苦的时期。"库克坦白说。"乔布斯，"他继续说道，"曾被人们称为'愿景家、创意天才、叛逆者、特立独行者、怪人、史上最伟大的CEO、最优秀的创新者、最成功的创业家'。他像孩子那样好奇，像天才那般思考。上面的话都有真实依据，其实，将这些特点全部集中在一个人身上简直是一件不可思议的事情。对于我们这些真正懂他、爱他的人来说，这些词，无论是单独拿出来还是放在一起，都不能充分定义史蒂夫这个人。"

库克引用了乔布斯最为著名的信条，生动地总结了他的思想。

"简单比复杂更难……你必须非常努力，让思想更单纯，让产品更简单……弄清楚下一步要做什么。"

知道下一步要做什么是一方面，执行则是另一方面。过去几年中，苹果的运营变得越来越复杂。公司规模不断扩大，经营愈发全球化，企业形象更加卓越，因此，它可能失去的也就更多。苹果在智能手机和平板电脑市场上与全球的各大对手竞争激烈，还受到政府的严密监察。库克不仅要管理好亚洲庞大的供应链，还要满足公众对"酷极了的"产品的不竭渴求。乔布斯的丰功伟绩将人们对新产品的预期推升到一个制高点，每一次成功都令下一次成功更加艰难。

乔布斯并没有期待库克去做那些自己曾做的事情。他甚至不希望库克问他那样的问题。

"做对的事情就可以了。"他曾这样建议道。

在与乔布斯并肩合作近15年以后，库克深深感到离开乔布斯的日子是无法想象的。但是库克如何才能让到处充满乔布斯气息的公司烙下他的印记呢？甚至连他手边的矿泉水都是乔布斯选择的雪碧智能水。苹果就是乔布斯，乔布斯就是苹果。纵观历史，很多帝国在其深受人们爱戴与敬畏的领袖去世以后，要么陷入混乱，要么就此消逝。库克如何才能让苹果避免遭受同样的命运呢？

讲话最后，库克播放了一段乔布斯鲜为人知的音频，内容是苹果著名的《非同凡想》（Think Different）的广告。虔诚的听众回味着他空旷的声音。

"向那些疯狂的家伙们致敬，他们特立独行，他们桀骜不驯，他们惹是生非，他们格格不入，他们用与众不同的眼光看待事物。"

人们侧耳聆听。毫无疑问，他们从这条广告中听到了乔布斯。它准确无误地定义了乔布斯。

"他们不喜欢墨守成规，他们也不愿安于现状。"

他颠覆的不仅仅是规矩，还有事实。他创造出了自己的现实。

"你可以认同他们，反对他们，颂扬或是诋毁他们，但唯独不能漠视他们。"

典礼以酷玩乐队（Coldplay）的表演结束，他们是乔布斯最钟爱的乐队之一。《生命万岁》（Viva la Vida），关于一位主宰世界的国王的歌词在园区上方回荡。

人们渐渐离去，他们的帝王从悬挂的布帘上俯视众生，目不转睛，不动声色，只待见证他的干将如何将他创造的王国推向未来。

1

乔布斯：消失的愿景家

对于一个占据了美国经济和文化中心的公司而言，苹果总部的地址只能用极其偏僻来形容①。园区位于旧金山南面，距旧金山大约1小时车程，在库比蒂诺市硅谷的最深处。那是一片郊区，有很多科技公司，还有一些相对简朴的住宅、商店和连锁餐厅，比如星期五餐厅。城市随着时代的推进不断发展，但库比蒂诺却没什么变化。那里既没有一个像样的市中心，也没有大型的购物商场。大多数苹果员工都住在旧金山，公司为他们提供了豪华班车接送，车上设有无线网络和舒适的皮椅。每个工作日清晨，这些班车从280号洲际公路一路向南，顺着圣克鲁斯山脉到达迪安萨大道。有时人们会看到乔布斯开着他那辆银色奔驰敞篷车，当他转弯驶入园区主路时，其他司机都会为他让行。他的车很显眼，因为没挂车牌。

苹果的很多办公楼都零散地分布在这片区域上。iTunes（苹果音乐软件）团队的办公地点在绿谷大道上，市场部与通讯部则在马里亚尼大道上建了一座巨大的办公楼。人们根本看不出这些办公楼是属于苹果的，除非他们碰巧看到了印有苹果标志的小标牌——如果真有标牌的话。

①　这里结合了作者的个人观点和对前任执行官和经理的采访，包括建设园区时园区发展团队的一员。苹果的执行官仅包括管理团队成员，但出于本书的写作目的，执行官是指任何任职副总经理及以上的人士。——作者注

只有站在迪安萨大道东边、BJ啤酒屋餐厅后面的小路上，才能看到苹果公司的六幢主要建筑，它们共同构成了苹果最重要的椭圆形园区。这是库比蒂诺最著名的地方：无限循环工业园[①]。六幢办公楼都是四层楼布局，分别贴有从IL1到IL6的标牌，外观并无不同，都是钢筋混凝土材料，并都设有很多窗户，给人一种清新、开阔的感觉。其内部则是由不同的建筑师设计，每幢楼都有自己的特色。IL2建筑楼是iPhone软件团队的办公地，办公室中使用了大量的角度和曲线，洋溢着20世纪90年代的后现代主义色彩。产品设计工作室也位于2号建筑中，他们的办公室是由磨砂玻璃和不锈钢打造的，光洁而时尚。IL6是生产团队所在地，装修风格古典而柔和。每幢楼中会议室的名字都能体现出苹果公司活泼俏皮的文化。IL3中的开发者关系团队用福音传教士的名字为办公室命名，比如塔米·费伊和帕特·罗伯森。产品营销团队则把他们的办公室称为"这里""那里"以及"西北的北边"等。iPhone软件团队的命名则有种半开玩笑的意思："之间"位于"岩石"和"坚硬之地"两个房间之间。

这些建筑最大的共同点在于它们能够促使人们去互动和交流。办公室之间均以窗户相接，走廊都通向同一个地方。平面布置使各个团队之间的碰面成为必然。苹果公司的老员工认为，这些看似随意的照面其实是成功的秘诀之一，因为它们促进了合作。

开车进入园区，进入视线的第一幢楼是IL1，又被称为"史蒂夫的办公楼"。公司旗舰店占了第一层的一大半，在那里，苹果粉丝可以购买印有"我参观过母舰"字样的T恤衫。如果他们的视线穿过写

---

① 该街区名称来源于一次员工竞赛的编程概念。亚军是"软盘驱动器"，由于听上去已过时，未被苹果采用。——作者注

有数字"1"的石灰绿标牌和楼前修剪平整的冬青，就会看到有员工正在敞亮的玻璃中庭里休息。行政办公室位于顶层，外人不能随意进入。乔布斯的办公室位于建筑一角，正对着院子。他的办公室里面有一张大桌子、一对椅子、一张沙发、一张咖啡桌和一个书柜，以及成堆的书刊、报纸和人们送给他的杂七杂八的东西。这完全是一个功能型办公室，没有什么特点，所以来过这里的行政人员都很难去描述它。

乔布斯并不在意他的办公室看起来如何。他很少待在那里。他要么是在楼层入口处的董事会会议室或者他办公室旁边的会议室接待客人，要么就是到处走动，与艾夫闲逛，或者去产品设计工作室看看，那里从来不缺乏有趣的项目和模型。乔布斯热爱这个工作室。几年前他把工作室从迪安萨大道的另一边搬到IL2中自己办公室的隔壁，一部分原因就在于此。

那年夏天的一个清晨，乔布斯正坐在"市政大厅"——苹果大礼堂——做着他平生最擅长的一件事情：对员工施以恐吓，以激发潜能，促进人们超常发挥。苹果全球开发者大会（英文简称为WWDC）即将来临，那是苹果为开发者举办的一年一度的盛会，他正在观看排演。

每一次大会都很重要，2008年的大会尤其如此，因为苹果准备上线"苹果应用商店"（App Store）。公司必须要激发开发者提供软件的热情。届时将有五千余人出席，而后将有更多的人通过博客和媒体报道加以关注。乔布斯需要赢得他们每个人的支持。为了达到这一目的，他会在演讲过程中邀请几位开发者上台展示他们开发的软件。

在这之前，乔布斯要亲自审查他们的报告。他决不允许苹果用心打造的品牌形象被技术过失或者开发者磕磕巴巴的演讲给毁了。开发者关系团队用了几周的时间评选出了最终候选人。他们在苹果的办公室里开展了数天的秘密工作，继续完善自己的软件，并为两分钟的演示脚本润色，而后，开发者要向乔布斯呈现他们的产品。这些台词已经说了无数遍，但这一次将是他们最重大的考验。

每个人都知道，乔布斯是个完美主义者，还是一个脾气暴躁的人。对任何人来说，在他面前做演示都是一个挑战，即便是那些已经习惯了他刻薄言辞的老员工。"这到底是什么鬼东西？"当乔布斯看到自己不喜欢的东西时便会这么说。极少有人能够真正完成一段演示，因为乔布斯会突然跳到台前宣布演示结束或者展开一段长篇大论式的斥责。"你们的沟通能力太差了，我根本不明白你们在说些什么。"有一次他对私下向他展示的人说道，"你们这些人先去弄清楚怎么跟人沟通，不然我实在看不出我们的讨论有什么意义。"

演讲者们在台上念台词时，乔布斯则用那双洞悉一切的棕色眼睛审视着他们。在乔布斯面前等待排演的过程十分煎熬。工作人员为了让演示者放松，便说道："不要担心，史蒂夫就是正常人，跟大家没什么两样。"

这并没有让任何人放松。任何一个错误都会让他们失去这次机会。要上场时，演示者进入礼堂，沿着过道从乔布斯身旁经过。气氛极度紧张，空气似乎都凝结了。

"黄色是易趣网（eBay）的代表色吗？"演讲者结束后他质问道。他不喜欢软件中的这个颜色，但是当对方回答说确实如此时，他做出让步没再追问。有时他会直接向演讲者提出一些小建议，告诉他们应该特别强调某一点或是应当对自己的软件做出某种改动。

很多人都特意致辞感谢苹果预备团队的密集培训。乔布斯则笑意盈盈，表示他们做得非常好。

每个团队结束演示以后，都感到如释重负。在正式登台之前，还需要两次甚至更多次排演，但他们因为已经通过乔布斯这关了，大家都兴高采烈。

那天，开发者们都太专注于自己的演示了，没人注意到CEO虚弱憔悴的面容。

这位年仅53岁的苹果救星已经打下了多半个世界——将电脑工业推向顶峰，把产业进一步细分为零售、音乐和手机。说他和我们一样是个凡人简直令人难以置信。即便是在日常生活中，他也不按规矩出牌。无牌照驾驶便展示了他如何凌驾于诸位同胞的顾虑之上。他每隔半年就重租一辆一模一样的汽车，根据当地法律，这并未超出获取新车牌照的宽限期，所以他不必受到任何处罚。

没有乔布斯，苹果便不会诞生，更不会在今天重振雄风。几乎没人相信苹果在失去乔布斯以后仍能繁荣昌盛。这些年来，公司的愿景和他的成功是紧密联系在一起的。

1976年4月1日（西方愚人节），苹果公司正式宣告成立。21岁的史蒂夫·乔布斯和他25岁的朋友斯蒂芬·沃兹尼亚克在乔布斯父母家的车库做起了计算机生意，地点在加利福尼亚州的阿尔图斯。

乔布斯认为，理想的电脑应当是"大脑自行车"，能够帮助使用者最大限度地运用智慧，就像自行车能够帮助人们最大限度地运用体能一样。但是，董事会以乔布斯经验过少、难以管理公司为由，让他聘请一位CEO。于是，乔布斯找到百事公司前任总裁约翰·斯卡利，并用下面这句非常著名的话将其收之麾下：

"你是想卖一辈子糖水，还是想跟我一起改变世界？ [①]"

第二年，苹果推出第一代Mac电脑。超级碗星期天（美国最盛大的橄榄球赛）播出的一段60秒的低劣电视广告展示了公司的意图。广告中，女主角冲入死气沉沉的房间，将一把大锤砸向正在放映"老大哥" [②] 的巨大屏幕。这是在暗示IBM（国际商业机器公司）的统治地位已然不保。此时，旁白的男声吟诵道："1月24日，苹果公司将推出Mac电脑。你将明白为什么1984不会变成《1984》。"

第二周，乔布斯身穿深色西装、领系蝴蝶结，站在苹果年度股东大会的讲台上，从包里拿出这款最新电脑。电脑开启后，他一边展示着各项功能，一边在后台播放电影《烈火战车》的主题曲。随后，电脑说话了："你好，我是Mac。从包里面出来的感觉真好！"观众笑声一片，接着便引发了Mac狂潮。

然而，之后很长一段时间内，这次展示却成了乔布斯的"最后荣耀"。他的不理智行为和对完美的不懈追求对公司造成了极大损害，管理团队希望他离开。一年以后，他被赶出公司。

在斯卡利的管理下，苹果凭借鼠标点选式的用户操作界面获益颇丰，繁荣昌盛了许多年。不过，当微软公司上线的Windows软件超越了Mac的部分性能以后，整个王国瞬间坍塌。越来越多的人在个人电

---

① 这句话有几个不同版本。有些版本是"加糖的水"。有些则说乔布斯的原话是"你真打算下半辈子继续卖糖水？"2011年9月，斯卡利对《三角商业日报》说，乔布斯的原话是："你是想继续卖糖水，还是想跟我一起改变世界？"没有"下半辈子"这个说法。不过这些不同处都没有实际改变乔布斯的意图，作者选取了最常用的版本。——作者注

② 老大哥为英国作家乔治·奥威尔小说《1984》中的角色，极权主义的象征。——编者注

脑上安装了Windows操作系统，苹果的市场份额在不断缩小。

20世纪90年代中期，斯卡利离开苹果已有很长时间了，他的继任者也是来了又走，苹果正处在破产边缘，不得不通过降价和推出新产品来维系生存。公司同时出售十几种机型，看上去似乎一模一样，但操作系统却互不兼容。员工开始跳槽。国家半导体公司前CEO吉尔·阿梅里奥接手第三天，《商业周刊》（*Business Week*）便登出一篇题为《美国标志的衰落》（"The Fall of an American Icon"）的文章。

接手苹果对阿梅里奥来说太困难了。苹果需要的是一位能够以迅雷不及掩耳之势采取行动将其解救于水深火热之中的领导者，而阿梅里奥却属于不干预型的传统经理人，他更愿意担任监管角色，而不愿自己采取行动。他聘请了色彩形象咨询师，为公司的新概念创造了一系列首字母缩略词，还把各种白皮书收集在一起。同时，从文化来看，他也不是一位好领导。他十分重视经理形象，对繁文缛节情有独钟。他上下班都开着一辆凯迪拉克，吃午饭要用瓷盘。其他行政人员半开玩笑地将那件瓷盘称为"吉尔的专属瓷盘"。据说，那是韦奇伍德陶瓷品牌的产品。每天，他的助手都不得不从外卖餐盒中取出他的午餐装入瓷盘。

尽管阿梅里奥任职期间指责不断，但他确实为苹果做出了一个最为关键的决定——1996年12月收购乔布斯运营不利的NeXT电脑公司。作为条件，乔布斯则要成为阿梅里奥的顾问。

阿梅里奥的权威迅速瓦解，乔布斯对他的蔑视在一定程度上加速了瓦解。他背地里对阿梅里奥的管理决策意见很大，但几乎没给过他任何忠告。他曾经参加过一次管理团队会，但半场就离开了，而且再也没有回去。乔布斯在庆祝NeXT（乔布斯创办的电脑公司）畅销的晚宴上，开玩笑说要创造"吉罗表"（Gil-o-meter），专门测量人们的愚蠢程度。如果有人是"2吉罗"，说明他的愚蠢程度相当于阿梅里奥的两倍。

1月，阿梅里奥在"Mac世界"会议上发表演说，却被乔布斯抢尽风头，董事会对这位CEO彻底失去信心。他任职期间，苹果的损失超过16亿美元。公司运营状况惨淡至极，甚至没有人想要买下它。那时它的品牌价值大概只有5亿美元。

在董事会的请求下，乔布斯重回苹果，他所做的第一件事是重整公司文化。他离开的这些年，苹果陷入了自满的深潭，每个人都热衷于庆祝业绩，没有半点心思去开拓创新。他们生产了各式各样的T恤衫来纪念新项目诞生，新建了一座花园摆放Mac图标雕塑，以及一款年代久远的苹果I型电脑，以此来纪念公司所取得的成就。每隔5年，员工还有一次长达6周的带薪假期。

不过，一夜之间一切都改变了。乔布斯下令把纪念物全部搬走，并召回所有正在休假的人。他规定，公司内禁止吸烟、喝酒及携带宠物，还把阿梅里奥的瓷盘换成了普通餐盘。他把所有程式化、规范化的东西都废止了，为公司注入了任人唯贤的理念，奖励那些思维灵活、行为果敢和胸怀大志的人。

"这家精神病院已经被疯子占领，我们可以为所欲为了！"乔布斯回来没多久便跟同事们打趣道。

很多人无法从过去悠闲轻松的工作环境中转换过来，便自愿离开了公司。还有一些人被解雇了。关于乔布斯参加会议并现场炒人鱿鱼的消息散播开来。据一则传言称，乔布斯曾在电梯内解雇了某位员工。为了避免运送建筑材料对电梯造成损坏，IL1办公楼的电梯内铺了一层保护膜，一位员工便嘲弄说："这电梯铺了垫子，肯定是史蒂夫专用的。"另一位同事接着问道："确定是给他垫的？不是给我们？"

没过多久，有人就造了个词来描述这种不幸的结局：被史蒂夫了。

乔布斯还特别重视保密工作。对外发送的电子邮件都要经过审查，任何发送带有"机密"字样信息的人都会受到警告。员工以前可以到处走动，现在却有很多地方不能随意出入。办公室的窗户被遮挡起来了，显得愈发神秘，工程师会接到指令从事某些项目，却不知道他们最终将开发出何种产品。一切都以"按需知密"为原则。

这对乔布斯来说是一个巨大的转变，因为他曾经泄露过许多公司机密，一位同事还就此取笑他说："咱们的船真奇怪，先从顶部漏水。"然而，他一直深谙机密的力量。如果苹果想要存活下去，就必须学会灵活处事，随时做好修改策略的准备，而不受公众舆论的束缚。并且，当人们不知道新产品为何物时，产品介绍也会变得极富戏剧性。媒体会争相报道新产品，这将为公司省去几百万美元的广告费。乔布斯非常享受新产品公布的时刻，他知道，所有人都将大开眼界。

乔布斯回归后的前几个月，一些员工曾表示抗议。一名搞怪分子伪造乔布斯的电子邮箱地址，发出了一条备忘录。"你们所有人都变得懒懒散散，是你们造成了苹果现在的局面。"他写道（出自一份报告），"从今往后，你们在公司喝水都要付费，你们还会发现薪水单的扣款栏中多了一项，因为你们每天8小时在公司吸入的氧气都不是免费的。"他补充道，员工还需缴纳每天3美元的停车费。"只有我才能在残疾人专用道停车。"这句话是在取笑乔布斯人尽皆知的一个习惯。

20分钟后，真正的乔布斯发出一封邮件。

"确实很有意思。"他这样写道，"但我们应该着眼未来，把重点放在如何将公司变得更好这个问题上。祝好，史蒂夫。"恶作剧的那位员工被解雇了。

1997 年 9 月，乔布斯终于同意从顾问升职为临时 CEO。尽管他还不确定自己在之后两年半的时间里是否会持续效忠苹果，但他马上着手苹果的重建工作，结束那些没有经济效益的项目，把公司从腐朽中拉出来。他找到几位得力助手，有两位在 NeXT 公司时就一路跟随他，还有两位是前任 CEO 的助手，凭借改变公司的极大热情打动了他。他聘请了一批人马，其中就包括蒂姆·库克，负责将苹果的生产流程精简化。

上市新产品之前，苹果必须修复严重受损的品牌形象。乔布斯到李岱艾广告公司（TBWA\Chiat\Day）找到了设计苹果"1984"广告的人。这一次，他们想出的广告创意叫作《非同凡想》（Think Different），此创意在广告界可以说是前无古人、后无来者。广告并未展示苹果公司的产品，而是将苹果与历史上的诸位天才联系起来，进一步巩固了苹果作为创新者的身份。如果说以前公司的愿景比较隐晦的话，这条广告则将其展现得淋漓尽致：苹果的产品能够帮助胸怀大志的人改变世界。

在公司重塑品牌形象并为将来的产品内容提供了框架之后，乔布斯大大削减了产品数量，从以前的十几种缩减到 4 种：专业型的台式计算机和笔记本电脑，以及普通型的台式机和笔记本。

打头阵的是外形酷似水果软糖的半透明电脑 iMac，它独特而时尚的设计让苹果在工业生产领域重拾一席之地。2001 年，苹果开设第一家旗舰店，走上了崭新的零售之路，人们可以在店中试用所有电子产品。随后，苹果又推出了 iPod 电子音乐播放器和 iTunes 媒体播放软件。

每一次成功都为乔布斯增添了一丝神秘色彩。这一次，他将保密的艺术发挥到极致，他只想让人们知道自己公布的信息。他把自己打造成一位魅力超凡的巨星，我行我素、毫无牵绊。不久之后，他成了商业圈最有名气的人物。他始终穿着同一套行头——黑色高领毛衣，李维斯501款牛仔裤和新百伦991款运动鞋，而这身行头后来则成了他的标志。

然而，2003年10月，意想不到的事情发生了。乔布斯被诊断出患有胰腺癌。第一份检查报告极其耸人听闻。医生说他只有3~6个月的时间了，必须及时料理后事。之后，活体组织检查表明，他患的是治愈可能性极小的癌症，但终归是癌症，康复绝非易事。他把患癌消息告诉管理团队时，不禁潸然泪下。

乔布斯本打算把患病消息公开，后来改变了主意。因为他不希望人们把他视为一个无助的病人。此外，一旦公布自己的身体状况，一切将一发不可收拾。骚乱会接二连三，他将无法安心养病。律师则认为，只要他继续担任CEO，公开消息并不是什么问题。

乔布斯的康复之路非常艰难。医生建议手术治疗，他却不以为然，他可不想自己的躯体"任人宰割"。他采用素食疗法、针灸疗法和草药治疗三管齐下。乔布斯的朋友、公司董事比尔·坎贝尔称之为"巫术医学"。与他工作联系比较密切的少数人注意到他的精力大不如前，饮食上几乎是极端素食主义，只饮用果汁和菜汤。只有他最亲近的人才知道真相。其他那些观察到异样的人则被告知没有问题、不必在意。

次年7月，乔布斯的病情仍未好转，他在斯坦福大学医学中心接受了手术治疗，部分胰腺被切除。第二天，他给员工发送了一封电子邮件。"我患了一种十分罕见的胰腺癌，叫作胰岛细胞癌，这种病例只占每年诊断出的胰腺癌病例的1%，如果诊断及时（我的便是），可通过外科切除手术治愈。"

邮件中的话并不尽然。乔布斯没有告诉人们他的病 9 个月前就已诊断出来了。尽管他患的是可以治愈的癌症，但他拖得太久了。手术过程中，医生发现了 3 处肝部转移。但他们都默不作声，乔布斯的亲友也没有向他透露此事。坎贝尔对一位记者表示，董事会认为乔布斯完全没有必要公开诊断时间，因为手术前的他仍奋斗在第一线。在苹果全球开发者大会上，有人曾就乔布斯的病容提出疑问，被一笑置之。

"我希望自己减肥成功后也能受到大家的关注。"坎贝尔打趣道。另一位苹果女发言人指出："他身高 6 英尺（约 1.82 米），体重 165 磅（约 75 公斤）。身高与体重比例合乎健康体质的标准。"

乔布斯乐意他们这样说，并告诉所有人他已经"治愈"。次年 6 月，他在斯坦福大学毕业典礼上发表演说，明确表示他亦是凡人，终有一死。"记住自己终会死去，是我避免陷入认为自己会失去什么的陷阱的最好方式。你已一无所有，没理由不追随内心。"

乔布斯愈发狂热地投入到工作中。经历了发展迅速的两年后，苹果于 2007 年推出 iPhone。与当时典型的手机不同，这款手机轻薄圆润、优雅精致，配有一个很大的矩形触摸屏和主键。点触虚拟按键或者用手指轻点一下屏幕，就可以查看邮件、浏览网页、播放音乐或者执行其他功能。操作界面非常简单，即便是对那些完全不懂科技的人来说，操作起来都易如反掌。就如同苹果的其他产品一样，iPhone 把手机设计推至新的高度。有些人甚至奉之为"耶稣手机"。

苹果再一次创造了历史。如何继续辉煌之路在公司内部是个异常激动人心的话题。苹果应用商店仅是其中之一。

然而，乔布斯的病情恶化了。

　　癌症对他全身造成了影响，他感到痛苦不堪。吗啡可以缓解痛苦，但这令他食欲不振，还加重了第一次手术引发的消化问题。他总是呕吐。他曾对一位朋友说过当他觉得非常难受时，他就将所有精力集中在痛苦之上，融入痛苦之中，继而似乎就能使痛苦消散。苹果筹备全球开发者大会的那个春天，乔布斯已经瘦了 40 磅（约 18 公斤）。

　　他的管理团队眼睁睁地看着他一天比一天虚弱，却还要假装若无其事。

　　开发者大会召开前一周，乔布斯一直高烧不退。策划人员的讨论重点集中到了他的外表形象上。CEO 在大会发表主题演讲时会有大屏幕同步播出，到时每个人都会密切关注。观众不太可能看不出他一下子瘦了那么多。关于解决方案，有人提议让乔布斯穿两件高领毛衣。但这个点子最终不了了之，部分原因在于没人敢向他如此提议。

　　全球开发者大会召开的第一天，上午刚刚 7 点，队伍就已经排到了旧金山莫斯康展览中心的拐角处。乔布斯的主题演讲 3 小时后才开始，但粉丝早已到达，希望能占到一个好位置。很多人都是从世界各地赶来的。不远万里赶过来的人很容易辨认，因为他们的穿着与旧金山湾区清冷的夏日格格不入。当地人都穿着长袖衬衣或夹克衫，而外地人则穿着短袖衬衫和牛仔裤或者短裤，冻得直哆嗦。这是外出旅行者常犯的错误。

　　快到 9 点时，人群开始骚动，有人发现苹果在线商店挂出一条标语："我们马上回来"。这意味着他们已经准备好了关于新产品的介绍信息，并将在接下来的几个小时逐一揭开新产品的神秘面纱。

　　过了一会儿，苹果的工作人员打开了通向礼堂的大门，音箱中传来了博·迪德利和查克·贝里的歌声。记者们都踮着脚伸着脖子望向礼堂前排，仔细搜寻着苹果领导层人士的身影。当他们竞相在博客上实时报道首席运营官蒂姆·库克、市场主管菲尔·席勒和董事会成员阿尔·戈尔的出场盛况之时，灯光逐渐变暗，最后一首歌曲是杰瑞·李·刘易斯的《大火球》（"Great Balls of Fire"）。

歌曲播放完毕，乔布斯从舞台左侧走了上来，台下爆发出雷鸣般的掌声，人们争相拍照留念，还有人激动地吹起口哨。乔布斯微笑着等待人们安静下来，随后便开始满怀热情地介绍苹果推出的杰出产品和优质服务。他的每一句话都铿锵有力、掷地有声，似乎是一个魔咒，令人深信不疑、无法自拔。他的粉丝将其称为"现实扭曲力场"。那些入选演示自己软件的开发者们也表现得非常精彩。

"简直棒极了，不是吗？"他热情洋溢地说道，"真是妙不可言。"

演讲还剩下一个半小时，乔布斯开始谈论新款iPhone，它的新功能都是人们期待已久的，比如可以实现3G高速无线网连接，也能够兼容第三方应用程序。首发价格为199美元，比第一代iPhone便宜了整整200美元。

大会最后以苹果的最新广告收尾。这则广告拿苹果的保密机制开起了玩笑。广告中，两位身穿深色制服的保安抬着一个金属盒子穿过长廊，刷门禁卡进入监控区域，在摄像头下面拿钥匙打开盒子，iPhone 3G这才露出庐山真面目。

"拍得很好，不是吗？"放映结束时乔布斯问道，"你们想再看一遍吗？我们再看一遍吧。我爱死这个广告了！"

这次演讲再一次将乔布斯的大师风范展现得淋漓尽致。不过，媒体很快便发现他瘦了很多。大会结束后采访乔布斯的记者们发现他的锁骨变得非常明显。尽管人们都知道他奇特的饮食习惯，他的体重也曾有过波动，但这一次他看上去真的非常憔悴。硅谷八卦网站掴客网（Gawker）首先公开表示或许乔布斯癌症复发了。

"世界开发者大会上，乔布斯的身形极其瘦削，他比以往任何时候都要虚弱，人们难免会怀疑他仍在经受病痛的折磨。"网页上写道。

《华尔街日报》（Wall Street Journal）联系苹果，要求公司对乔布斯的消瘦给出解释，公司的发言人凯蒂·科顿试图打消人们的疑问，便回答说乔布斯只是在大会开始的几周前患了一种"常见的小病"，并且一直在服用抗生素。当《德鲁奇报道》（Drudge Report）发现《日报》的后续报道并把两者联系在一起时，网上爆发了一阵骚动。很多网民和记者为苹果辩护，认为如果乔布斯真的生病，公司会发文声明，而其他人则要求公司做出详细说明。

"几乎对其他所有人来说，患病都只是个人问题。"来自网络公司时代的著名股票分析师亨利·布洛杰特在博客中写道，"然而这一次，数百亿美元的市值都取决于史蒂夫的身体状况，这已是很多年不争的事实，所以说，他的健康是一个重大的经济问题。"

整个苹果世界开始意识到，他们的帝王正在日渐衰弱。

2

现实扭曲：苹果的保密公关

苹果全球开发者大会结束后，在7月底一个周四的下午，《纽约时报》(New York Times)专栏作家乔·诺塞拉正伏案工作，电话突然响了。他并不认识这个号码，但从区号408看出，这是从硅谷打来的。他好奇地拿起听筒，听出了这个声音，他们已有几十年没谈过话了。

对方的第一句话就让诺塞拉为之一振。

"我是史蒂夫。你说我是个傲慢自大的混蛋，说我凌驾于法律之上。我倒要说你是个把大部分事实都搞错了的烂人。"

诺塞拉曾就苹果不予透露乔布斯身体状况一事写过专栏文章，他曾要求公司发言人做出回应。但他无论如何也没有想到乔布斯竟会亲自给他打电话。

大会主题演讲结束后的几个星期，人们对乔布斯突然瘦削憔悴的缘由的猜测愈演愈烈，但苹果并未多做回应。在公司季度收益电话会议上，首席财务官彼得·奥本海默有意转移有关乔布斯身体状况的话题，隐晦的言辞中未做任何否定。

"史蒂夫热爱苹果。董事会希望他继续担任CEO，他本人也没有离开苹果的打算。史蒂夫的健康状况纯属个人隐私。"

对于《纽约时报》刊登的那篇有关乔布斯身体状况的文章，公司也没做任何回应。这篇文章中写道，乔布斯自2004年手术以后就有营养吸收问题，同时，他今年年初曾再次接受手术治疗，直接导致体重骤减，但他一直告诉身边的人癌症已经治愈。令人不解的是，如果这个说法没错，苹果为什么不顺水推舟予以证实，那样就能缓解大众的恐慌，苹果的股票市值也就不会在全球开发者大会之后的两个月内从186 美元跌至 149 美元。

乔布斯就是在这种情况下打来了电话。诺塞拉已有 20 年没跟他交谈过。上次聊天是在 1986 年，当时乔布斯刚刚成立 NeXT 公司，诺塞拉要为《时尚先生》（Esquire）写 一篇关于乔布斯的文章，便对其跟踪报道了一个星期。遥想那时，诺塞拉与他接触的机会多得数不胜数，他们一起开会，一起在乔布斯最爱的素食餐厅吃饭，甚至和他一起开车去皮克斯公司。但那之后，他们再没联系过，朋友关系也未能维持下去。

"你想不想跟我私下谈谈这件事？或者公开？"乔布斯问道。

诺塞拉希望公开，但乔布斯拒绝了。其实他并非想让诺塞拉选择。这是他的惯用策略。通过私下谈话他能够间接影响报道的思路和内容，可以说是万无一失。如果诺塞拉想知道乔布斯要做何解释，就必须听从乔布斯的安排。

在接下来的重要谈话中，乔布斯编了个模棱两可的故事。与公司对外公布的说法一样，乔布斯首先告诉诺塞拉，世界开发者大会之前他受到了严重感染并高烧不退，而且他也确实一直在服用抗生素。

"但那跟癌症没有一点儿关系。"他许诺道。他承认几周之前确实到门诊看过病，但他坚持说那就是个"小病"，将之称为"手术"简直太离谱了。"就像点掉一个痦子那么简单。"他说，语气平稳而柔和。他再次强调这些都与癌症无关。

诺塞拉提出了他的关键问题——为什么苹果不愿多透露有关他身

体状况的信息？

乔布斯有点儿生气了。他提醒诺塞拉 2004 年手术后他立刻公布了消息。而前英特尔公司CEO安德鲁·格鲁夫则是在手术一年后才对外公开他患有前列腺癌的消息。

"你的意思是我在手术前一天就应该公布消息？这可没有明文规定我必须那么做。"乔布斯强调，患前列腺癌死亡的人数要比患他那种病症死亡的人数多得多。而后他声称，关于身体状况的细节，他应该公布的信息量介于普通清洁工和美国总统之间。

乔布斯一直觉得自己受到了媒体的攻击。他对《财富》（*Fortune*）杂志上刊登的一篇文章尤为愤怒。载文称，他几年前做的手术叫作"胰十二指肠切除术"，需要切除部分胰腺、胃、小肠和胆管。这篇文章并非出自诺塞拉之手，但乔布斯希望他能澄清事实。

"那是半胰十二指肠切除术。我的一半胰腺被切除了，脾脏并没有切除。"他边说边捋头发。他描述的是这种手术的改良版本，可以保护胃部，最大限度地避免营养吸收问题。然后，他又回到之前的问题上：他的身体状况纯属私事。

"有一天我将不再担任苹果的CEO，公司会注入新的血液，那么，为什么我们不能假定就是今天呢？任何不希望看到没有我的苹果公司的人就把股票卖掉吧。"

诺塞拉只是坐着，静静聆听。他不知道该说什么好，同时也因为乔布斯情感的流露而窘迫不已。乔布斯并不想要对话，他只想表达自己的想法。

"不要想当然。"乔布斯呵斥道。显然他明白诺塞拉在这个问题上的立场。诺塞拉认为乔布斯在这种重大问题上有义务保持公开透明。

乔布斯无疑是整个地球上最重要的首席执行官。而他患了癌症。

"别拿我当替罪羊。我的私人生活不隶属于董事会。如果他们想让我下台，其他执行官就应当炒我鱿鱼。"他又补充道，否则，他们就得"乖乖闭嘴"。

"怎么没人要求鲁伯特·默多克（美国传媒大亨）公布他的胆固醇水平？"

除非有政策特别要求，否则公众必须接受他不会谈论自己身体状况的事实，乔布斯说道。

"我并不介意你的想法。但我有自己的想法。你觉得我比其他CEO都重要，可我并不这么认为。"

电话最后，他指出自己并不是苹果唯一的CEO。"我认为苹果不乏伟大的领导者。最近这几次公共活动中，我努力为那些领导者做了宣传，我也一直在提高其他人的曝光率。"

这段是典型的史蒂夫式谈话。他说的一部分确实属实，然而合在一起则完全是误导。乔布斯的偏题策略十分出名，但诺塞拉并不了解CEO身体状况的内情，所以他也没有任何理由怀疑乔布斯所说的话。不管怎样，除了"饭桶"那句，通话的所有内容都是私下进行的，所以他在这个问题上也不能引用乔布斯的话。

在实际专栏写作中，诺塞拉继续对苹果施行批评主义，他这样写道："不要指望苹果会如实奉告其CEO的身体状况。"他的话同时也让那些投资者松了一口气。

"尽管他的健康问题远不是'常见的小病'那么简单。"他写道，"但也不至于有生命危险，癌症并没有复发。"最后，乔布斯得到了他想要的结果。铺天盖地的各种猜测渐渐平息下来，苹果的股票市值也恢复到 180 美元左右。

　　然而，乔布斯患病的消息已在大众头脑中生根发芽，永远别想连根拔除。记者们继续挖掘各种小道消息，甚至开始提前准备讣告。8 月下旬，彭博社（Bloomberg）误发了提前拟好的讣告。"史蒂夫·乔布斯，那个把电脑变得像手机一样简单易用的人，那个改变了动画电影制作方式的人，那个鼓励人们去享受数字音乐的人，那个让手机外形更加时尚的人，已经XXXX。他是TK。"草稿上写道。"XXXX"是要交代他去世的细节，"TK"是一个编辑代码，意味着还会加入更多信息。讣告顶端有一个名单，这是通讯社打算联系的几位乔布斯的朋友和同事。乔布斯似乎并没有把这件事放在心上，至少在公众场合是如此。在随后苹果举行的新闻发布会上，乔布斯在幻灯片上演示了马克·吐温的一句话："关于我死亡的报道是严重的夸大。"

　　虚张声势的面具之下掩藏着恐惧和多疑。苹果的一位承包商将乔布斯走向办公室的视频上传到网络后，立即遭到了解雇。任何关于乔布斯身体状况的推测在公司是明令禁止的。在一片迷茫之中，苹果的股价跌至 85 美元。

　　10 月中旬，苹果召开媒体见面会，发布新款笔记本电脑，记者们注意到乔布斯还是那样骨瘦如柴。乔布斯继续假装安好无事。问答环节开始之前，他展示了一张幻灯片，上面写着"110/70 史蒂夫的血压"。

　　"关于史蒂夫的身体状况，今天能奉告的就是这些了。"他说道。

　　跟诺塞拉说的一样，那天乔布斯邀请了很多管理层人士上台，比以往任何一次都多。蒂姆·库克，乔布斯的副指挥，就 Mac 电脑的销售情况做了简短的发言，宣告见面会开始。尽管他并不习惯站在聚光灯下，也不像乔布斯那样慷慨激昂，他轻柔的南方口音却令观众痴迷不已。苹果的设计巨星乔纳森·艾夫往年很少露面，这位英国人以前总是出现在视频或者远程演示中，现在却站在台上介绍最新Mac电脑专业版的创新设计，稍有吞吐但热情洋溢。在问答环节，席勒站在乔布斯和库克之间，他喜欢摆弄小玩意儿是出了名的，他熟知每一个产品的每一个特征。

观众并没有忽略这样一个事实：乔布斯这次扮演的角色要比平时低调得多。记者们之后会仔细回想并思考原因。是苹果故意显示自己拥有许多出色的执行官，还是乔布斯太虚弱，无法支撑整场演说？

几个星期以后，人们越来越感觉到不对劲。苹果宣布乔布斯将不会在1月份的"Mac世界"展销会上发表演说，然而从1997年开始，他每年都会做主题演讲，况且这次展销还会首次曝光几个重要的新产品，包括MacBook Air笔记本电脑和iPhone手机。苹果给出的官方解释是，展销会将不再是一场行业盛会，而只是介绍新产品的新闻发布会。但没几个人相信。这个决定做得未免太匆忙了。

对乔布斯患病的猜疑再一次横扫整个市场，投资者的电话如洪水般涌向华尔街。第二天，苹果的股价损失了6.6%。

苹果试图平息大众的猜疑。"如果史蒂夫不再担任CEO，或者董事会认为史蒂夫不再胜任CEO的话，我保证他们会告诉你们的。"一位发言人对记者说。

尽管苹果想方设法掩盖真相，但乔布斯的病情确实越来越严重了。他的消化问题比做过胰十二指肠切除术的患者还要严重，更严重的是，他肝脏部位的肿瘤影响了激素分泌，药物治疗也带来了很多负面影响。其中的一种药物使他的皮肤干燥龟裂，实验治疗中的放射性物质则导致他出现恶心、呕吐和腹痛等症状。希望最大的治疗方法是进行肝脏移植，但他坚持认为没有必要。

2009 年 1 月 5 日，乔布斯发出一封公开信，这使得苹果为保护 CEO 隐私做出的所有努力都幻化成烟。

亲爱的苹果社区同仁们：

我将与家人共同享受假期，而不是紧张地准备"Mac 世界"主题演讲，这在十年来还是第一次。

不幸的是，我让菲尔发表"Mac 世界"主题演讲的决定再次引发了关于我身体状况的疯狂猜测，有些媒体甚至报道我已奄奄一息。

我打算跟你们分享一些我本不想透漏的个人隐私，这样我们就都能身心放松地去享受明天的展销会了。

你们很多人都知道，2008 年我的体重一直在下降。医生和我都没有找到原因。几个星期以前，我决定要弄清楚问题的根源，并把治病疗养作为第一要务。

非常幸运，经过进一步检查，医生说他们已找到原因。这是由激素分泌失调所导致的症状，它"抢走"了我维持健康所需的蛋白质。复杂精密的血液检查证实了这一诊断。

治疗营养吸收问题的方法相对简易，我也已经开始治疗。但是，体重的下降并不是在一周或是一个月内突然发生的，如果要恢复到原来的体形，按医生的预期，要到今年 9 月末。治疗过程中我仍将继续担任苹果 CEO。

在过去的 11 年中，我把一切都献给了苹果。如果我无法胜任苹果 CEO 的职责，我一定会第一个站出来告诉董事会。我希望治疗期间你们能够支持我，并相信我将始终把苹果的利益放在第一位。

以上便是我对此事的全部说明，本没打算说这么多的。

史蒂夫

"Mac世界"发布会过后人们争相猜测乔布斯的身体状况，令他恼怒不已。他感觉苹果董事会和员工的所作所为并不能消除流言，便写了这封信。他非常确定自己没有病入膏肓。

"你们这些人根本不知道自己在说些什么。"他呵斥道，"我的病没那么严重。为什么你们就不能站在我这边支持我呢？"

但事实上，公司一直在想方设法保护他的隐私。证券法没有明确规定公司必须公开其首席执行官的身体状况细节，但有一条写得清清楚楚，即公司不能误导股东，一旦做出任何声明，必须在情况变化时进行更新。最近，苹果一直都在细心雕琢相关言论，以保证其真实性。苹果也始终刻意避免回答关于乔布斯病情方面的问题，所以没有义务去更新乔布斯的身体状况。没有人视这种应对方式为公司治理的典范，但这是他们尊重乔布斯隐私意愿的折中之举。这是一种微妙的平衡关系。

乔布斯的公开信可能会把苹果推向法律的困境。的确，乔布斯患有激素失衡症。他体内分泌了过多叫作胰高血糖素的激素，这种激素提高了血糖水平，继而干扰了身体将血糖转化为能量的机能，导致身体不得不通过分解脂肪产生能量。乔布斯越界了，这是苹果律师一直极力避免的。他误导股东说治疗方法非常"简单"。假如引发病症的根本原因是癌症复发的话，那么他的说法就完全不属实。

同时，苹果长期以来一直没有对外公开乔布斯的身体状况，就是为了避免承担任何相关责任，而这封信却打乱了他们的计划。乔布斯为自己设下了圈套，也把公司拉下了水。避免承担法律责任的唯一出路是休病假，而现在或许有些晚了。

经过集中的法律咨询之后，乔布斯于 9 天后又发出了第二封信：

管理团队：

相信你们都看到了我上周发的邮件，我与苹果社区分享了一些非常私人的信息。很不幸，对我个人健康的好奇不仅持续干扰着我和我的家人，也干扰着苹果的每一位员工。此外，在过去几周我得知，我的健康问题比我想象的要复杂得多。

为了能够安心养病，也为了让苹果的每一位员工都能够专注于研发杰出的新产品，我决定从现在开始到 6 月底休病假。

我已经交代蒂姆·库克负责苹果的日常运作，我相信，他和管理团队的其他所有人都能够出色地完成任务。作为 CEO，我希望在休假期间仍能参与苹果的重大战略决策。董事会十分支持这个计划。

期待今年夏天与你们见面。

史蒂夫

这封信和第一封一样不够坦诚。乔布斯休病假与媒体猜测并没有丝毫关联。不过，这让公众充分了解了他的身体状况，他也不再有义务去透漏更多信息。

记者和股东认真分析了这两封信，试图从中找出真相。乔布斯说的"激素分泌失调"到底是什么意思？苹果究竟隐瞒了多少秘密？虽然这家公司对任何事情都采取"按需知密"的政策，但传言有误时它也总会及时纠正。为什么这一次它没有那么做？苹果希望公众相信乔布斯并未患什么严重的疾病，可他们似乎又不愿意明确地向大众做出保证。乔布斯患的到底是不是一种"常见的小病"？关于这个话题的讨论愈演愈烈，苹果的股价跌到 80 美元以下。

投资人开始强烈要求苹果公司给出继任计划。"苹果可能会进入后乔布斯时代，这对投资群体来说是一个极大的警示。"美国投资银行派杰（Piper Jaffray）的资深分析师吉恩·蒙斯特说道。几天以后，负责规范美国股市的证券交易委员会对苹果提供的信息展开非正式调查。

苹果的员工焦虑地追踪各大媒体的报道，因为他们十分担心乔布斯的安危和苹果的未来。回想之前，曾有几位经理传言乔布斯生病了。他们也有几次发现乔布斯要比往常更加心烦意乱、容易急躁，无缘无故就撂下手头的工作走人。但是，他们又似乎总能在公司看到他，他们相信他所说的，乔布斯并没有患病。很多员工都责怪媒体太小题大做了。

不仅公众和苹果员工的观点分为两派，董事会也是如此。

苹果的董事会只有 7 位董事，规模不大，却是参与度最高的公司董事会之一。米基·德雷克斯勒是 J.Crew 服饰公司的首席执行官，也是 Gap（盖璞）服饰公司的前任总裁，在苹果设立零售店的过程中发挥了重要作用；杰瑞·约克是苹果审计委员会主席，曾任 IBM 和克莱斯勒汽车公司（Chrysler）的首席财务官，负责监管公司的治理情况；前副总统阿尔·戈尔将其政治手段应用到公司治理中，从不同观点中提取共同的部分，继而融合为一个总的想法。董事会能就各种事情达成共识，他功不可没；钟彬娴，雅芳公司首席运营官，是最后加入的董事，仍在为自己的角色定位，不过已与其他几位董事在一起合作了很长时间，所以董事会常常洋溢着大学学生会的气息。12月，因"Mac世界"一事闹得沸沸扬扬的时候，德雷克斯勒从斯坦福购物中心的J.Crew商店买了一盒圣诞主题的短裤和袜子送给每个人。每个人收到礼物时都开心得不得了，看到的人会以为他们从来都没见过短裤呢！

阿特·莱文森和比尔·坎贝尔两位董事会定期询问乔布斯的身体状况。其他董事则不去刻意了解。莱文森曾是生物技术公司基因泰克（Genentech）的首席执行官，他医学经验丰富，能够为乔布斯提供帮助。乔布斯服用的很多药物都是基因泰克公司制造的。坎贝尔是前苹果执行官，也是财捷集团（Intuit）的CEO，他是乔布斯的挚友，他们经常一起散步谈心。他热心地为年轻企业家提供指导，是苹果董事会中强大有力的支持者，在硅谷内享有"导师"之誉。每次乔布斯展示一款新产品或者新模型时，坎贝尔总是第一个鼓掌。乔布斯对他的支持深表感谢，所以比起其他董事，乔布斯更愿意听取他的建议，而其他董事想提出问题时，也总是让坎贝尔传达给乔布斯。

莱文森和坎贝尔对乔布斯都非常忠心，他们希望尽最大努力保护乔布斯的个人隐私。其他多数人都支持他们的选择。"是否按法律规定行事确实是由乔布斯自己决定，但他就是不想自己的隐私被侵犯，我们应该尊重他的意愿。"戈尔接着说，"我们从外面聘请了一位法律顾问，明确了法律的相关要求以及最最佳的做法，对于此事我们一直都是按法律行事的。这话或许听上去有点过激，但是外界那些批评实在是把我惹恼了。"

董事会中至少有一位心存忧虑。杰瑞·约克担任审计委员会主席已有10年，他非常看重公司治理之事。约克极其看不惯苹果对这一状况的处理方式，甚至考虑辞职。但他最终选择留下来，因为他知道辞职会引起不小的骚动。他几乎没跟任何人提起过他的担忧。后来当他的想法公之于众时，董事会根本不敢相信，因为他从未在任何会议上提出过异议。他的一些同事称他是放马后炮。对外而言，董事会似乎还是团结统一的。

苹果在保密工作上可谓不遗余力，但如果不是处在一个史无前例的飞速增长阶段，混乱恐怕要更严重。

自 2008 年推出 iPhone 3G 手机和苹果软件商店以后，该公司在手机商业领域迈出了重大的一步。它制定了独特的收入分成模式，将软件销售利润的 70% 给予开发者，从而成功吸引了大批优秀的开发者。在短短几个月内，苹果应用商店就上线了数千种软件。一款叫作《爱喝啤酒》（iBeer）的软件售价为 2.99 美元，打开软件后的手机宛如一个啤酒杯，人们可以倾斜"酒杯"假装喝酒。《爱打火机》（iLighter）是一款虚拟打火机，不过人们可以通过苹果的大触摸屏与火焰互动，获得一种全新的体验。商店还上线了其他许多极有创意的软件。美国流媒体音乐服务商 Pandora 推出了一款免费电台软件（主要靠广告盈利），人们可以为自己喜欢的歌曲、专辑和艺人创建专属电台。陶笛模拟器（Ocarina）售价为 99 美分，它让手机化身为一件管乐器，话筒则成了气流传感器。所有这些软件都让 iPhone 愈加魅力非凡，而该手机本身具备的 3G 高速网络及其实惠的价格更让它势不可当。面市三个月后，苹果共售出约 690 万部 iPhone 3G 版，用户下载软件共计近两亿次。下载量越大，开发商赚的钱就越多，相应地，媒体给予的关注也越多，从而希望与苹果合作的开发者就越多，而这一切又让 iPhone 更加难以抗拒。可以说，苹果创造了一种良性循环。

苹果的成长太引人注目了，所以去年 10 月，乔布斯非常难得地出席了苹果的季度收益电话会议。

"如果这还不足以令人震惊的话，那我真的不知道什么才能让人震惊了。"他又补充道，iPhone 的销量已经超过加拿大通信公司"行动研究"（Research in Motion，简称 RIM）推出的黑莓手机。"RIM 是一家优秀的公司，推出的产品也堪称卓著，而我们刚刚上市 15 个月，任何一个季度销量都优于 RIM，着实令人吃惊。"他故作谦虚地说。即便在整个世界都陷入继大萧条以后最严重的经济危机之时，苹果仍然取得了非凡的成就。房价垂直下跌，银行面临倒闭，消费者的信心沉到谷底。包括英特尔（Intel）在内的所有科技公司都在关闭厂房、裁减员工，唯有苹果还在发展壮大。

如果乔布斯非要离开一段时间的话，那么 2009 年 1 月是个不赖的时机。尽管他的身体状况不甚明朗，但投资者对苹果的前景比以往任何时候都要乐观。其公关团队也一直在幕后努力工作，让人们相信没有乔布斯，库克和其他管理层人士照样能够让公司乘风破浪。

这让蒂姆·库克自然而然地成了临时 CEO。

乔布斯和库克是对比鲜明的两个人。一个是来自加利福尼亚州的创造天才，以喜怒无常的脾气出名；另一个则是来自亚拉巴马州的运营奇才，以超理性著称。如果乔布斯不喜欢你的点子，他会说你在胡扯；而库克则会用苏格拉底法，通过接连不断地提问细节，找出这个点子的漏洞。乔布斯一露面便光芒万丈，而库克就显得低调多了。

两人的差异使库克成为乔布斯副手的绝佳人选。库克擅长的领域包括供应链管理、客户服务和库存控制，这些都是乔布斯讨厌的工作。作为一位运营专家，他建立了一个高效体系，通过该体系，乔布斯和艾夫构想的完美模型便可以批量生产出来。与其他来了又走的助理不同，库克似乎很乐意在幕后工作，如此一来，他对乔布斯的明星地位不会构成任何威胁。自乔布斯 2004 年年中第一次休病假以来，他一直代理乔布斯的工作，并承担起越来越多的运营职责，不过这些都不为公众所知。

除了媒体不时八卦乔布斯的去向之外，没有乔布斯的苹果正常得出奇。库克接管公司几个星期之后，曾对一位熟人说："我打算不再关注媒体新闻，我要投入到苹果的工作之中。"他的确是这么做的。在库克的严密管理下，一切都有条不紊地进行着。他们按时完成产品研发，与商业伙伴的合作也没有中断。

"我们只是在做每天应该完成的任务。"席勒在那年 3 月的一次采访中答道。

尽管身患癌症，乔布斯仍然坚持在家中参与公司最重要的决策制订和产品研发工作，他还定期审查产品和产品计划，其中包括苹果最新 iPhone 操作系统的用户界面。库克和艾夫会定期到他家中会面。不过总体而言，领导层非常谨慎，只有在特别紧要的问题上才会请他加入讨论。有时为了让自己的想法获得认可，有人会站起来说："史蒂夫就会这么做。"但是没有几个人这么说过，因为乔布斯的参与度太高了。如果他不喜欢某个点子，他会通过邮件或信息这样写道："这个主意简直蠢到家了！"

那年春天乔布斯关注的其中一个问题是苹果新型 iPhone 的命名。是应该叫作 iPhone 3G Speed？还是叫作 iPhone 3GS 呢？或者是 iPhone 3G S（G 和 S 之间空一格）？这些字母都要大写吗？都要采用斜体吗？最终，乔布斯通过了 iPhone 3G S 这一名称，两个字母之间空一格。不过在遭到媒体批评后，他便删除了中间的空格。

　　尽管乔布斯积极参与苹果的运营工作，人们仍然非常关注他缺席一事，特别是在一些重大场合，例如年度股东大会。整个春天，苹果都对他的身体状况避而不谈，公司媒体关系部门也积极地将记者的关注点从乔布斯缺席一事上引开。当《华尔街日报》4月载文讨论苹果没有乔布斯之后将变成哪般模样时，苹果的一位发言人质问道："这竟然也能写出一篇文章来？"

　　乔布斯休病假期间，肝部的肿瘤迅速扩散，他必须尽快进行器官移植。但问题是，加州的移植排位名单是整个美国最长的。美国的移植网络又受到严密监控，医院按照一个复杂算法推出病人移植的紧急程度，以此为病人排序。不过法律允许病人在多个地区签订移植合同，只要他们能够及时到达手术地点即可。乔布斯拥有私人飞机，所以距离不是问题，他在田纳西州签订了合同，那里需要移植的人数大大少于其他许多州。乔布斯的一位朋友认识孟菲斯卫理公会大学医院的院长，可以确保他在那里受到悉心照料。

　　很快，孟菲斯晨曦公园中的一座5 800平方英尺（约539平方米）、黄色墙面的豪宅开始了翻新工作，这吸引了附近住户好奇的目光。这是一个小型住宅区，只有大约20家住户，进来和出去的路都只有一条。人们彼此之间都很熟悉。在这所拥有5间卧室、6间浴室的房子卖出去之前，他们很多人都在里面住过。他们知道这所房子一直保养得很好。房子附带一个很大的后院，里面有一个漂亮的泳池。它到底哪里需要翻新呢？后来一位邻居通过上网搜索认出了乔布斯的妻子，他们才知道即将搬来这里的正是乔布斯。

　　2009年3月21日，一位20多岁的小伙子葬身车祸，他才得到肝部移植的机会。之前乔布斯差点没能挺过去。移植手术结束后，他一直住在田纳西州疗养，于5月与妻子和妹妹一道飞回加州。他们在圣何塞私人机场降落，库克和艾夫接机，随后几人一起举行欢聚宴会，同饮气泡苹果酒。乔布斯热切希望立即投入到工作之中。他打算在6月的世界开发者大会上致辞，届时苹果将推出iPhone 3GS，但考虑到自己看上去气色还不是很好，便打消了这个念头。

《华尔街日报》发现移植手术一事后打电话给苹果的公关经理凯蒂·科顿，她的回答延续了苹果的一贯作风。

"史蒂夫有望在6月底回归，我能告知的仅限于此。"说罢，她迅速挂了电话。科顿和她的团队过去常常采取各种策略反击记者。他们会说："你们会让自己和你们的出版物颜面扫地。"而这一次，她言辞谨慎，似乎担心自己会说出任何误导性的话语而使公司陷入法律争端。

移植一事泄露以后，媒体找到了乔布斯进行手术的地方。后来，卫理公会大学医院予以证实。

今天，经病人本人同意，我非常荣幸地向各位证实，史蒂夫·乔布斯在卫理公会大学医院移植中心接受了肝脏移植手术，该中心与孟菲斯的田纳西大学有合作关系。我们对乔布斯先生做了全面的移植评估，依据移植中心和美国器官资源共享网络（UNOS）的政策，符合移植标准。他必须进行肝脏移植，因为他的终末期肝病评分已达到最高值，在等候名单中属于最严重级别，而那时恰好有人捐赠了肝脏。乔布斯先生现在恢复良好，术后预测报告也非常乐观。

这对苹果来说是一个完美的解决方案。公司的一言一行都被人们密切关注着，但若是由医院公布细节的话，苹果就可以继续避开提供其CEO健康状况的义务了。

之后，很多人批评了苹果对该问题的处理方式。很多知名专家都质问苹果为什么不早些公开移植信息，其中包括美国证券交易委员会前任主席哈维·皮特。

"不知道从什么时候开始肝脏移植也成为常规小手术了。"他在一次采访中说，其后又补充，他对董事会的做法也有诸多疑问。

质疑风波终于平静下来。苹果董事会和律师完全按照法律行事，这与他们公开的信息一样令好事者不满。

乔布斯希望尽快康复，他严格执行养生之道，经常出去散步。一天，他邀请《华尔街日报》的IT产品评论明星沃尔特·莫斯伯格相伴。

莫斯伯格与乔布斯几十年前就认识了，他们时常联络，他也是少数几个被苹果挑选出来提前观看新产品预告片的人士之一。那天风和日丽，莫斯伯格驱车到静谧低调的帕洛奥图社区，乔布斯就住在那里。房子看上去像一幢英式别墅，大气而美观，但也没有美到令人窒息的地步。前院种着各种各样的苹果树，其中包括麦金塔（Macintosh）这一品种。

莫斯伯格和乔布斯打算到几个街区之外的公园。途经的其他房屋，大多数是中等尺寸的，每一间的外观都很质朴，但若是仔细打量，就会发现房屋的主人也都很富有——隐形摄像头、草坪上的异国名贵树种、车道上停着的豪华汽车，还有几家安装了气派的大门。社区的居民都很友好。每年秋天他们都会免费送出自家树上结的苹果，还挂上手写的牌子邀请路人到他们的花园中小坐。

乔布斯喜欢闲聊，所以他和莫斯伯格便讨论起产品和产业问题。

有时他会非常极端，声称人们应该对无聊的记者有所反应。有时他会征询意见。乔布斯告诉莫斯伯格，每一天他都会外出散步，每一天他都为自己设定一个更远的目标。今天的目标是半英里（约800米）以外的社区花园。有时，乔布斯面色苍白，突然停下脚步。莫斯伯格并不懂得如何实施心肺复苏术，脑海中便浮现出这样的标题——"乔布斯命丧路边，记者无力回天"。

两人走到伊丽莎白宝洁花园，迎面而来的是精致而甜美的桂花香。谈话渐渐深入。他们坐在花园的一个长凳上，谈论人生、家庭和疾病。莫斯伯格几年前患过心脏病，现在则受糖尿病困扰。乔布斯一贯对患病之人持软心肠。几年前，一位患有肌肉萎缩症的青少年通过许愿基金会到苹果参观时，乔布斯十分罕见地展现出了温柔的一面。他带这名男孩及其父母在咖啡馆享用午餐，带他们到处参观，还邀请他们到自己的办公室做客。

不过现在他自己也病了，他对健康问题变得更加敏感。或许是因为自己的种种经历，他不希望其他人犯同样的错误。乔布斯告诫莫斯伯格要保持身体健康。

而后，他们步行回到乔布斯的家。

3

iPad 和 iPhone 4
发布后的风波

2009 年 1 月，苹果的未来仍是一片茫然，宝座的继承人已经毫无悬念，这位继承人用以前想都不敢想的方式宣告了地位。乔布斯刚休病假几个星期，蒂姆·库克就在与华尔街分析师的电话会议上依照自己的理念为苹果构绘了发展蓝图。

电话会议和往常一样。苹果首席财务官彼得·奥本海默主导会议的前四分之一，而后库克与他一同参与问答环节。通常，分析师的提问重点是公司的产品、服务和策略。这一次的内容却远没有那么简单。乔布斯几乎未对休病假的原因给出任何解释，外界又在疯狂地谣传他癌症复发。所以，第一个问题便是关于库克的领导方式，大家也并未感到意外。

"我只是想知道你将用怎样不同的方式来经营公司。"巴克莱银行的本·瑞特兹问道，"蒂姆，假若我们最不希望的事情发生了，就是说，史蒂夫不会回来了，那么你觉得自己是否会成为CEO候选人呢？"

投资者都已领略过库克深厚的专业积淀和丰富经验，他们确信他可以得心应手地应对公司经营的一切事宜。但瑞特兹问的并不是这个。他和其他人想知道的是：库克具备成为苹果CEO的特质吗？

奥本海默立即给出了苹果的官方回应："史蒂夫现在仍是苹果的CEO，并打算继续参与公司的重大战略决策，而蒂姆则会负责我们的日常运营工作。"

库克原本可以就此打住，但不知什么原因，这位惯常保守稳重的执行官却走出了导师的影子。"苹果的管理团队人才济济、精英辈出。"他像平日一样用平稳、轻柔的语气说道，"我们相信我们的使命就是去生产卓越的产品，这一点从未改变过。我们的重点仍然在于创新。"

接着，他总结了苹果的原则。"我们崇尚简约而不是复杂。我们相信我们需要拥有并控制我们制造的产品背后的重要技术，并只参与那些我们可以做出重大贡献的市场。"

苹果电话会议服务中心记录下他说的每一个字。

"我们要对成千上万的项目说不，这样我们才能真正专注于那些对我们来说确实重要和有意义的少数项目。我们相信团队间的深度合作和相互启发，这让我们用别人没有的方式进行创新。"

随着他强调苹果对卓越的不懈追求，他的声音越来越坚定。"我们能诚实地对待自己，承认错误，并有勇气去改变。我认为，无论是谁在做什么工作，这些价值已经深深地扎根在这家公司，苹果将表现非凡。"库克最后强调了苹果获得巨大成就的历程，并以此结束发言。

直到今天，投资者才真正认识了库克。他们以前只知道他像一台机器一样勤勤恳恳、兢兢业业，知道他聪明过人。他们也都很喜欢他。库克对他们总是恭恭敬敬，并非常认真地对待他们提出的问题。然而，他们并不清楚他的动力是什么。现在他们知道了。毫无疑问，他得到了苹果的"真谛"。让他不断向前的就是苹果。他自发的演说本就动人，加上这些，似乎更加深刻有力了。一时间，他让那些曾经怀疑过他对公司忠心和热情的人都闭了嘴。他也知道抓住机会展现自我。他的宣言后来成了著名的"库克教义"。

　　乔布斯听说后备感沮丧。一年前他曾告诉诺塞拉自己正努力提高其管理团队的曝光率，以展现苹果管理层的精英编制。然而，看到苹果缺了自己仍然发展得那么好，他感到十分沮丧。乔布斯离开后的第三个月，苹果季度收益提高了15%，而当时其他公司仍然陷在经济衰退的泥沼中不能自拔。之后的一个季度，苹果的iPhone销量是前一年总量的7倍。苹果的股价与1月底相比至少上升了80%，达到142美元。

　　事实上，任何人都无法在这么短的时间内成功转变公司。苹果取得的任何成就仍然得益于乔布斯在位时所做的工作。不过，由于这些成就是在库克任职期间取得的，他便成了公司最大的功臣。在库克运营期间，苹果员工也开心不少，因为他们获得了更多自由，不必整天围着策略和产品发展打转。一方面，每个人都希望乔布斯回来，他毕竟是苹果的创始人及愿景家；而另一方面，现在的工作环境更加温和，给了他们喘息的空间，库克从不像乔布斯那样对他们大吼大叫。

　　乔布斯离开5个月后，在一项针对管理层展开的继任候选人调查中，人们对库克的呼声最高。担心苹果可能留不住他，华尔街便有人提出让库克永久继任，而让乔布斯成为公司的董事长。他们认为至少也应该让库克成为公司董事。

　　"现在，对投资者来说，失去蒂姆·库克要比没有史蒂夫·乔布斯更成问题。"美国投资银行派杰的分析师吉恩·蒙斯特说道。

　　这种赞扬令乔布斯难以忍受，他一直以为自己是苹果不可或缺的人。虽然他十分憎恶外界对他病症的关注，但又觉得这恰恰证明了他的健康状况对公司的发展极为关键。所以在2004年他公布手术情况后，股价仅仅下降了2%的事实令他感到非常难过。

　　"就只降了这么点儿？"他问道。

如其所言，乔布斯于 6 月底重返苹果。第一天，他便大发雷霆，他把员工分开让他们各司其职，撕毁了一个又一个营销计划。当他听说媒体对库克的表现评价颇高时，更是暴跳如雷。库克这段时间确实做得不错，但他的管理杂乱无章。他对所谓的"库克教义"仍然愤愤不满。乔布斯在一次管理层会议上大声呵斥了库克。

"我才是CEO！"乔布斯吼道。

库克非常平静。如果你也在乔布斯身边工作了那么久，你会像他一样对乔布斯的突然爆发产生免疫。这位男二号面带笑意地退至幕后，似乎很高兴乔布斯能够再次掌控公司的运营。

乔布斯的突然回归让每个人都不太好过。享受了几个月的自由生活后，他们必须重新适应乔布斯的严密审查，因为乔布斯又重新主导了产品发展会议。曾经有人想象他生病以后脾气会变得温和一点，但结果并没有，至少是在工作层面。事实上，他比以往更加严厉。他回归后的工作重点是：iPad。

继重新定义了电脑、数字音乐播放器和手机之后，iPad是他的又一次革新。如果苹果能够制造出iPad，那么它将真正成为历史上最伟大的公司之一。一个成功的新产品还会让公众重新把目光聚焦在乔布斯身上，从而造就他两度打败癌症重归岗位的神话。

起初，乔布斯及其团队主要把该设备定位在教育领域。他们宣传iPad的一个想法是把它送给拥有极大影响力的人，譬如诺贝尔奖获得者。乔布斯始终对教育很感兴趣，他认为教育是让个人强大的重要途径。他甚至想要专门为苹果员工的子女开设一所学校。

随着iPad研发不断取得进展，他们意识到它的应用范围显然要比预期广泛得多。亚马逊推出的Kindle阅读器正在成为人手必备的设备，包括YouTube（优兔）在内的网站也越来越受欢迎。iPad对于物流、医药等领域的企业和机构也有很多用途。一旦面市，开发者们也肯定会为它研发出各种智能软件，就像iPhone面市以后那样。

"我们每天都能发现ipad新的用途。"在上市前几个月，艾夫激动地说。正如销售团队强调的一样，他们没有理由把iPad免费送给别人。iPad必然可以卖得很好。营销团队对该设备信心十足，于是把定价从起初的399美元提高至499美元。

并不是所有人都对此兴奋不已。当乔布斯在一次管理层会议上展示iPad模型时，一些人暗自疑问：谁会买这东西？当你有了手机和手提电脑之后，哪还会用到它呢？谁愿意出门带这么多东西呢？

2010年1月27日，在旧金山芳草地艺术中心，乔布斯首次向公众展示了iPad的庐山真面目。他的肝脏移植手术医师和2004年胰腺切除手术医师都在台下坐着，旁边是他的妻子、儿子和妹妹。随着歌手鲍勃·迪伦的《像一块滚石》（*Like a Rolling Stone*）在礼堂中响起，灯光渐渐暗下来。乔布斯从舞台左侧走上来，还是穿着那身行头：黑色高领毛衣和牛仔裤。台下掌声雷动，乔布斯享受片刻，便呈上了那个光芒万丈的自己。

"我们将展示一款集魔幻与革新于一体的产品，以此拉开2010年的帷幕。"

他并没有夸大接下来将要展示的这款产品。"每个人都会用到笔记本电脑和/或手机。最近有人提出了一个问题：在笔记本和手机之间，还有可能存在第三种设备吗？"

乔布斯声称这种设备可以很好地浏览网页和收发邮件，在一些重要功能上要胜过笔记本电脑和手机，除此之外，它几乎和上网本一样。他说："上网本没一点强项。网速又慢，画质又不清晰，还只能运行笨拙的老式软件，充其量只是廉价的笔记本而已。我们从未将其归为第三类设备。"

他的语速突然加快，为推出 iPad 做铺垫。"但我们相信我们研发出了这种设备，并且打算今天就向你们展示。我们把它叫作 iPad。"

在他身后的幻灯片上，"iPad"一词砰然落于 iPhone 和 MacBook 的图片之间，扬起阵阵尘土。

接下来的时间，乔布斯展示了 iPad 强大的功能。为了演示人们在客厅悠闲地摆弄 iPad 的场景，他坐在一把勒·柯布西耶（法国设计师）设计的黑色皮椅上，从旁边埃罗·沙李宁（美国设计师）设计的边桌上拿起 iPad。用时兴的家具来展示 iPad 有多么触手可及，确实是乔布斯的作风。"iPad 确实意义非凡。与笔记本电脑比起来，它非常轻便，可以方便你随身携带；与手机比起来，它具备真正的大屏，功能也更加完善。"

直到展示的最后，他才公布 iPad 的价格。他提到之前专家预测售价为 999 美元，随后宣布苹果对该设备的定价为 499 美元。身后的屏幕上，"499 美元"几个字重重地落在空白的屏幕上，将"999 美元"压得粉碎。台下爆发出长时间的掌声。

在《经济学人》（Economist）杂志接下来一期的封面上，乔布斯手持 iPad、身穿长袍、头顶光环，俨然王者归来之势。

乔布斯是一位优秀的"传教士"。一周后，他到曼哈顿与《纽约时报》《华尔街日报》和《时代周刊》的代表接洽。此次会面有两个目的，一是帮助改变公众的观点，二是让他们对iPad产生兴趣，从而愿意为它开发新闻软件。设备的销量关键在于内容质量。

乔布斯先是在麦迪逊广场公园附近的普拉娜东南亚风情餐厅与《纽约时报》的50位高管共用晚餐。乔布斯一直很喜欢这家报纸，因为他们的治理手段相似，并且他们之前就谈过合作的问题。乔布斯点了一杯杧果奶昔和纯素意面——这两样菜单上都没有——然后便开始展示iPad，并说明它将如何助力媒体未来的发展。

这些执行官并没那么容易买账。要想在iPad平台上刊登新闻，苹果将收取30%的收益。更令人难以忍受的是，苹果不会与他们共享订阅者的个人信息，除非订阅者明确给予许可。这对出版商来说是个潜在的威胁。一方面，苹果将在该领域获得巨大的市场份额；另一方面，媒体公司无法获取订阅者的姓名、邮箱地址、信用卡账号和其他有用信息，将很难吸引新的广告商，也难以定位新的读者需求。

"如果你们不喜欢这种模式，那就别跟我们合作。"乔布斯对一位试图与他争辩的高管说道，"又不是我让你们陷入这种困境的。你们自己在过去的5年免费发行电子版，却也没有收集到任何用户的信用卡信息。"

第二天上午在新闻集团总部，他见到了《华尔街日报》的老板鲁伯特·默多克，相比之下，默多克更愿意接受乔布斯的条件。在一间经理用餐室享用私人早餐时，默多克和他的数字报刊主管乔恩·米勒告诉乔布斯，他们希望iPad一上市就能够用来阅读《华尔街日报》。这对乔布斯来说是个好消息。他与默多克的治理手段不同，但他尊重默多克的创业精神。他们后来还发现了一些共同的喜好，比如他们都酷爱无

衬线字体。结束谈话后，他们一起走到 3 楼的会议室，那里有几十位
《华尔街日报》的高级编辑和经理人等着采访乔布斯。依照乔布斯随行
人员的安排，这次会议是非公开的，邀请名单也保密。房间中备有全
麦面包圈、奶油干酪、热巧克力、智能水和瑜伽甘草茶——全是随行
人员点选的。和往常一样，乔布斯几乎没碰任何东西。

采访的第一个问题直击苹果的一项重要决定。为什么它不支持
Adobe 系统的 Flash 播放器（Adobe System's Flash Player）呢？ Flash 是
网页播放视频中最流行的技术，在动画和广告中广泛使用。而苹果却
要使用刚刚出现的 HTML5（超文本标记语言）技术，即便它在部分功
能上与 Flash 相比还有欠缺。

苹果"反 Flash"的做法并不是第一次。iPhone 也不支持这项技术。
但是在 iPad 上这个问题却得到了更广泛的关注，因为人们希望能够用
更大的屏幕上网观看视频。"我们认为这项技术老旧而又笨拙。"乔布
斯对各位主编说，又告诉他们这个软件是导致 Mac 电脑死机的最大原
因，"我们不会把精力浪费在老旧的技术上。我们要把精力放在崭新的、
有前景的技术上面。"

编辑们并不满意乔布斯的回答，尽管他们很高兴 iPad 能把他们写
的文章以全新的方式展现出来。但是他们长久依赖的技术在 iPad 上却
无法运行，这让问题变得复杂起来。

乔布斯把 iPad 分发给每位编辑，让他们亲自体验使用过程。会谈
结束之际，有人终于问出了那个始终悬在半空中的问题："史蒂夫，你
现在感觉怎么样？什么时候能够开始全职工作呢？"

"我已经开始全职工作了。"他答道，重复着他之前说过的话，"我
又站了起来，我享受在这里的每一天。"

后来，乔布斯在与编辑们交谈时，没有人主动跟他握手。之前有人告诉过他们，乔布斯不希望与任何人发生身体接触。移植手术后他一直在服用免疫抑制剂，担心会染上疾病。

总的来说，与《华尔街日报》的会谈是一次成功之举。午饭时，默多克与他的几位执行官谈到iPad。"这确实是一个意义重大的设备。它将改变媒体世界。"乔布斯还表示希望他们能够开发出一款最好的软件，在iPad上市当天力压群雄。没过多久，苹果为他们派送了几部iPad，便于他们开发软件。按照苹果的规定，这些iPad必须装在密封的箱子里，运送到一间没有窗户的房间，而后拴在桌子上。几位开发者夜以继日地开发软件，他们的同事开玩笑说他们错过了整个春天。

4月初iPad正式上市时，销量很令分析师失望。第一天只卖出了30万台。苹果认为这个销量已经挺不错了，但确实远远低于华尔街的预测。就和其他前所未有的新产品一样，iPad也需要时间让人们充分认识它的功能，而后才能逐渐成为生活中不可或缺的一部分。其他一些重要的苹果产品，包括iPod音乐播放器和iPhone，刚开始销量都比较低。

不足为奇的是，最先购买iPad的人当中，有很多来自技术工业领域。他们大多数都在硅谷工作。也正是这些人，立即发现iPad是飞行旅途中的绝佳伴侣，也是他们向投资者演示的得力助手。苹果的铁杆粉丝随声附和："果真是集魔幻与革新于一体啊！"

一旦评论员对iPad给予认可，大众的观点就会随之改变。莫斯伯格和《纽约时报》的大卫·波格欣喜若狂。科技博客（TechCrunch）网站的知名编辑迈克尔·阿灵顿声称iPad比他想象的还要强百倍。"这是一个全新的设备种类，但它将会取代笔记本。"他写道。尽管乔布斯将iPad定义为休闲娱乐设备，但阿灵顿指出它是一款"非常好用的商务设备"。

不到一个月苹果就卖出了100万台iPad，是第一代iPhone销量的两倍。

然而，由于苹果不支持Flash播放器，苹果与Adobe之间酝酿着一场激烈的斗争。乔布斯甚至不希望开发者使用任何Adobe软件，这样他们就无法再为iPhone和iPad开发Flash应用程序了。而不用Flash的话，原先的视频和互动文件就会变成一片空白。

对外，乔布斯宣称苹果希望这些软件是为其设备量身打造的，而不是跟风随流。他还指出Flash在移动设备上的表现很不理想，不仅会缩短电池寿命，还会造成安全问题。

乔布斯私下的思考更为复杂。让Adobe进入iPhone和iPad的"生态系统"会造成两方面的竞争。如果开发者使用Flash制作软件并通过网络直接将其输送给客户，那么他们完全可以绕开苹果应用商店，从而使苹果失去那30%的收益。

另外，乔布斯希望通过这一手段将开发者锁定在苹果平台上。竞争对手也在开设自己的应用商店，乔布斯自然不愿意开发者为他们制造软件。

Adobe的未来发展不甚乐观，公司在其官方博客上故意渲染这一问题，以引起开发界的不满。旧恨新愁让这场争论不断升温，甚至成为两个人之间的斗争。乔布斯还记得1990年为苹果扭转乾坤之时，让Adobe为Mac电脑提供软件支持时被拒绝的场景，他永远不会原谅Adobe。

Adobe太"懒散"了，公开iPad之后没多久，乔布斯在苹果大礼堂的内部会议上说道："他们完全有能力做出有意思的东西，但他们拒绝突破。"

Adobe的支持者指责苹果仗势欺人。大约11 000名Adobe粉丝联合起来在Facebook（脸书）上建立了一个名为"我支持Adobe"的主页。

4月底，乔布斯在苹果网站上发表题为"关于Flash的思考"的文章，共计1 600字，正式拉开战争的帷幕。这一做法虽然鲜见，却并不是头一次。上一次是3年前，他发表文章《关于音乐的思考》，敦促音乐产业允许苹果销售音乐时不受防拷贝保护限制。

"Flash是个人电脑时代的产物。"乔布斯写道，"移动时代的特征是低功率设备、可触控界面和开放式网络标准——这些领域没一个是Flash擅长的……在移动时代，崭新的开放式网络标准出现了，比如HTML5，它们更适用于移动设备（和个人电脑）。或许Adobe应该着眼未来，集中精力去研发优秀的HTML5工具，而不是聚精会神地批判苹果将过去抛在身后的做法。"

最终苹果获得了胜利。归根结底，iPad是苹果的产品。如果你想从中得益，就必须遵守苹果的游戏规则。Flash逐渐被淘汰了。其实网络上早就开始向HTML5迈进了，苹果只是加速了转换过程。开发者和媒体公司认清现实，便停止喧闹，开始规划发展战略。

但是这场胜利也让苹果付出了代价。苹果在世人眼中变成一只巨大的金刚。尽管乔布斯不在iPad上使用Flash的理由很正当，但苹果仍然变成了压迫者。这些流言让苹果光辉的品牌形象蒙上了污点。随之而来的还有其他问题。

接下来人们开始剖析苹果的应用商店。

到 2010 年春，苹果应用商店上线已近两年，获得了惊人的成功。商店提供超过 185 000 款游戏和其他应用，大部分都免费或是售价 99 美分。投资公司不停地向软件公司投钱，一个依靠广告网络和其他商业支撑的生态系统正在形成。苹果没有公开到底从中赚了多少钱，但是苹果的御用分析师吴肖估计，苹果年收入可以达到 10 亿美元。苹果应用商店最大的竞争对于谷歌则只有 3 万款应用，大部分还免费。正如苹果的其他策略一样，这让苹果获得了绝对统治权，开发者必须把软件交给苹果审批。

苹果在这一崭新市场的统治地位受到了反垄断监管机构的关注。到此刻为止，苹果共售出 8 500 万台 iPhone 和 iPod touch。尽管该公司在整个手机市场所占的份额仍比较小，但它在智能手机领域排名第三，且份额仍在增加。苹果对流行文化的影响更是无处不在。到处都在谈论 MacBook、iPhone、iPod touch 和 iPad，令其他所有手机制造商相形见绌。

另一个问题是苹果复杂的软件审核程序。苹果公司从不给出任何明确的需求指示，他们常常否定或者无视一些软件且不做任何解释。有一个比较著名的案例。起初，谷歌提供了一款语音软件，人们可以通过网络打电话，却被苹果否决了。后来谷歌向监管机构起诉苹果采取反竞争手段，这款应用才得到通过。

苹果与 Adobe 斗争期间，联邦商务委员会和美国司法部这两家联邦反垄断法律的执行机构开始协商由谁出面对苹果经营应用商店的方式展开调查。苹果的两个举动受到了争议。

第一个举动是苹果下令禁止开发者使用 Adobe 软件制造出以 Flash

为支撑、与苹果系统兼容的软件。第二个举动是苹果改变了开发者协议，禁止应用软件将iPhone的特定技术数据传送给第三方。苹果做出这一改变是因为某家分析公司钻了原先条款的空子，但是该行动无意之中使广告网络无法准确定位其广告，于是他们怀疑苹果在为自己的移动广告服务"爱广告"（iAd）创造优势。

6月，得克萨斯州司法部长针对苹果与书刊出版商合作推出的iBookstore电子书店展开反垄断调查，调查重点是双方制定的独家价格协议。

一直以来，苹果都是一个强劲的竞争对手，一个强势的谈判对手。但是，这种强硬政策在帮助苹果成为业界龙头的同时，也给它挖了个坑，让它没有回头路可走。

与此同时，苹果仍在飞速发展。除了发售iPad以外，公司还在研发iPhone 4，他们曾承诺会以全新的外观亮相。每一次乔布斯出现在新产品发布会上，台下观众的眼中都闪烁着惊奇和兴奋的光芒。这也是苹果从不预先公开新产品的最主要原因。然而，事情发生了奇妙的转变，令乔布斯始料未及。

2010年3月底，苹果27岁的软件工程师格雷·鲍威尔与叔叔到红杉市的一家德国啤酒庄园参观，那里距离苹果工业园只有半小时车程。他随身带着伪装成iPhone 3GS的iPhone 4模型，以便实地测试。

鲍威尔玩得非常开心。才刚从大学毕业没几年，他就成功进入了全世界最炙手可热的公司之一，还参与到公司最重要的项目之中。他聪明机智、讨人喜欢。"我从未想到德国啤酒竟这么好喝。"他在脸书主页上兴奋地写道，用的很可能就是他携带的那部iPhone 4。

　　但是那天晚上他离开庄园的时候，却把模型落下了。没人知道究竟是怎么回事。鲍威尔的最后印象是他把手机放在了脚边的包里，但手机却落到了21岁的大学生布莱恩·霍根的手中，他说当时自己坐在鲍威尔身边喝酒，在吧台前的椅子上发现了那部手机。霍根查看了手机的内容，在酒吧等了失主一会儿，然后就回家了。很快，苹果通过远程控制抹除了手机上的一切数据并使手机自动关闭。霍根仔细观察这部设备，发现它与其他的3GS不同。他把外壳打开，看到一部黑色手机，背面光滑平整，有前置摄像头，还配有铝制边框。背面是熟悉的苹果图标，底端印有"iPhone"。在显示内存大小的位置，手机上只写了"XXGB"。看上去这应该是一个模型。

　　霍根知道这部手机是鲍威尔的，因为他在自己的手机上看到了鲍威尔脸书网上的照片。他迅速在网上查询，发现鲍威尔是苹果的工程师。霍根试着打电话给苹果客服中心，但客服中心并没把霍根说的当回事，于是他决定把这件事透露给媒体。

　　科技博客网站Gizmodo的工作人员起初并没有注意到霍根的信息，因为霍根将这条信息发送到该网站的系统邮件中了。后来网站工作人员发现以后，也没人相信。Gizmodo网站经常会收到一些邮件声称自己获得了某些未曝光产品的信息，大多数都是假的或是过时的。不过Gizmodo的二当家贾森·陈还是回复了这封邮件，万一是真的呢！陈在帕洛奥图的一家星巴克与霍根见面时，他发现霍根就是一个典型的缺钱的大学生。陈检查手机的时候，霍根则聊着他在一家高尔夫球场工作的事情。

　　"好的，从表面上看没什么问题，但我没法开机。"陈告诉霍根，

"很难说这是不是真的，我需要拆机证实一下。"两人达成协议，陈可以把手机借走并拆开检查，如果是真品还可以拿来报道，霍根则索要10 000美元，最后陈把价格降到了一半。

大约一周后的4月19日，Gizmodo发表一篇题为《这就是苹果的新一代iPhone》的文章，获得了超过1 000万的点击量。文章发布一个小时以后，网站编辑布莱恩·拉姆接到了乔布斯的电话。

"你好，我是史蒂夫。我很想要回我的手机。"他说，"我们想要回这部手机，不能让它落入坏人之手。"

拉姆故作忸怩。开始他否认手机在他那里，说它在陈手中。而后，他开出条件，苹果官方必须承认这个原型是真的，他才会归还。

"现在我们已经一无所有了。苹果公关部门最近对我们冷眼相待，影响了我们在iPad发布会上的表现。所以我们必须鼓足士气走出去，找到类似这样的重磅故事。"拉姆在给乔布斯的邮件中写道。他把现在的Gizmodo比作"昔日的苹果"，指出他这么做只是为了能生存下去。

此时，公众的感情已经偏向苹果了。霍根本就不应该把不属于自己的手机卖出去，Gizmodo也由于其"付费新闻"的做法受到强烈谴责。花钱买新闻是小报的行径，没有一家主流新闻媒体会这么做。

乔布斯失去了耐心。他让公司法务部发出一封邮件，表示同意拉姆的条件，并从陈那里取回手机。而后，苹果向圣马特奥警察局起诉。4月23日晚9点45分左右，刚与妻子吃完火锅回来的陈发现车库门半掩着。他去开门时，几位警官从里面走出来告诉他要执行搜查令。他们让他双手抱头，检查他是否携带武器，他的妻子站在一旁看着。警官搜查了整幢房子，带走了18种物品，包括电脑、名片、硬盘、数码相机和手机等。陈抗议说自己是记者，受保护不接受这种搜查，但没人理他。

陈公开这件事后又闹得沸沸扬扬。即便苹果方面没有参与搜查，但事情是苹果引起的。尽管Gizmodo的做法很不道德，苹果对一位记者进行刑事搜查也确实太过分了。

乔布斯根本不在乎流言蜚语。6月初苹果在全球开发者大会上官方公布iPhone 4时，Gizmodo不在邀请名单上。

尽管乔布斯在发布会上尽其所能地展示iPhone 4，但不得不承认，Gizmodo的报告使这次展示失去了预想的震撼效果。演示还受到了技术故障影响，网页总是打不开。

"我们这儿的网络很不稳定，时好时坏无法预测。今天网速就很慢。"乔布斯说道，人群安静下来。过了一会儿，他让每个人都关闭Wi-Fi连接。大多数观众都以为他在开玩笑，虽然他的声音听上去挺严肃。当乔布斯发现房间中的个人Wi-Fi网络连接会影响iPhone 4的蜂窝信号时，他非常生气。

"我们找到连接失败的原因了。"他说，"这个房间里有570个Wi-Fi基站。这会影响我们的网速好吗？这样我们根本就没法展示。"

观众仍然以为他在开玩笑，便笑了起来。那些了解他的人听到他逐渐尖厉的声音，似乎看到了他眼中的怒火。"要么关掉所有设备看演示，要么我们放弃演示。你们到底还想不想看？"他吼道，"所有写博客的人，请把你们的基站关掉，断开Wi-Fi。所有带笔记本的人，请你们把电脑放在地上。所有人前后左右看看，我希望你们能够互相监督……快点儿！往四周看看。"鉴于这些媒体是应邀前来报道当日新闻的，这个要求显得有些荒唐。苹果员工在房间中来回走动，让每个人关掉笔记本电脑，他们知道如果大家还是不合作的话，乔布斯就会吩咐他们这么做。

随后，乔布斯展示与乔纳森·艾夫的视频通话，视频卡住时他指责观众不遵守约定。当艾夫问他演示进展如何时，乔布斯答道："还行吧，就是有几个家伙没有关掉Wi-Fi。"

在产品发布会上，乔布斯一贯优雅而专业，但面对这种毫无预见性的困境，"暴君"的本性就暴露出来。

发布会结束后，世界各地的粉丝都排起长队购买iPhone 4。在旧金山，开售前几天人们就开始排队了。队伍前面的一位男士带着一顶帐篷、一把椅子、很多本书和几件衬衫。排在队伍后面的一位女士拉来一台投影仪，夜幕降临后大家就能一起看电影了。在东京，坚强勇敢的人们顶着炎炎烈日排队，其中还有一位穿着iPhone式样的戏服。苹果商店的工作人员为大家分发食物和饮料。

然而，有很多问题等待苹果应对。顾客刚入手iPhone 4，就开始抱怨用手握住手机左下角时，手机的网络信号会变得很差。苹果的第一反应是不屑一顾。

苹果声称："根据天线安放的位置不同，信号受影响的敏感位置也有所不同，所以每款手机按住特定位置都会对信号接收造成一些影响。"苹果还建议人们避免遮挡手机底端，或是搭配一个手机壳。苹果似乎没意识到，一个以设计为中心的公司竟然让顾客用壳子把手机包起来，多讽刺啊！

科技博客网站用测试证实这一问题之后，人们的不满情绪愈加高涨。苹果开始接到投诉，指控它出售瑕疵产品。摩托罗拉则在广告中大肆宣扬其新款手机Droid X无可比拟的天线设计。

苹果不能再回避问题了。在写给iPhone 4用户的一封公开信中，苹果坦言对天线问题报告感到惊讶，并解释是由于一个软件问题导致手机高估了其蜂窝信号强度。尽管苹果没有明说，但暗示了蜂窝信号差是网络问题。

这只是部分原因。当网络信号差时，该问题会经常出现，但是手机设计不良才是主要原因。与苹果所说的恰恰相反，从一开始乔布斯和他的首席设计师乔纳森·艾夫选择将两个不锈钢圈作为天线时，开发者就已经意识到这种风险。他们两人钟爱手机的简单设计，但这对技术人员来讲简直是个噩梦，因为金属会干扰信号传送，而经手触碰会干扰信号接收，降低信号质量。这种圈状天线十分美观，其他公司的设计人员也曾一见倾心，但没人将其用在产品中肯定是有原因的。

在人们的不满情绪升温之际，《消费者报告》（*Consumer Reports*）投下一枚重磅炸弹，声称不推荐消费者购买iPhone 4。

当时乔布斯正在他最喜欢的度假胜地康娜度假村休养。

"他们想干掉苹果。"乔布斯对公司董事阿特·莱文森说道，"绝不能让他们得逞！"

库克担心苹果可能看上去过于傲慢自满。虽然他平时对乔布斯言听计从，但这一次他劝乔布斯出面说明问题。当乔布斯走上极端时，把他拉下来是管理团队的一项重要任务，但是只有库克有能力和胆识这么做，这也是库克很有影响力的原因之一。

乔布斯从夏威夷飞回公司。4 天后，苹果在大礼堂举办记者招待会，这一次观众席中仍然没有Gizmodo的代表。

乔布斯上台以前，苹果播放了一个叫作《苹果天线之歌》的视频，这是苹果员工在YouTube上发现的。

"对iPhone天线的批评铺天盖地。"歌词唱道，"如果你不想要iPhone 4，那就别买。如果你买了iPhone 4却不喜欢，那就退回去。"这首歌为记者招待会定下了基调。乔布斯登上舞台，承认了这些问题，语气却桀骜不驯。

"我们并不完美，我们清楚地知道这一点，你们也知道。"他说，"但是，我们一心想让顾客开心。如果你们不了解这个初衷，那么你们就根本不了解苹果。"

而后他解释道，苹果在过去的 22 天一直在研究这个问题。

乔布斯提出存在天线问题的并不只有苹果。他播放了几段视频，说明其他手机也会遇到类似问题。"这就是智能手机的世界，手机无法做到尽善尽美。"他说。

尽管他向不如意的顾客免费提供iPhone保护套，但态度却不是很诚恳。"这个问题被夸大到简直不可思议的地步。"他说，"我们没法提供一个天线盖子。"

当被问及他是否会向投资者道歉时，他给出否定的回答。

"是你们选择向我们投资，所以如果股价下降了 5 美元……我想我不必道歉。"

4

库克：存货国度的阿提拉王

同年 4 月，喜剧演员乔恩·斯图尔特把矛头指向苹果。在《每日秀》（美国著名电视节目）上，他谈到苹果对持有 iPhone 4 模型的 Gizmodo 采取强硬措施一事。

斯图尔特先是重述了一段叫作《爱傻子》的视频，然后用难以置信的口气问道："警察一定要破门而入吗？""他们难道不知道有个软件可以开门吗？"说罢，他身后的屏幕上出现了一张模拟软件《撞它》（"Ram iT"）的截图。

"整件事情失去了控制。"他说着，身后的图片转变成苹果图标和文字"Appholes"[apple 和 asshole（混蛋）合成的词，意为苹果混蛋]。

接着，斯图尔特对着 3 号摄像头喊出了乔布斯和苹果的名字，直接说道："你们知道我很爱你们，对吧？我爱你们的产品。我与它们形影不离。我甚至爱你们的商店。"

"哥们儿，你们曾是反叛者，是处于弱势的人。但是现在，你们倒成了老大哥了？还记得《1984》广告吗，推翻了老大哥的精彩广告？照照镜子吧兄弟！"

斯图尔特举起 iPad，让他们能够从"宛如明镜一般"的屏幕上看到自己。

"事情不该发展成这样。微软才应该是邪恶的那个。而现在你们却打破了帕洛奥图的大门，盖茨则在帮助世界驱除该死的蚊群。到底发生了什么？"

斯图尔特建议如果苹果想要破门而入，应该从其手机服务供应商
AT&T（美国电话电报公司）开始。"他们让你们神奇的手机变得像普
通手机一样一无是处。我是说真的！你们能想象在西区高速公路行驶 1
英里就得错过 4 个电话吗？"

他又提议，或者"为什么你们不一脚踹开保罗·麦卡特尼家的门
呢？因为他不让我们在 iTunes 上购买披头士乐队的歌曲。"

"求你了，史蒂夫。"斯图尔特哀求道，"让这个疑神疑鬼的公司冷
静下来，拿出点天才的产品来吧。"

斯图尔特的责骂真正击中了苹果的痛处。他提到的《1984》反正
流派广告之中，苹果的身份是弱者。他指责苹果变成了老大哥，是在
暗示乔布斯正慢慢变成那时的比尔·盖茨，但盖茨已经无法拯救世界
了——斯图尔特的骂功真是练到家了，可谓一针见血。

苹果现已成长为一个帝国。在推出 iPod、iPhone 和 iPad 以前，苹
果的顾客主要是苹果迷、设计师和其他愿意花大价钱的有眼光的买家。
现在苹果的产品成了主流。Mac 电脑起售价为 999 美元，iPad 为 499 美
元，iPhone 3GS 为 199 美元，还有补贴。苹果还降价销售 iPhone 3G，
仅 99 美元，价格是最初定价的一半。

2010 年 6 月底，苹果发展达到顶峰。与惨淡的开端截然不同，苹
果已售出 330 万台 iPad。起初有人担心 iPad 会导致电脑销量下滑，事
实也并非如此，苹果电脑第二季度的销量同比提高了 33%。有人曾担
心 iPhone 4 的推出会让现在的 iPhone 3GS 滞销，现在看来这一推测也
是毫无根据的。苹果手机销量增加了 61%，季度收益提高了 78%，达
到 32.5 亿美元。苹果股票交易价格也达到每股 250 美元。

苹果已然成为业界龙头，它掌控了整个市场。这与人们最初的期望不同。作为弱者，乔布斯想怎么闹腾就怎么闹腾。目标越大，越显得勇敢。但是现在他自己成了世界级巨人，以前那种淘气的攻击现在却让人觉得是专横独断。

苹果董事会意识到他们需要转变态度。

"我们已经成长为一家大公司，必须转变态度，不能再让人们觉得我们傲慢自大。"阿特·莱文森说道。

乔布斯不同意他的说法。"我们并没有傲慢自大。"他在董事会议上反驳道。他认为自己在苹果成立之初灌输的那种创业精神是公司成功的关键，他绝不会因为外界压力而改变初衷。

但事实胜于雄辩，连政府都已经开始密切关注苹果的一举一动了。9月，苹果放宽了应用商店的限制，允许程序开发者使用Adobe公司以Flash为技术支撑的工具，也可使用其他编程语言写程序。同时，苹果也删除了原开发者协议规定中，手机和网络公司不得从iPhone软件中获取使用者信息进行自身广告定位这一条。针对外界批评其软件审查程序不透明一事，苹果则第一次公开审查细则。该细则条文清晰明了，平和中透出独裁之意，似乎反映了苹果为适应新地位而做出的努力，也似乎是出自乔布斯之手。

"我们竭尽所能地创造出世界上最好的平台，让你们一展才华，让你们赚钱谋生。如果有人觉得我们是控制狂，好吧，或许是因为我们太忠实于我们的客户，一心一意想让他们在使用苹果产品时获得完美的体验。"上面写道，"就和你们所有人一样。"

一些关键词句的语气则更加严厉。其中一则是："我们的应用商店里有超过25万款软件。我们不需要任何无聊的狗屁软件。如果你的软件没什么用处，或是无法持续产生乐趣，那么我们必然不会接受。"另一则这样写道："如果你的软件一看就是没花功夫胡拼乱凑起来的，或者你只是想把第一次开发的软件放到商城让朋友膜拜，请你还是省省吧。我们有一大批严肃认真的优秀开发者，他们可不想让自己的专业软件跟一堆业余作品放在一起。"

联邦贸易委员会最终结束了调查。

乔布斯仍然是苹果的君王，库克则是影子战士，乔布斯的影武者。他在"库克教义"中之所以能够清清楚楚地说出乔布斯的价值观念，是因为他在苹果工作的十余年中始终以乔布斯的需求为中心。万一乔布斯发生不幸，库克将是一个完美继任者。其他人常以小乔布斯自居；而他不同，他不仅能够坚守乔布斯的资产，而且用自己的方式领导苹果走向新的繁荣。

库克和乔布斯是截然不同的两个人。乔布斯锋芒毕露，而库克则安静、自持、难以看透。1982 年大学毕业以后，库克在 IBM 开始了职业生涯，很快便显示出自己的无限潜能，一路顺风顺水、节节攀升。后来他到加州北部担任总监职位，负责 IBM 个人电脑在美国、加拿大和拉美地区的制造和分销运作。

"蒂姆总是第一个到、最后一个走，他是会议桌上最聪明的人。"前 IBM 生产主管雷·梅斯评价说。

库克在 IBM 任职 12 年，而后到科罗拉多州的一家小型电脑批发商"智能电子有限公司"担任总经理。上任后，他重整公司结构，将公司收益翻了一番，地位迅速提升。3 年后他成功说服董事会卖掉公司，自己则被挖到康柏电脑公司。康柏是智能电子有限公司的供货商之一，也是业界最大的电脑公司。之后，库克搬到休斯敦，负责公司的产品原料采购。

在康柏同事的眼中，库克是一个工作高效却不太合群的人。所有人都住在郊区，只有他住在城里。大多数人都有家庭，他则一直单身。

不过，库克非常喜欢康柏公司，他觉得自己可以在这里工作很长时间。突然有一天，一家猎头公司打电话给他，告诉他苹果正在招聘资深副总裁，负责公司在世界范围内的运营。"你为什么不来跟史蒂夫·乔布斯见一面呢？"对方建议道。库克拒绝了，但经过对方劝说，他同意与乔布斯见一面。一个周五晚上，他坐上了去加州的夜间航班，准备第二天早上与苹果CEO会面。库克后来回忆，他只用了5分钟便改变了主意，决定跳槽到苹果。

对于像库克这种非常理智的人来说，这个决定令很多人不解。1998年，苹果的未来局势根本不明朗，离开康柏完全不合逻辑。一位导师曾警告过他这一步走得太愚昧了。

刚接任新职位没多久，库克便说道："史蒂夫是那么令人折服。他很有远见。能够到世界上最好的一家公司中见证它的转折，对我来说是一次难得的机遇。苹果品牌在市场上很有影响力，特别是在设计和出版领域，在教育领域也是如此。我认为这是一次千载难逢的机会。"

"我的直觉从没让我失望过。"他说，"这个工作感觉很棒。"

苹果需要新的血液。1998年春天库克加入之时，管理团队正在为重组伤透脑筋，他们亟须一个能够与乔布斯密切配合并让苹果的生产流程更加高效的优秀执行者。

苹果的运营工作一团糟。竞争对手早已实行外包生产，而苹果的大部分电脑仍由自己的工厂生产。随着需求量的直线下滑，生产成本也超出了公司的负荷能力。乔布斯回归苹果时，已将大部分工厂抛售出去，但仍有价值上亿美元的存货等待处理。仓库看上去就像电影《公民凯恩》（*Citizen Kane*）最后一幕中的皇宫仙那度（Xanadu）一样。乔布斯想要像戴尔那样实行精益运营，而且必须比戴尔做得更好。

问题是乔布斯找不到任何有能力领导团队的人。回来后的几个月中，他逐个筛选了公司中有可能胜任的人选。一个周六早上的六点半，苹果亚洲区运营总裁乔·奥沙利文在新加坡的家中接到了乔布斯的电话。乔布斯希望他能到美国去。

"吉姆·麦克科伦尼怎么样呢？"奥沙利文问道。吉姆是运营总裁。

"麦克科伦尼离开了。"乔布斯答道。

"那海蒂呢？"

"她也走了。"

"维克呢？"

"他也走了。"

"萨姆呢？"

"我不喜欢他。"

"约翰呢？"

"我也不喜欢他。"

"哦，看来我是最后人选了。"奥沙利文说道。

"不，不，这儿有人说你能够胜任。"乔布斯反驳道，"我真的希望由你来做这项工作。"

奥沙利文才刚刚出任副总裁4个月，他知道自己并不是最合适的人选。但他同意暂时待在库比蒂诺，直到乔布斯找到更合适的人选。

奥沙利文建议乔布斯聘用一位有采购经验的人选。

"我们下一步要开始管理合同制造商。"他说，"整个工作的核心是管理第三方。你需要精通那个领域的人。"

乔布斯采纳了他的建议。尽管库克在康柏任职只有不到一年的时间，但他在那里的工作恰好与苹果想要进行的策略转移方向重合。康柏起初也是先生产后销售的模式，后来则切换到接单模式，收到订单后才开始生产电脑。这让公司生产模式更加灵活、更有保障，不过能否取得成功则取决于公司管理供应商的能力、接单生产的速度及其对成本效益的控制。库克曾是这些工作的核心人物，他与合同制造商的洽谈直接促成了康柏公司的成功。

库克在任何情况下都能泰然自若，正好与反复无常的乔布斯形成完美互补。面试库克的执行官们仍然记得那天他一边冷静地回答问题，一边嚼着从口袋中拿出来的能量棒。

与前任副总裁不同，库克没有和业务团队坐在一起，而是申请了一间位于执行官办公楼层、斜对着乔布斯办公室的小房间。这是很精明的一步棋。显然他已经明白，要想准确理解老板的思路，就必须离老板足够近。当时没有人多想，但后来人们回想时，才从中看出了库克想要成为下一任领导者的雄心壮志。

从一开始，库克就制定了宏伟的目标。他希望公司提供最优的价格、最优的配货、最优的效益，总之一切都要最优化。"我希望你们能表现出那种'我们公司拥有200亿美元资产'的气魄。"他对采购团队说。那是一个大胆的建议，因为当时苹果的年收入仅为60亿美元，利润更是少得可怜。有人认为这将是苹果历史上重大的转折点，便把这次会议的内容一字一句地记录了下来。

在库克的指导下，运营团队接手的第一款产品是第二代强力笔记本电脑PowerBook G3，这成了库克展现其管理方式的重要一课。

这款代号为"华尔街"的黑色笔记本电脑在新加坡组装时出现问题，产量一直无法得到提高。库克质问员工的态度迅速成为传奇。他的问题越来越尖锐，最后他的副职萨比赫·汗提出将亲自飞去新加坡处理问题①。过了一会儿汗再次发言时，库克瞪着他。

"你怎么还没走？"

汗立即站起来赶往机场，连衣服都没来得及换。

很快，库克团队便习惯了"谁在飞机上""搞定它"这样的话语。倘若团队中没人能够从库克的角度谈论问题，库克便不会满意。

后来，"华尔街"遇到了另外一个问题：原料生产不足。库克敦促团队进行创造性的思考。"没了那些原料，我也要你们能够生产。"他对一位经理说道。这听上去像个玩笑，但团队确实很快找到一种不用那个部件生产的方法，于是就能够节省很多时间。从那以后，那位经理只有在考虑了所有方案都不可行以后才会向库克提出问题。

库克还负责处理存货过于庞大的问题。公司已经开始逐步削减库存，因为库克认为任何积压都是有百害而无一利的。"你们应该像管理乳业那样经营库存。"他说道，"一旦过了保质期，你们就有麻烦了。"

他第一次去亚洲出差时，新加坡的业务团队认为他们已经完全做好了与他见面的准备。当时，苹果的产品生产正在实行地域管理。工作人员用库克最爱的零食款待他——山露苏打水和能量棒——还准备了一场关于存货周转的演说，解释公司的销售和存贷周转期。当时，

---

① 更为流行的一个版本中，萨比赫·汗的目的地是中国，但是据出席会议的一位人士回忆，汗实际上去了新加坡。——作者注

亚洲区在此方面已走在行业前端，存货周转率可达到一年 25 次，此前他们曾处在平均水平以下，仅为一年 8~10 次。库克的精益求精是出了名的，该团队早已有所耳闻，所以他们准备了一个史无前例的周转计划，能够达到一年 100 次。存货周转率越高，业务效率就越高。

和预期的一样，会议一开始，库克便询问他们如何能够达到一年 100 次的周转率。他们的回答令库克十分满意。接下来库克继续问道："那么能不能达到 1 000 次呢？"在场的人都觉得这是玩笑，便笑了起来。1 000 次意味着他们必须找到一天至少能周转两次的方法。根本不可能。

"我希望你们好好想想。"库克对他们说。

库克任职 18 个月后，苹果的存货周转率达到了每天 1 次。部件和原材料都放在工厂中等待装配，成品则随时运送给客户。他们用空运取代海运来缩短运送时间。

几年之后，亚洲团队甚至实现了无限周转，成为存货管理的典范。也就是说，他们没有存货。他们完全达到了精益运营的标准，产品刚从生产线下来就会被客户买走。随着新产品的推出和零售店的设立，公司的总存货量将再次提高，但即便如此，他们的存货水平仍然大大低于竞争对手。库克把自己称为"存货国度的阿提拉王"。

"提高 5% 并不会令我兴奋。"库克曾经这样说道，"给我提高至两倍或者三倍，那才令人激动呢。"

库克管理供货商的方式可以说是"既强硬又不合理"。库克认为，合理就意味着让步。有一次，摩托罗拉无法提供足够的处理器，库克便用一整天的时间钻研数据表，一步一步地从供应链和次级供应商中找问题。一位同事把他比作海鳗，一旦抓住猎物，绝不松口。

库克在管理层很受爱戴和敬仰，因为与脾气暴躁的乔布斯相比，他显得冷静而又理智。不过，他对自己的团队非常严苛。在库克手下工作，脸皮必须要足够厚，还要和他一样追求完美。库克从不满足于现状，也很少表扬别人。

在这样严苛的环境下，一些人开始崭露头角。杰夫·威廉姆斯是从IBM聘用过来的全球采购总监，他可以说是库克的翻版，就连身高和灰白的头发都几乎与库克一样。威廉姆斯毕业于北卡罗来纳州立大学，并从杜克大学获得MBA（工商管理硕士）学位，是一个争强好胜的人。威廉姆斯刚到苹果时，每天拼命工作，而且不怎么回家，直接睡在办公室。一旦供应链出现问题，他就飞到亚洲寻找解决办法。和库克一样，他是一个十足的完美主义者。很快他便担任运营副总裁，成为库克最信赖的副手。他生活简朴，从第一天来苹果到现在，一直开着那辆老旧的丰田凯美瑞。

另外一位在采购团队大有作为的经理人是托尼·布莱文斯。与威廉姆斯和库克一样，他也来自南方，曾在IBM工作，生活十分节俭。虽然布莱文斯不像库克那样威严，但一言一行都是库克原则的体现。他与供货商交涉时的态度非常强硬。他的基本原则是：供货商应优先给苹果供货。一次圣诞节，他的部下汇报从供货商那里收到一张贵重的礼券，布莱文斯却责备他们没有尽力把价格压到最低。

对于其他人来说，这样冷酷无情的工作环境令人难以忍受。其中一位是希拉·奥德尔，2000年年初，她受聘管理部分型号电脑的生产。奥德尔来自雅德特存储设备公司，是一位经验丰富、能力突出的生产计划人员。她同样来自南方，在接受库克面试时，她曾以为自己了解他，但来到苹果后，她却无法适应这种严苛的文化。

"你怎么会觉得那也行得通？"奥德尔记得一位员工向库克汇报问题时，库克这样说道，"你真是个白痴！"

几个月后，奥德尔离开了苹果。

"我受到的教育从未教过我要通过训斥和恐吓来获得自己想要的。"她说。

库克无情的工作态度得到了回报。他在苹果任职4年后，开始带领销售团队。他的权力进一步加强，他从那些不作为的人手中接过职务，负责客户服务和Mac硬件业务。2005年，乔布斯提拔他为首席运营官。

没有人对此感到惊讶。那时，库克已与乔布斯并肩工作7年之久。不论他在世界的哪一个角落出差，他从不会错过乔布斯周一上午的管理团队例会。他和乔布斯就像是阴阳两极，相互联系、相互依存。

库克一丝不苟的态度让手下的人吃尽了苦头。为了达到库克设定的目标，他们必须放弃晚宴、节日、周末和假期。一次，乔布斯在圣诞节前夜决定要改变新一代iPod shuffle系列的颜色，当时距离上市仅有6周时间，于是库克要求团队在圣诞节当天工作。起初，几位老员工曾戏称自己为"奴隶"。

他们不仅要牺牲个人时间，还要时刻敦促亚洲合作生产商保证工厂24小时运转。这在中国春节期间尤其困难，因为这对工人们来说是一年中最重要的节日，每个人都想回家与亲人团聚。

与供货商的价格谈判能把最坚强的业务员累垮。有时人们会在苹果谈判员面前崩溃，因为他们无法达到公司的价格要求，又没法两手空空地回去见老板。一位参与谈判者感觉她是在欺骗别人，因为一个短期合同，她不断让一家供货商做出让步，而心里清楚地知道对方想要长期合作。

尽管拼尽全力，业务团队却很少受到嘉奖。他们知道自己已被降级到苹果金字塔的最底端，位于产品设计、硬件和软件之下。在乔布斯回归之前，业务就已被称为"排便"。乔布斯回来以后，他们的地位更低了，因为乔布斯看重的只有工程、市场和设计。

节假日期间，设计和工程团队在专属会场享用奢华晚宴，而业务团队则在库比蒂诺附近带着抽到的iPod、iPad和MacBook奖品吃自助午餐。第一代iPod上市时，工程团队被邀请到旧金山的探索博物馆开庆祝大会，那里有各种甜点、美酒和乐队，而业务团队却什么都没有。

这种差距还体现在报酬上。业务团队的工资、津贴和股票配额都要比其他团队少很多。他们的收入在同行中算比较高的，但苹果已经成功跃居龙头，工作要求愈加严格，收入和付出并不成正比。最不公平的是，设计人员开得起阿斯顿·马丁豪车，还能在旧金山买一套价值几百万美元的豪宅，而业务人员只能节俭度日，在圣何塞买一间陋室。

在种种压力之中，一位经理找到了一种获取额外利润的不法手段。2010年8月，苹果全球采购经理保罗·辛·迪瓦恩被捕，原因是他从苹果在韩国、中国大陆、中国台湾和新加坡的6家供应商那里总共收取了超过100万美元的佣金。迪瓦恩是iPod团队和零部件采购团队的一员，负责挑选部件和原材料供应商。4年前，他向供应商提供机密信息，让他们能够在与苹果的谈判中获得一定优势。

他在写给一家中国公司的邮件中，一步一步地指示他们应该如何与苹果商谈，以便获取资金去购买生产产品所需的生产工具。

"我将建议提供5套新设备。"他写道，"（1）我会让你们给我提供5套新设备的全额报价（12万美元×5＝60万美元）。（2）接着我会说太贵了。（3）我将建议你们自己出资购买2套设备（24万美元），苹果则为你们提供3套的资金（36万美元）。也就是说，我将尽力为凯达公司争取36万美元。你们觉得如何？"

他还建议另外一家公司向苹果报价每个部件2美分，当时苹果正在寻找1美分的报价，而其竞争对手则报价4美分，该报价正好在可接受的范围内。迪瓦恩为了不被发现，便用Hotmail和Gmail的账号进行邮件往来，每次索要的费用不超过1万美元，但最终还是被发现了。据供货商透露，一位与他合作的人觉得自己受到了压榨，便将他举报了。

消息公开后，认识迪瓦恩的人都感到非常震惊。他既聪明又有教养。他们从未看出他会使用这种伎俩。

迪瓦恩被判诈骗罪，他试图申诉，但显然无法洗脱罪名。不过这也让人们窥见了苹果成功背后阴暗的一面。尽管迪瓦恩收入很高——加上工资和奖金，每年平均收入为133 000美元——他仍然觉得付出和收入不相当。供货商迫切渴望在与苹果的谈判中获得一丝优势。他们都没有被发现，因为苹果的业务范围太大了，它无法时时刻刻了解每一位员工的动向。

迪瓦恩并不是唯一一个。后来苹果又抓获一小撮有类似行径的员工，并把他们赶出了公司大门。

苹果的成功令供应链底端备感压力。2010年1月，一位年轻的工人从富士康工厂的员工宿舍楼上跳楼而亡。富士康是苹果的合约生产商。死亡的员工马向前曾长时间上夜班，他的工作内容是把塑料和金属融进电子部件中，由于他不小心弄坏了几台设备，便被责令去扫厕所。

"对我们工人来说，生活很艰难。"马向前的家人在他死后说道，"他们好像想把我们训练成机器。"

死亡背后的原因很复杂。当然，工人难以忍受长时间的工作和巨大的压力是一个原因，但最大的原因在于生存压力过大。他们之中大多数都是背井离乡的青少年，第一次远离家乡，在外独自打拼。情绪不稳定的现象不足为奇，特别是当他们与同事、室友或朋友发生矛盾时。

然而，这些因素并没有引起关注，虽然顾客不断指责富士康压榨廉价劳动力、获取巨额利润。尽管很多大型技术公司都与富士康有合作往来，但苹果却被推到了风口浪尖，因为它是知名度最高的一家公司。

富士康从未受到过如此多的关注，在应对时显得缓慢而又笨拙。随着压榨丑闻愈演愈烈，这家生产商开启了史无前例的公关攻势，请来数十位记者采访其首席执行官，地点就选在发生多起死亡事件的那家工厂。

"我们正在调查一切相关事宜。"郭台铭在一次新闻发布会上对记者们这样说道，并不停地鞠躬道歉。"我们一定会调查个水落石出，并竭尽全力防止自杀事件的再次发生。"

随后，郭带领人们参观园区，参观地点包括宿舍、医院、生产线和咨询中心。他想展示富士康的员工福利有多好，但是参观者的眼睛却始终紧盯着那些黄色的大网，那是富士康刚刚安装在建筑周围的防跳网。

5

喜忧参半的最后岁月

2010 年 11 月一个清冷的早晨，两辆空巴士停在空旷的苹果园区外面。司机安静地等待着乘客，冷灰色的停车场被相继前来的车照亮。在苹果文化中，这么早来上班的情况并不少见，不过这一次高级执行官们聚在一起是另有目的。他们登上巴士，一边闲聊，一边透过窗户向外张望，看看还有哪些人被选中和他们一起参加会议。

他们即将前往在蒙特利湾度假区举办的"100 强大会"，这是由乔布斯组织的秘密会议。苹果刚刚推出一系列更轻薄小巧的 MacBook Air 笔记本电脑，公司即将进入假期销售旺季，新型 iPad 和 iPhone 也在研发中，所以现在是他们思考苹果未来战略的绝佳时机。

"100 强大会"集聚了公司的智囊。按规定，与此相关的一切信息都要严格保密，任何人都不能在日程表中标注。受到邀请的人不得向其他人透露，以防引发嫉妒心理。机密性增加了大会的诱惑力，让人们愈发觉得苹果公司的运作方式太刺激、太特别，机密不是所有人都能知道的。

事实上，这个机密显得非常滑稽。100 位执行官突然消失，不可能不引起关注，特别是他们事先一定需要手下帮忙做准备。这些人不在的时候，一些员工会玩笑式地举办"垫底 100 联欢会"。这种聚会比较低调，一般是一起吃午餐或是来点酒和点心稍作放松。他们最爱去的一个地方是 BJ 啤酒屋餐厅，因为离得近，员工都把这儿当作他们的专属酒吧。他们将其戏称为 IL7，即非官方的园区 7 号建筑。

与会的精英团队包括乔布斯的所有得力助手，比如库克、艾夫、移动软件总裁斯科特·福斯托、营销总裁菲尔·席勒和 iTunes 主管埃迪·库埃。其他人则是乔布斯根据喜好亲自挑选的，每年都不一样。销售执行官大部分不在名单内，因为乔布斯认为他们并非无可取代。李岱艾广告公司（TBWA/Chiat/Day）是苹果许多优秀广告的代理商，尽管其创意总监李·克劳是外人，也常常被邀请参加大会。乔布斯认为克劳团队时髦前卫的广告对于苹果品牌的塑造具有至关重要的作用。英特尔执行官保罗·欧特里尼和 AT&T 公司的主要联系人格莱恩·卢里尔也参加过几次会议。传言说乔布斯希望每次会议上都有三分之一是新面孔。

参加过一次并不代表以后还会受到邀请，而且即便已被选中，邀请函也随时可能会撤销。iTunes 团队曾有一位经理就在临出发前被拉下了大巴。他在几天前的一次会议上表现得很差，乔布斯称他为"白痴"，并下令撤销对这个倒霉蛋的邀请。

乔布斯会不定期举行 100 强大会，每次提前 1 个月通知。有时一年会举办两次大会，有时则没有。苹果最重要的产品和服务会首先在这些大会上揭晓，与会者能够了解苹果的零售战略，并看到新款 iPhone 和 iPad 的样子。有一年，乔布斯想让与会者给苹果正在研发的数字音乐播放器起名字。

人们热情高昂地向他提出建议，比如 iPlay 和 iMusic，乔布斯却说："那些都烂透了。我还是要用我想出的名字。"真是一个既激动人心又令人沮丧的时刻。

对于受邀参会的人来说，100 强大会是福也是祸。毫无疑问，被选中是极大的荣幸。但是，如果乔布斯要求你上台演讲，那种压力着实令人头痛。乔布斯非常注重审美，他对美的要求延伸到了所有事物上，包括由 Keynote（苹果开发的演示幻灯片应用软件）制作出来的幻灯片。乔布斯对幻灯片的要求极为严格。一次演示只能用一种字体，每一页要有 3 个或 5 个要点，绝不能是 4 个，标题要位于中线向上 30% 之处。文件大小不能超过 8M，投影清晰即可。乔布斯讨厌大文件。更为困难的是，并没有一本关于如何去做演示的指导手册，但有些人能够凭借直觉准确猜出老板的喜好。iPhone 产品营销主管鲍勃·博尔歇斯的猜测总是十分准确，他曾被同事称为"幻灯片悍妇"。

参加会议的人必须先乘坐专用巴士到卡梅尔山谷农场，那是一个占地 500 英亩①的度假村，周边环绕着葡萄园和薰衣草种植地，并配备了 1 个高尔夫球场、9 个网球场、2 个游泳池和 2 个健身房。但这些设施都不重要。他们来这里不是为了游玩，而是为了工作。

到达度假区并登记入住以后，参会者便到一间大会议室集合。之后，乔布斯以一场精彩的演说宣布大会开始。

"在这里我将揭晓很多秘密信息。我不希望看到任何人使用推特或者邮件。"执行官们清楚规则，没有人把电脑带进房间。现场也不能有任何度假区的员工。乔布斯甚至威胁说任何辜负他信任的人都会被炒鱿鱼。

接下来的几天，苹果的每个业务单位轮流在大会上做报告。大会的主题是预展新产品、解释新战略，并让每个人知道公司正在做什么。每场会议都十分紧凑，但没有固定的讨论形式，与会者可以自由提问、

---

① 1 英亩≈4 046.86 平方米。——编者注

各抒己见。这同样令与会者倍感压力。没有人想让自己或者他人难堪，但与此同时，他们又必须向乔布斯证明自己确实有所贡献。

在最开始的一次会议中，与会者看到了 iPad 2 和吸附在屏幕上方的磁力外壳，外壳打开时能够自动唤醒设备，盖上外壳时则能够让设备自动进入睡眠状态。到问答环节时，每个人都想深入了解这种外壳，它还能折叠成一个方便看视频或者打字的支架。

"不要再提这个该死的外壳了！"乔布斯突然打断他们，"我们能不能谈谈 iPad？"

另外一个演讲是关于 iAd，iAd 是苹果以 2.75 亿美元收购移动广告公司奥迪无线（Quattro Wireless）后推出的最新移动广告服务。乔布斯把 iAd 比作苹果的一个"帐篷杆"，这是他介绍核心产品和服务时最喜欢使用的类比。团队主管安迪·米勒结束演讲后，坐在后面的蒂姆·库克首先提出了问题。

"安迪，你知道我们收购了你的公司，我也知道整合过程并不容易。"他说，"要怎么做才能证明我们从中受益了呢？"

"嗯，我要做的第一件事就是，我要建议新来的家伙不要向那个人打报告。"米勒指着乔布斯回答道。

一时间会议室一片死寂。接着乔布斯开始大笑，其他人也跟着笑起来。

库克的问题很发人深省，它不是关于某个产品，而是关于整个经营。过去，苹果一直倾向于自己开发技术，几乎从未收购过其他公司，对如何帮助这些公司融入苹果没有任何先例可循。新并入公司的员工常常觉得难以融入苹果的文化。也没有现成的合并流程可供参考。有些人甚至到了苹果后发现自己还没有分配到办公桌。随着苹果收购的公司越来越多，这种情况必须改变。能提出这个问题的人必定是深入思考过苹果未来的人。

100强大会的节奏极为紧张。与会者吃早餐时就要进入角色，中途休息时间非常短暂。晚餐后，很多执行官要查邮件、打电话，尽管他们在这期间本不该过问工作。那些第二天做演讲的人还需要一遍又一遍地练习。

2010年的大会时间安排对棒球迷来说确实心痛不已。旧金山巨人队继2002年以后首次重返世界职业棒球大赛，在前几场以3∶1领先，第5场比赛安排在开会的那个周一。如果能赢得这场比赛，他们将会赢得自1958年离开纽约之后的第一个世界职业棒球大赛冠军。尽管卡梅尔山谷度假区风景怡人，但对棒球迷来说，这是他们最不愿意去的地方。为了安抚球迷，有人找到一台电视放在大厅。不过第五局比赛时，他们被叫去吃晚餐，两队都还没得分，球迷极不情愿地走进餐厅，乔布斯正一个人在那儿吃饭，显得有些闷闷不乐。他对体育一点儿兴趣也没有。20分钟后，巨人队获胜的消息在餐厅传开，球迷们挤眉弄眼、暗自高兴，不敢太过张扬，以免惹恼本来就不怎么高兴的CEO。

100强大会并不总是那么严肃。过去，与会者可以在晚上饮酒，放松身心。有时还在会上打篮球，席勒和库埃常结成一队。有一年，苹果那位令人生畏的媒体发言人凯蒂·科顿还盛装扮演啦啦队队长。

这一次的会议气氛则比较压抑。人们明显看出乔布斯身体状况不太好。他走路不利索，面容也很憔悴。一天晚上，他还早早地离开了餐桌。他身体不适的最明显的表现是他没有训斥任何人。过去的100强大会总是充斥着危险的交锋，有时候乔布斯不等你说完就会打断。

如果他不喜欢你说的内容，其他高级执行官的批评也会蜂拥而至。而这一次，这位CEO要安静得多。

大会最后一天，他们迎来了特别的时刻。乔布斯拉上一把椅子，坐到了最前面。

"此时此刻，史蒂夫·乔布斯就坐在各位面前。"他说，"你们都是我的朋友。你们可以向我提任何问题，愚蠢的、无礼的问题都可以。我希望能够回答你们对公司的疑问，让你们安心。"

人们纷纷举手提问。印象最深刻的一个问题是关于苹果计划进军电视领域的网络传闻。

"我们将来要开发电视吗？"有人问道。

乔布斯毫不犹豫地回答："不。电视是一个很糟糕的行业，不会有什么变化，利润还少得可怜。"不过他又补充说，他想独占客厅。

这番话过后，有些人确信网上言论是假的，但那些深知乔布斯言谈隐晦的人则不太确定。会议室中的老员工们认为乔布斯这样说是希望他们能够专注于眼前的工作。

乔布斯还谈到了学校。他说，每当看到自己的孩子背着满满一书包过时的教科书去学校时，他就心痛不已。他还说在公司拥有充分条件之前，仅将苹果电视数字媒体接收器作为一个业余爱好看待。问答环节持续了一个半小时左右。如果执行官们知道这是他召开的最后一次100强大会，他们肯定会多留他一会儿。

乔布斯知道，癌症又复发了。他再度陷入浑身疼痛、无法吞咽的状态。他确信自己即将离开人世，但是一想到自己可能永远无法再给孩子们庆祝生日，他又变得异常愤怒。他有一个刚刚高中毕业的儿子，还有两个小女儿。

他参与的公司项目越来越少了。他只关注与iPhone或者iPad相关的信息，很少插手Mac电脑的运营。他坚持掌管的一个项目是为公司建立新园区。在距离现在园区1英里的地方，苹果买下了惠普公司的地皮，乔布斯一直在与久负盛名的诺曼·福斯特建筑公司商讨新园区的布局和设计问题。多次尝试后，他们终于给出了乔布斯认为能够表现公司价值观的设计模型。

2010年年底的一天，乔布斯与该市两位高级官员召开临时会议，提出为公司另辟新址的问题。市长黄少雄（Gilbert Wong）和副市长胡宜兰（Kris Wang）到达苹果后，直接被带到了CEO的会议室。"你们好，我是史蒂夫。"乔布斯一面对两位说，一面用力与他们握手。两位官员一脸愕然，几分钟之前他们刚刚知道乔布斯会亲自与他们见面。这是乔布斯精心策划的，这样可以让他们措手不及，糊里糊涂地同意苹果设立新址一事。

乔布斯讲到他与爱莫利维尔市议会讨论建立皮克斯公司园区的故事，试图让黄和胡给他开个特例。他甚至提出愿意付费租用。虽然两位官员尊称他为"乔布斯先生"，但还是给出了否定回答。乔布斯的做法太天真了，民主并不是他想的那样。除了要赢得五分之三的议员的支持以外，苹果还要提交一份环境影响报告，兴建计划还要经过公开听证。"他似乎是把我们当成了做决定的人。"黄回忆说，"他一个劲儿地推销、推销、推销，不停地说'我想这样''我想那样'。"

乔布斯没有放弃。"我想给你们看点东西。"说着，他把两位官员带到另外一个房间门口，故弄玄虚地拿出钥匙，插入锁孔。

房间里面是一个非常漂亮的新园区模型，办公楼设置了很多大窗户，园区内有大片的绿树、草地，还有很多开阔的空地。乔布斯自豪地指出，它最与众不同的特色是所有人都会受到平等的待遇，那里不会为CEO设置专门的办公室。两位市长非常钦佩，但依然态度坚决。乔布斯只能和其他人一样按程序办事。对黄来说，乔布斯一边申请特许用地，一边大肆宣扬他布局上的平等主义，或许有种讽刺意味，但他并没有说出来。

那天乔布斯没有得到他想要的结果，但是他让黄市长对苹果之行终生难忘。"我在美国市长会议上曾有幸与奥巴马见面，我也曾亲自面见过美国的参议员、众议员和其他国家的政府高官，我也见过硅谷其他公司的人，但最精彩、最难忘的则是与乔布斯先生的谈话。"事后他这样说道，"作为普通公众，谁能有机会站在280万平方英尺的园区中与这位CEO一对一地交谈呢？"

乔布斯的出现令黄惊叹不已，但同时他也注意到了乔布斯枯槁的面容。乔布斯再次选择大部分时间在家办公。公司的官方回答是他已移植了新的肝脏，身体无恙。但在餐厅遇到他的员工知道真相。那年圣诞节，乔布斯的体重降到了115磅，比他正常的体重少50磅。他告诉一位朋友，他身体的每一寸肌肤都像被人用拳头狠狠打过一样。

次年1月，医生在他体内发现了新的肿瘤。乔布斯不想休病假，但他别无选择。2011年1月17日，他给全体员工发出一封邮件：

同事们：

　　在我的请求下，董事会准许我休病假调养身体。我将仍然担任CEO一职，也将继续参与公司的重大战略决策。

我已委托蒂姆·库克负责苹果的日常运营工作。我深信，蒂姆和其他管理团队的成员将会出色地完成我们为 2011 年设定的激动人心的任务。

我非常热爱苹果，我会尽快回来。同时，我的家人和我希望各位能够尊重我们的隐私。

史蒂夫

和往常一样，这封邮件没有透露相关细节。然而，与上一封不同的是，乔布斯没有给出他回归的大致时间。悉心斟酌的字句似乎暗示着他可能永远不会回来了。

回想起来，也曾有过一些蛛丝马迹。一周前，苹果宣布与威瑞森电信公司（Verizon Wireless）建立合作伙伴关系，但出席新闻发布会的是库克而不是乔布斯；乔布斯原本承诺出席新闻集团的一次新闻发布会，也突然推迟了。然而，乔布斯第二次宣布休病假还是让很多人惊讶不已。他是在马丁·路德·金纪念日当天发出的通知，有些人猜测这可能是苹果特意选择的日子，因为这一天美国股市闭市。但苹果在欧洲的股价下跌了 8 个百分点。

发出邮件第二天，苹果举行了收益电话会议。华尔街出于礼貌没有过问乔布斯的健康问题，但是库克似乎察觉到了人们的焦虑。一位分析师问到苹果的长期商业规划，库克向他保证苹果正处于有史以来的最佳工作状态。

"我们都对公司的产品十分满意。"他说道，"我们的团队在乔布斯的带领下，具有无可匹敌的智慧系统和创新文化。精益求精已经成为一种习惯，所以我们对苹果的未来非常、非常有信心。"

最终，人们的担忧消退了。部分原因在于，苹果发出报告声明公司在上一季度的利润和销售额增长了78%。目前，苹果仍然以乔布斯为中心，即便他已正式转交运营公司的职责，并且不像从前那样经常出现在大众的视野。包括库克在内的副手们都不愿意未经他的许可就做出决定，特别是在那些他们确信乔布斯一定想要有所参与的问题上，比如把iAd的最低推广经费从100万美元减半到50万美元。

计划在几周以前就制定好了，但没人愿意代表他做决定。每个人都屏息凝神地盼他回来。

那年2月，乔布斯仔细计算着日子，下个月他将迎来20周年结婚纪念日。以往他并不看重这些，可今年不同。他决定找人帮忙，于是便打电话给老朋友汤姆·修特，修特也是资深设计师。

"你还记得你是怎么帮我设计婚礼请帖的吗？"他问道，"我想为劳伦和孩子们做点特别的事。"修特问他有什么想法，他回答道："我还不知道，这就是我想跟你讨论的问题，我想做一些能给他们留下美好回忆的事情。"

修特在20世纪80年代早期担任过乔布斯的创意总监，还参与了《1984》广告的设计。1985年乔布斯被逐出苹果以后，他还帮助乔布斯为其创建的NeXT电脑公司命名。乔布斯原本想以"Two"（二号）命名，因为这是他的第二家公司。修特说服他这个主意不怎么样，因为到时每个人都想知道"One"（一号）发生了什么。修特与人合办CKS Partners广告公司后，继续为乔布斯效力。他曾参与苹果《非同凡想》

广告的设计以及苹果应用商店的初步设计。尽管他们后来没有再合作，却也未曾断过联系。

他们第一次见面是在乔布斯家，修特带了一些水彩纸和一套彩色蜡笔。修特的想法是，手工制作一个白色亚麻布盒子，打开后是一个黑色亚麻布容器，里面放 20 张照片。修特希望在盒子上印上某种标志，他想说服乔布斯自己设计一个，不过乔布斯拒绝考虑他的建议。

"史蒂夫，你可以聘请这个星球上的任何人做这件事。你找我来做我非常感激，但是我真的认为如果你也能有所参与就更好了。"修特在中庭对乔布斯说道，"哪怕只是在这个漂亮的心形上面写出'2'和'0'两个数字呢？"

乔布斯沉默了一会儿。

"我试一下。"他缓缓地说，"但是你能先画一份让我临摹吗？"

修特画了几个心形，乔布斯拿起一支蜡笔。他先是专心致志地画了半边，而后画了另一半，接着他画了数字"2"。蜡笔画出来很美，但乔布斯并不喜欢自己画的效果，想把它们扔掉。

"别担心。画出几个就行，我会用Photoshop（图像处理软件）后期处理，把画得好的部分组合成一个。"修特对他说。

接下来的几次见面，他们开始谈论人生和孩子。有时，谈话很有意思。他们会说起有趣的事情或是孩子们万圣节穿的服装。修特曾经为儿子们做过超人和狼人的服装。

乔布斯遗憾地表示自己身为父亲做得还不够好，他希望自己能够更加理解两个女儿。

有一次修特告别后走到门口时，乔布斯对他说再见。这么正式的告别让修特吓了一跳，一坐进车里，修特便开始祈祷。"放轻松。"他对自己说，"不，这绝不会是最后一次。"

两周后他再次见到乔布斯时，终于松了一口气。两人从未直接谈论过乔布斯的遗产问题。修特不希望自己的未来没有朋友相伴，很明显乔布斯也想要多活些日子。

"可能只有一个月？或许是一年？"乔布斯猜测道，"我不知道。可能是十年也不一定。"

有一次，修特看到他陷入回忆之中。

"史蒂夫，我想了想我的生活，我感到非常幸福。"修特打开话题。和乔布斯一样，修特几年前也患过癌症。"你必须也这么想，因为你一个人的阅历可以抵得上 20 个人的。"

"我知道"。乔布斯说，"我知道，我是这么想的。"

修特问他这一生做过最酷的事情是什么，乔布斯承认直到最近他才开始思考这种问题。

"你知道，我其实不愿意思考过去那些事。乔尼和我最近也谈论过这样的话题。"他指的是苹果的设计师乔纳森·艾夫，他们曾一起共度了许多美好时光。"对我来说，有两件事不分上下。毫无疑问，开发第一代Mac电脑是件非常有趣的事，不过我认为制作第一代iPhone的时候也是如此，因为它同样与众不同、独一无二，远远出乎人们的预料。"

乔布斯画完心形标志之后，修特找到了一位能制作出精美手工亚麻布盒子的人。他还找到一家印刷质量上乘的厂商。修特还劝说乔布斯为家人写一封信，到时会采用凸版印刷印在一张羊皮纸上。与上次一样，乔布斯起初也极不情愿。

"噢，天哪！噢，上帝啊！"

"来吧！你能写出来的。"修特鼓励他，"回想一下你第一次见到她的场景，她令你神魂颠倒，是吗？"

"是啊。"

最后，乔布斯写出一封充满浓情蜜意，同时也有些许感伤的信。当这份礼物最终完成时，乔布斯眼泛泪光。

"真是太完美了。"

乔布斯还是没有向公众透露有关他身体状况的细节。但这一次，人们的消息更加灵通，因为他们知道他的病史：如果乔布斯在肝脏移植后再度病倒，极有可能是癌症复发。再加上网络上他满脸病容的照片，人们再次担忧起来。

2011 年 3 月 2 日，苹果向媒体发出新闻发布会邀请，并展示了一张 iPad 的局部图像，预示着这次发布会将公布一款新产品。苹果粉丝非常渴望知道新款 iPad 是什么样子，但他们更想知道乔布斯会不会出席。

冒着旧金山的冷雨，记者们早早地来到了芳草地艺术中心。礼堂大门打开时，各大媒体记者蜂拥而入。他们马上开始搜寻乔布斯的身影。记者们看到库克、席勒、艾夫和其他执行官站在礼堂前面。如果这些是与会的执行官，那么谁来主持整个典礼呢？

灯光渐渐暗淡，音箱传来乔治·哈里森的歌声，唱的是《太阳从这里升起》（"Here Comes the Sun"）。人们开始满怀期待。果然，乔布斯走了出来。

"我们用了很长时间研发这个产品，我不想错过今天这一时刻。"面对欢呼声和掌声，他有些腼腆地说道。

乔布斯所剩时间不多的消息传开后，各路权贵纷纷踏上"朝圣之旅"，见他最后一面。谷歌创始人之一拉里·佩奇登门拜访，征询如何做一位优秀的CEO；比尔·克林顿来访，谈论美国的政治和中东问题；5月，比尔·盖茨和乔布斯共度3个多小时，他们追忆过去并谈及未来的教育发展；索尼CEO霍华德·斯金格打电话向乔布斯推荐一种可能起效的药物治疗方法。

乔布斯终于接受自己病情严重的事实。他想告诉人们他正努力阻止癌症扩散。他是世界上第一批进行基因排序的20人之一，医生可以研发出专门药物进行针对性治疗。

"起初这些药物很管用，后来就没有效果了。"他对一位朋友解释道，"接着医生又要花费一段时间研发新的药物。"

乔布斯的日子喜忧参半。对朋友们来说，乔布斯反复发作的病情令他们非常恐惧。艾夫心急如焚，一有空就去乔布斯家里待着。他太过担心，总是问这问那，每次都让乔布斯疲惫不堪。库克也常常去看望乔布斯，但是他比较克制，坚持只谈商务，从不流露个人感情。iTunes主管埃迪·库埃也经常探望——他是唯一称呼乔布斯为"老板"的人——每次回来都若有所失。在他还是无名小卒的时候，乔布斯慧眼识珠，一眼将他挑选出来并赋予重大职责。库埃发自内心地爱戴这位老板，也从未掩饰过他的感情。

"我刚探望老板回来。"有一次他说道，"他的状况不太好。"

"但上一次他也是这么过来的，他上次挺过来了，他挺过来了。"他重复着，试图说服自己，听上去似乎已经在脑海中自我对话过很多次了。"那家伙是一只猫，他有九条命，还剩下好几条呢。我们老板的命还多着呢。"

6 月初，苹果召开世界开发者大会，宣布乔布斯将出席大会。苹果粉丝进入礼堂，听到了那首精挑细选的歌曲——詹姆斯·布朗的《我感觉很好》["I Got You（I Feel Good）"]。一些观众心中瞬间充满希望。他们会见到一个更健康的乔布斯吗？音乐声渐渐消失，乔布斯走上舞台，台下爆发出雷鸣般的掌声，久久不能平息。

"我爱你！"有人喊道。

"谢谢。"乔布斯微笑着回应。他挑起眉毛，用手指着观众席上那些熟悉的面孔。"这感觉总是那么棒，非常感谢。"

看上去他很高兴来到台上，但此刻的乔布斯却显得异常矮小，也极其瘦削。观众甚至不知道乔布斯穿了两件衬衣和保暖内衣。第二天傍晚，乔布斯出现在库比蒂诺市议会上。他本打算到奥克兰去听 U2 乐队的演唱会，但转而决定借此机会揭晓公司新园区的计划。去年冬天他没能通过政务流程，现在他希望正式向公众公布项目计划。今年初春，他曾取消过一次市议会的安排，不想再往后推了，只有他才能让人们买账。新办公大楼将见证他的成功。新区的选址——曾是他年少时非常仰慕的公司的所在地——也别有象征意味。

"苹果曾像杂草一样疯长。"乔布斯开始发言，解释说公司拥有 12 000 名员工，但现有园区规模只能容纳四分之一的员工。接着他谈到库比蒂诺与苹果的关系以及这片土地对他的重大意义。他还展示了新园区的模型图，里面有一座巨大的圆形建筑。

"看上去就像着陆的宇宙飞船，这就是我们园区的样子。中间有一大片空地。"他还炫耀建筑的曲面设计。"这座建筑上，没有一块玻璃是平直的。"

乔布斯希望新园区的绿化率能达到 80%。大型停车场会建在地下。

植被数量将会翻番。"我们从斯坦福聘请了一位资深树艺师，他对这个区域的树木很有研究。"他说道。考虑到库比蒂诺起初以葡萄园和果园闻名，他想种一些果树，包括杏树、苹果树和李子树。他还会建一座能够容纳 3 000 人的餐厅，还有礼堂、健身中心和几处研发中心。乔布斯将其设计为环境友好型园区，在那里他们将自行发电，国家电网则作为后备。

"我想新园区要比现在满是柏油路的园区好成千上万倍。"乔布斯说道，"我们希望建成世界上最好的办公楼。我相信那时建筑系的学生会来我们园区参观。我觉得新园区一定会很棒。"

这场演说精彩动人，甚至让人们忘记他已是将死之人。当前任市长、现任议员胡宜兰询问乔布斯，苹果是否会提供免费的无线网络连接，以作为对该市批准其计划的答谢时，气氛有些紧张。

"看，我是个头脑简单的人，我一直认为既然我们向政府纳税，那么这些事就应该由政府来办。"他说道，礼貌中带有一丝傲慢，"如果我们不用纳税，那我会很高兴为全城提供无线网络的。"

他的一席话让议会猛然意识到，苹果是库比蒂诺最大的纳税人。"如果我们不能建成新园区的话，"乔布斯说道，"那么我们将不得不去别的地方，比如山景市，我们会带走所有员工，几年后也会卖掉这里的老园区。"

市长黄少雄见到乔布斯后太过激动，有些语无伦次。"谢谢你，乔布斯先生。我们很高兴你把苹果称为我们的家。"他在发言结束时说。他想表达的应该是他非常高兴苹果把库比蒂诺称为自己的家。

从那天政府官员的反应来看，毫无疑问，库比蒂诺会批准乔布斯的计划，但是仍有两个问题悬而未决。乔布斯能在有生之年看到新园区吗？苹果的新园区会成为乔布斯的纪念碑吗，成为他的高科技泰姬陵？乔布斯曾在私下谈话中提到过，新建筑会非常大，中间甚至能放下圣保罗大教堂。

7月，癌症扩散到乔布斯的骨骼和身体其他部位。剧痛日益严重，他已不再去办公室工作。尽管有人看到他在家附近的餐馆点了一份法式吐司面包，但事实上，他总是失眠，也几乎不能吃任何固体食物。他把卧室搬到楼下。硅谷的人们开始悄悄议论起来。他曾向公众承诺，当他无法再运营公司时，会提出辞职。这一刻来临了。

一个周末，乔布斯打电话给库克。

"我想跟你谈谈。"乔布斯说道。

"好的。"库克回答说，"什么时候？"

"就现在。"

库克开车到乔布斯家中。他们的住所相隔不到2英里，开车去乔布斯家只需要几分钟。库克到后，乔布斯告诉他，他希望自己的副手能够成为下一任CEO。

"苹果CEO职位从未进行过正式交接。"他说，"我们公司做过很多惊天动地的大事，但唯独这件事没有做。"乔布斯希望为如何正确交接职位树立模范。

"我已经决定了，我正在向董事会提请，推荐你做CEO，我将担任董事长。"

库克看着自己的导师。"你确定了吗？"

"是的。"乔布斯说。库克又问了一遍，乔布斯让他不要再问了。

他已经决定了。

两人接着讨论这个决定的意义。乔布斯非常清楚他不希望发生哪些事情。

"沃尔特·迪士尼去世时，我目睹了一切。人们四处张望，不停地问如果沃尔特面临这种事情会怎么做。整个公司陷入瘫痪，人们只是坐下开会，讨论沃尔特面临这种事情时会怎么做。"

乔布斯向库克建议道："我绝不希望你也问乔布斯会怎么做。做对的事情就可以了。"

乔布斯选择在 2011 年 8 月 24 日宣布卸任，那天是公司董事会每月例会的日子。乔布斯身体虚弱，无法自己开车来公司，所以公司安排了车接他，再小心翼翼地用轮椅把他推到董事会会议室。

乔布斯到达时已接近 11 点。董事们结束发言和例行事务以后，乔布斯请求用几分钟说明一些个人问题。他们都知道将会发生什么。库克和其他执行官离开了房间。这是董事会的事务。

他拿出一封写好的信开始读。

> 我总是说，当我无法继续履行苹果 CEO 的义务，无法满足大家对这一职位的期待时，我会第一个告诉你们。不幸的是，这一天到来了。在此我正式卸任苹果 CEO 一职。如果董事会认为合适的话，我愿意担任董事长、总监和苹果职员。就继任者表现来讲，我强烈建议我们执行继任计划，提名蒂姆·库克为苹果 CEO。我相信苹果未来将全力创新、前程似锦。我也期待能够以全新的角色见证并效力苹果的成功。我在苹果结识了人生中的几位挚友，我也很感谢这些年能够与你们并肩工作。

会议室中一片沉寂。比尔·坎贝尔眼中满含泪水。阿尔·戈尔和米基·德雷克勒斯对乔布斯为苹果所做的贡献表示感谢。莱文森赞扬乔布斯在职位交接时的出色表现。几位股东从来不相信苹果会有继任计划，因为它曾拒绝公开相关信息。然而事实上，自从 2003 年乔布斯被诊断患有癌症之时，苹果就已准备好继任计划。

吃午饭时，斯科特·福斯托和菲尔·席勒向乔布斯展示了一些正在研发的产品模型。乔布斯提出了几个问题，并分享了他对未来手机功能的看法。福斯托向他演示了 Siri（语音识别软件）的使用方法，这是苹果准备今年秋天上市的虚拟个人助理软件，乔布斯也想自己试一试。

"给我手机。"他说。

乔布斯先问了几个关于天气的简单问题，而后他问了个颇具挑战性的问题。

"你是男的还是女的？"

Siri 回答道："他们没有给我分配性别。"

整个房间的人都笑了。

到家时，乔布斯看到妻子正在后院的蜂房采集蜂蜜，小女儿伊芙在旁边帮忙。他们把蜂蜜罐拿进屋子，儿子里德和大女儿埃琳也过来了。他们聚在厨房品尝新鲜的蜂蜜。乔布斯尝了一勺蜂蜜，夸赞说"无比甜美"。

过去二十年，乔布斯的生活一直围着苹果转。那是他的公司，可如今再也不用他经营了。他仍然有很多想法，仍想做很多事情。他希望只要条件允许就尽可能参与，但媒体却开始回忆他的成就，就好像他已经走到了生命的尽头。

乔布斯拿起电话打给《华尔街日报》的沃尔特·莫斯伯格，他曾不遗余力地抨击过乔布斯，写过一篇讨论乔布斯遗产的文章。乔布斯想找人谈谈他复杂的心情，想解释自己希望卸任后仍然能够参与到苹果的事务之中。

谈论过他的身体状况之后，乔布斯提到库克和继任计划。他相信管理团队的执行官能力非凡，他对苹果的未来满怀信心。

"你知道，人们批评我从不公开继任信息，但是我们确实制订了一个计划，并且将任命蒂姆为公司CEO。"他说，"我只是认为，与其等到我去世以后他们在混乱之中完成……我是说我信中的内容。我觉得自己已经不能胜任CEO了，我必须缩小关注面，我只能选择特定的几件事。有好多事情我将无法完成。"

但是他希望莫斯伯格能够明白，他仍打算继续参与到项目之中。他提到苹果正在研发的产品。

"我希望你过几个月能过来。"他对莫斯伯格说，"我希望你能来看看这个产品。"

和往常一样，这次谈话的内容也不能公开。不过莫斯伯格挂断电话以后，对正在写的文章做了一处修改。

"我可以明确告知大家，尽管乔布斯病情很严重，但仍然充满活力。据苹果内部的可靠消息称，乔布斯打算继续参与公司未来产品的研发和公司战略制定，他希望自己能够成为一位活跃的董事长，即便掌管公司日常运营的是新CEO蒂姆·库克。"他写道，"这不是讣告。"

乔布斯对职位交接一事仍然感到些许惆怅。当他的传记作者沃尔特·艾萨克森问他离开自己创建的公司有何感想时，他勃然大怒。

"你凭什么以为我离开了？"他质问道，"我明明在声明中说过，我明明刚告诉过你！我将继续留在苹果。我将作为顾问留在苹果。"

即便那时他十分虚弱，他还是告诉艾萨克森："我会好起来的，我会好起来的，我会进入下一个人生阶段（get to the next lily pad）。"

宣布卸任以后，乔布斯的病情便成了公开的秘密。乔布斯所剩时日不多了。朋友、同事和认识他的同行不断打来电话或发来邮件询问。乔布斯回过几封，但似乎他查看邮件的频率不那么高了。他谢绝了所有要给他颁奖的告别晚宴和仪式，妻子劳伦拒绝了大部分见他最后一面的请求。他只见最亲密的朋友。他与坎贝尔看了一场电影，与内科医生迪恩·奥尼什在帕洛奥图吃了寿司。迪恩是一位倡导通过改变饮食和生活习惯预防心脏病的医生，很有名气。

乔布斯还就10月4日iPhone 4S的发布一事向苹果执行官们提供了建议。当库克正在欢迎记者们出席他荣升CEO之后的第一个产品发布会时，乔布斯正躺在床上奄奄一息。他打电话给妹妹莫娜·辛普森，让她到帕洛奥图来。他开始说告别词时，辛普森打断了他。

"等等，我正在路上，我正坐出租车赶去机场，我马上到你那里。"

"我现在就要跟你说。"乔布斯缓缓地对她说，"因为我担心你可能赶不上了，亲爱的。"

辛普森到达时，乔布斯仍神志清醒，旁边站着妻子和孩子们。乔布斯说自己很遗憾不能陪他们一起老去。之后，他的呼吸开始变慢，直至呼吸困难。第二天阴雨绵绵。下午他先看了看两位妹妹，又看了看孩子们，最后将目光转向自己的妻子。辛普森后来写道，乔布斯的遗言是"噢哇。噢哇。噢哇"。

死亡证明上写的死因是呼吸系统衰竭和转移性胰腺神经内分泌肿瘤。库克发邮件向苹果员工发布了乔布斯去世的消息：

同事们：

我要宣布一个非常悲痛的消息。史蒂夫今早去世了。苹果失去了一位愿景家和创造天才，世界失去了一个非常了不起的人，那些有幸与史蒂夫相识相知、并肩工作的人失去了一位挚友和导师。史蒂夫留下了一个只有他才能创造出来的公司，他的精神将永远是苹果的根基……言语无法充分表达我们对史蒂夫辞世的悲痛心情，也无法表达我们对有机会和他并肩工作的感激之情。我们会全力以赴继承他深爱的未竟之业，永远铭记他。

蒂姆

每个人都知道乔布斯病重。乔布斯辞职不久后，美国名人消息网曾刊登过一张他的照片，照片中的乔布斯皮包骨头，非常虚弱。与他上次出席库比蒂诺市议会时的样子相比，仿佛一下子老了好几十岁。然而，没有人预料到他会那么快离世。大多数员工也是等到消息公布那一刻才知道的。苹果的管理团队崩溃了。

苹果、微软和沃尔特·迪士尼公司都降了半旗。纽约纳斯达克的巨大屏幕上放映着乔布斯的照片。盘后交易中，苹果股价下跌了7个百分点。

盖茨和脸书创建人之一马克·扎克伯格纷纷发函悼念，甚至连奥巴马都发来唁电。奥巴马总统称乔布斯为"美国最伟大的革新者之一，敢于有不同的想法，敢于相信自己能够改变世界，并且有足够的才华将其付诸实践"。

乔布斯辞世的消息公开后，推特和脸书上到处都是这条信息。成群结队的粉丝满含泪水，来到乔布斯家门口和苹果办公楼门前以示敬意。他们拍照纪念，在临时纪念堂留下鲜花、蜡烛、手工卡片和其他纪念品。一名穿着苏格兰方格裙的粉丝站在苹果总部门前用风笛吹奏《奇妙的恩典》（"Amazing Grace"），还有一些粉丝留下了咬过一口的苹果。

在墨西哥市和布拉格的苹果旗舰店，橱窗电脑屏幕上放上了一张乔布斯的黑白照片，上面写着他的名字和生卒年月"1955—2011"。北京的一家旗舰店关掉了以往都亮着的苹果标志灯牌。世界各地的粉丝们纷纷写下感言。

"史蒂夫，感谢你改变了我们的生活。"一位在旧金山旗舰店的粉丝说道。

"谢谢你。一路走好。"另一个说。

在日本和旧金山，粉丝们高举以蜡烛图像为背景的iPad和iPhone，为乔布斯守夜。

6

幽灵与密码：
继任者的管理难题

乔布斯无处不在。所有报纸和网站的头版头条都是他的讣告，各大电视台纷纷做了专题节目来赞颂他改变世界的历程。那些曾和他有过接触的人在网上纷纷发帖。前任软件开发主管艾维·特万尼安在其脸书主页上发出了一张乔布斯开单身派对时的纪念照，那次派对只有特万尼安和另一位朋友出席，因为其他人都不敢在社交场合与他接触。甚至那些与他有过口角之争的人也著文赞扬他。科技博客网站Gizmodo的主编布莱恩·拉姆发文对先前处理iPhone 4的不当方式致歉，颂文题目为《史蒂夫·乔布斯一直都对我很好（或，一个混蛋的悔恨）》。

拉姆重述了他如何迫使乔布斯正式写信公布那台设备的真实身份，而后写道："如果能重来，我会第一个来写那部手机。但是我会把那部手机还给他，不会让他写信证实。我会同情那位丢掉手机的工程师，不再指名道姓。史蒂夫说我们自得其乐，写出独家报道，但是太贪婪。他说的没错，我们的确如此，我们赢得名不正言不顺，我们的目光过于短浅。"拉姆坦白说，有好几次，他都希望要是从未发现那部手机就好了。

尽管有几篇文章指责乔布斯的蛮横严苛，但大部分报道的态度都是毕恭毕敬。

在纽约，美国西蒙与舒斯特国际出版公司（Simon & Schuster,

Inc.）紧赶慢赶，提前一个月出版了艾萨克森为乔布斯写的传记。乔布斯无法决定书的内容，不过他曾极力反对过书的封面。最初的几个版本中，出版商建议封面印上苹果的标志和乔布斯的照片，并用"iSteve"（爱史蒂夫）作为书名。乔布斯勃然大怒，并威胁说不再合作。

"这个封面真是丑死了！真差劲！"他对艾萨克森吼道，"你一点品位都没有，我不想再跟你来往了。如果你想继续跟我合作，必须确保我对封面有发言权。"

艾萨克森同意让他参与。事实证明，到头来他还是必须得到乔布斯的认可，因为苹果保留乔布斯照片的使用权。

乔布斯去世前几个月，两人就封面照片和字体发过无数封邮件。艾萨克森劝说乔布斯使用 2006 年《财富》杂志上刊登的照片，照片中，这位 CEO 手托下巴，圆圆的镜片后是深邃的眼神，似乎掩藏着秘而不宣的惊天创意。在拍摄这张照片时，著名摄影师艾伯特·沃森让乔布斯将 95% 的眼神聚焦在镜头前，同时思考他下一个要公开的项目。

乔布斯则成功说服艾萨克森使用这张照片的黑白版本，因为他就是一个"黑白人"。艾萨克森同意按照乔布斯的要求，用赫维提卡体（Helvetica）打印题目，苹果过去在公司资料中一直使用这种无衬线字体，但他拒绝把"史蒂夫·乔布斯"印成灰色。艾萨克森还坚持认为书名应该采用黑色，而作者的名字才用灰色。

"读者读到的不是沃尔特·艾萨克森对史蒂夫·乔布斯的看法。"艾萨克森对他说，"他们读的是史蒂夫·乔布斯本人，我只是传达事实而已。"

西蒙与舒斯特公司曾提议封面不写书名——做出版界的《白色专

辑》①。但乔布斯否定了该想法，认为这样做会显得傲慢。最后，他们确定了一款风格时尚、优雅简洁的封面，就如同苹果的产品一样。

乔布斯去世后，苹果选择将这张照片放在主页以示哀悼。照片及其效果都是典型的乔布斯风格，他的朋友与同事都感到很惊讶，似乎整个故事是由乔布斯在坟墓中精心策划的。

就连追悼仪式都像是乔布斯亲自编排的。一个周日的晚上，乔布斯生前的资深活动策划在斯坦福大学举办了一场追悼会。宾客名单听上去就像是一张乔布斯生命中的名人录——比尔·盖茨、拉里·佩奇、迈克尔·戴尔、鲁伯特·默多克，以及克林顿一家和其他名人。约翰·拉塞特代表皮克斯公司出席，他制作了乔布斯生前最喜爱的电影《玩具总动员》（*Toy Story*），巴斯光年②的配音演员蒂姆·艾伦也在其中。

乔布斯曾经的女友、民谣歌手琼·贝兹演唱了一首《低度摇摆，甜蜜战车》（"Swing Low, Sweet Chariot"）。博诺（摇滚乐队U2主唱）则重新演绎了鲍勃·迪伦的《每一粒微沙》（"Every Grain of Sand"）。

"不愿回头去看任何错误。"博诺唱道，"就像该隐，我现在看到我必须打破这一串事件。"

马友友（大提琴演奏家）表演了大提琴演奏，这是乔布斯生前的请求。乔布斯的活动策划人史蒂芬·亚当斯戴着耳机走来走去，确保万无一失。之后，出席追悼会的宾客来到附近的雕塑花园，在空气清新的傍晚享用点心和酒水。整个活动得体雅致、完美无瑕，令人难以忘怀。

---

① 《白色专辑》（*White Album*）是披头士（The Beatles）在1968年发行的第9张专辑。封面上除了"The Beatles"，没有任何其他文字。——编者注

② 巴斯光年为《玩具总动员》的主角之一。——编者注

乔布斯虽已去世，却未曾离开。或许他把死亡上升为最后一款推出的产品：他自己的遗赠。

蒂姆·库克也在追悼会现场，却没有发表讲话。和往常一样，他依旧低调，没人能读懂他的心思。那天傍晚人们看到了他，但都没有过多思考有关他的问题。

即便库克掌管了苹果这个偌大的帝国，他依然无法脱离老板的影子。问题是，库克如何才能摆脱那个影子呢？他要如何与一位聪明无比、令人难忘的愿景家抗衡呢？即便是死亡都不能抹灭乔布斯的存在，他现在已然成为一个传奇。

天才陷阱在很久以前就为乔布斯的继任者设好了。

乔布斯是一个明星，苹果没有他便不会存在。十几年来整个公司都由他规划，几乎每一个决策都带有他的影子。涉及产品研发和市场策略的决策都是依据他的观点和品位而定，管理团队则是根据他们与乔布斯的相容性以及互补性精心挑选出来的。尽管苹果的成就并非乔布斯一人之功，但大多数都归功于他，这也增加了其作为千年难遇的愿景家的传奇色彩。一位员工个性的汽车车牌上甚至写着：乔布斯会怎么做？

乔布斯为苹果掌舵时，那个精心打磨的有关复兴与成功的神话一再推动了苹果的发展。然而离开他以后，苹果帝国迷失了。若要防止帝国坍塌，库克必须迅速打造一个全然不同的故事。然而，苹果现在已经成为国际化大公司，必须找到一个方式，让它能够维持自身地位，同时又能够继续乔布斯著名的创新之路。这让库克面临的挑战更加艰难。其实，对于规模日渐壮大的公司，乔布斯也面临着管理难题。去世前，他曾表示不愿承认苹果已不再像起步阶段那么灵活。然而，乔布斯的过世让管理公司变得难上加难。新任CEO不像乔布斯那样具有类似宗教神灵的权威。他的每一个决策都会受到新老员工、执行官、投资者、媒体和苹果客户的严密审查。乔布斯让大众对苹果的期待愈来愈高，他还必须满足人们的期望。

库克是一位经验丰富的商人，有人认为他是比乔布斯更优秀的经理人。他有条不紊、准备充分，并且对苹果在现有规模下的负担有着更加切实的认识。很多人甚至认为他是一位天才。但是在扮演史蒂夫·乔布斯这个角色上，没有人能打败乔布斯，特别是库克，他显然和乔布斯完全不同。

他们两人在一起时能够达到完美的平衡。如果说乔布斯是明星的话，那么库克就是舞台导演；如果说乔布斯奉行理想主义的话，那么库克则是现实主义。"史蒂夫和库克是非常不同的两个人。"一位与他们在工作上有密切来往的执行官说。他还补充道，库克为了盈利连一分钱都会斤斤计较，而乔布斯为了让人们开心可以不惜一切花销。"库克经常会说，'喂，我们不能那么做'；而史蒂夫则会说，'我们必须那么做'！"

乔布斯信任库克，因为库克不爱当众展示自己。即使他不同意乔布斯的观点，大多数情况下也都会私下巧妙地告诉乔布斯。他几乎从未直接反对过乔布斯。通常，他会以一种安抚的方式提出可行的替代方案，还会提供数据支持自己的方案。"他非常聪明，知道该怎么应对史蒂夫。"迈克·斯莱德说道，他在20世纪90年代末曾担任库克的顾问。

然而，乔布斯不在了，库克就失去了能够与其顽固的实用主义相平衡的力量。谁来引燃创新的火花呢？库克需要一位副手吗？

十几年来，库克一直在为老板乔布斯服务。他一手建立了世界领先的供应链系统并将其管理起来，从而能够快速、完美地生产大批量苹果的创新型产品，创造巨额利润。不论乔布斯想要什么，他总能使之变成现实。当执行官猎头向他提供戴尔和摩托罗拉的CEO职位时，他都礼貌地谢绝了。他热爱苹果，从未打算离开，他还会告诉猎头，作为苹果的二把手他很满足。

然而，谦恭的谢绝之下显露出了宏大的雄心。他最喜欢的一句名言出自亚伯拉罕·林肯："我将准备好，有一天我的机会就会来到。"就是这句简短的话，让他坚定信念去学习工业工程，加入IBM、康柏，最后来到苹果。他做足了准备，并以惊人的耐心等待着。而现在，机会降临了。

然而，由于没有人真正知道库克是谁，继任就变得非常复杂。新任CEO是个零，是一张白板。人们只知道，他没有亲密的朋友，不善交际，极少谈论私人生活。甚至在外形方面他也不出众。他身材瘦高，肩膀宽阔，肤色苍白，头发灰白。他戴着一副辨识度不高的无框眼镜，喜欢穿带纽扣的衬衫和Polo衫（有领子的短袖衣服）。他一身行头中最突出的部分是耐克运动鞋，因为公司董事会上没有其他人穿运动鞋。

一次采访时记者问他是哪种类型的领导者，他没有回答，只是说："我会让其他人来描述。"

他完完全全是一个谜。

库克是一个充满矛盾的人。对一些人来说，他就是一台机器；对其他人来说，他则极富魅力。他可以驱散下属心中的恐惧，也可以让他们为了获得一句赞赏从清晨苦干到半夜。

没有人认为库克不合群，但也没有人觉得他好交际。他友好而风趣，与他有过来往的人都觉得他是一个温文尔雅的南方人，和罗杰先生气质相似。不过库克并不是那么平易近人。

"我喜欢拥抱和亲吻。"吉娜·格罗斯基说道，她是库克的大学同学，曾与他一起参加过校友会。"但是与蒂姆拥抱或亲吻时我总觉得不自在。"库克在苹果获得晋升时，一位高中老师曾发去祝贺邮件，他也没有回复。

很多年来，同事们一直试着让库克参与私人谈话，却没有丝毫进展。他不在园区内的体育馆锻炼，也不与工作以外的任何人结交。几年前，苹果推出一款电影编辑软件《爱电影》（iMovie），乔布斯希望管理团队能够自己制作影片来测试软件效果。乔布斯的影片主角是他的孩子们，硬件主管乔纳森·鲁宾斯坦则以那些他生日当天不得不去开的会议为主题加以挪揄，库克讲述的是找房子的故事，展示了20世纪90年代末人们在帕洛奥图能买得起的房子有多小。尽管库克的电影趣味盎然，但它没有透露关于他本人的任何信息。

很少有人知道库克的老家在哪里。同事们都知道他会不时回家探亲，但大多数人都不知道他每周都会给母亲打电话。

"他每周日都会打电话，不论他在忙什么工作，不论他在什么地方。"2009年，库克的父亲坐在躺椅上对一位电视台记者说道，"欧洲、亚洲，不管在哪里，他每周都会给他妈妈打电话。一次都没忘记过。"

采访结束后，他的父亲递给电视台记者一袋刚从自家后院摘的小蜜橘。

他的父母仍住在亚拉巴马州的罗伯茨代尔，那是一个临近墨西哥湾的小乡镇，库克就是在那里长大的。他和家人住在一幢砖瓦平房中，平房位于道路尽头一个漂亮的中产阶级社区。房子前面有一排修剪整齐的常绿灌木，上面点缀着几朵小花。客厅风格大气而朴实，到处摆放着家庭成员的照片和各种纪念品，其中包括库克小时候在田径比赛中赢得的奖杯。壁炉架上摆放着一对身穿传统韩服的韩国玩偶，那是库克去首尔出差时收到的礼物。唯一时尚的物品是挂在墙上的平板电视，接有 DirecTV 卫星天线。屋里没有电脑。库克的父母认为自己上了年纪，学不会如何使用电脑。

库克父母对三个儿子都很自豪，不过最出名的是他们的二儿子库克，在当上 CEO 之前，库克就已是小镇上最杰出的成功人士了。2008年 12 月，也就是乔布斯第二次休病假之前，库克的父母唐纳德和杰拉尔丁·库克在当地报刊《独立报》（The Independent）的办公室接受采访，谈论他们的儿子。

"他能取得这么大的成就令我非常骄傲。"他的母亲对采访的记者说道，"没人帮助过他。"

"他是个工作狂。"她丈夫补充道。他们充满关爱地说库克每天早上都会到体育馆锻炼身体。

当苹果的媒体关系部得知《独立报》打算发表一篇关于采访库克父母的报道时，他们要求编辑不要那么做，以保护库克的隐私。报社已经获得了罗伯茨代尔最著名人物的独家报道，自然拒绝了苹果的请求。不过为了避免激怒这位商业巨头，报社没有把文章放在头版。

大部分负责报道硅谷的记者都未曾采访过库克。在库克的请求下，他的父母很快也对记者收口。库克被提拔为 CEO 之后，他们的家庭牧师便成了媒体的采访对象。

对于一个渴求低调的人来说，库克的童年可以说是超乎寻常的完美。他在南方的成长历程再普通不过，苹果公关部门的人员甚至都能把它编成一部展现典型南方生活的电影脚本。那些想要从他早年生活中找出任何线索的人均无功而返。他从小就不愿抛头露面，这让他的光环更加耀目。

童年时期的库克曾和家人住在佛罗里达州的彭萨克拉，就在墨西哥湾海岸线上。他的父亲在亚拉巴马船坞公司的一家船厂工作，后来成为助理总工长，母亲是家庭主妇。后来一家人搬到罗伯茨代尔，在彭萨克拉西北部大约 38 英里的地方。唐纳德·库克后来在一次采访中解释搬到那里是因为看中了那儿的学校。

尽管他没有透露搬家的具体日期，但据推测应该是 20 世纪 70 年代早期，那时彭萨克拉的公立学校废除了种族隔离政策，导致种族冲突愈演愈烈，很多家庭都选择逃离。库克曾提起过他在成长过程中目睹的可怕的种族歧视。在传统的白人学校，老师仍会把独立战争称为北方侵略战争。在埃斯坎比亚高中，旧的传统尤其难以挣脱。1972 年，也就是法律规定取消种族隔离政策 3 年后，学校乐队升起南部联邦旗，演奏《迪克西》（"Dixie"），激怒了黑人学生。冲突在一次埃斯坎比亚橄榄球赛上爆发，持续了好几年。

很多家庭担心暴力事件会愈演愈烈，便纷纷搬离学区。那时，蒂姆·库克还在上初中。1972 年，六年级快结束时，他的照片第一次登上罗伯茨代尔学校年鉴。罗伯茨代尔是个安静、稳定而又安全的小镇，平静得甚至会让人觉得无聊。外来人很难记住这个地方，因为他们只是去海边途中顺道经过。罗伯茨代尔位于鲍德温县正中央，被称为"中心城"，人们的社交生活永远都离不开教堂、金熊中学橄榄球队和季节性事件（比如海湾附近的虾节）。唯一能打破小镇平静的或许只有飓风了。小镇就在海湾附近，每当飓风来临时，人们都屏气凝神地注视着气压，眺望着地平线。青少年时期的库克遇到过一次超强飓风。1975 年，飓风"埃勒维兹"从小镇东边登陆，以每小时 155 英里的最高风速席卷而过，导致巴拿马城附近发生山崩。

大部分时间，罗伯茨代尔的生活是有章可循的。每年圣诞节，德尔塔社团都会赞助举行盛大的游行活动，圣诞老人还会给孩子们分发礼物；美丽的姑娘们则会在中学选美小姐大赛上一决高下；卫理公会的年轻教徒会爬上开往六旗公园的公交车；艾玛美发沙龙的设计师会到巴拿马城的美发秀寻求建议；南部人寿保险公司会到彭萨科拉举办地区野营活动；夏末，人们会往刚刚收割的新鲜玉米穗上涂抹厚厚的一层黄油；秋季，他们会安静地躺在床上，聆听核桃落到屋顶上发出的轻轻的咔嗒声。

要是有人被响尾蛇咬了，肯定会登上《独立报》的头版头条，要是这条蛇能长达 5 英尺，那无疑会是某段时期最重大的新闻。当本地杂货商店"摩根的角落"被"小猪店"（自助服务超市）收购以后，报纸的每一版都在报道这件事情。有一篇刊登在头版的文章详细地讲述了一位牧师到爱尔兰故乡的牧区参观的经历，文章标题是《不愿出门的牧师正在学习沿道路右侧驾驶》。

在报纸的其他版面，专栏作家忠实地记录着《圣经》故事，惊喜的生日派对，到佐治亚州看望曾祖母，意大利面晚餐，患者手术后的恢复情况，款待远方来客的后院烧烤，以及那些到森林湖乡村俱乐部参加富布·詹姆斯夫人咖啡会的女士名单。对《独立报》来说，没有什么事是不足挂齿的。

"周四的桥牌俱乐部"，一则报道写道，"在胡安妮塔·弗里曼夫人家中举行，艾里斯·马龙夺得高分，科琳娜·怀特胜出。"

《独立报》中各种各样的报道都充满善意，甚至浓情蜜意。在这样的环境下长大，倘若库克渐渐厌恶向公众报道他的私人生活，也是可以原谅的。并不是说他对报刊业有偏见。他年少时曾做过报童，为了赚零花钱。他还和妈妈一起在当地的药店"李氏药店"兼职，在那里招呼顾客、整理货架。在朋友和老师眼中，他是一个自信且有趣的人。

"他根本静不下来。"高中同学苏珊·贝克说道，"认识他的人没一个不喜欢他的。"

真正让库克脱颖而出的地方是课堂。那是一所公立学校，从幼儿园到十二年级的全体学生都在一幢U形红砖建筑中学习。学校每年会举办一次天才秀，学生们称之为"兔子的欢乐时光"，因为一位很受欢迎的老师芭芭拉·戴维斯的外号就是兔子。不过库克一次都没参加过。

从幼时起，库克就表现出一种对成功的强烈渴望。他从小就擅长分析学，他最喜欢的课程是代数、几何和三角学。

"他是个解决问题的能手。"戴维斯回忆道，他曾教过库克3年数学，"每个问题他都努力钻研，不弄明白决不罢休。"

甚至在打字课上他都很认真。有些学生总是低头看键盘，老师便会用一张纸盖在他们的手上，但对库克她从来不用那么做。"他很在意自己的成绩。"多洛雷丝·蒂姆说道，"我只需要告诉他，'按我说的做，你就能得高分'。"

从七年级到十二年级，库克一直是票选的"最勤奋的学生"。他代表自己的小镇参加了美国军团（美国退伍军人团体）举办的模拟立法节目《少年州》，并在乐观主义主题演讲竞赛"给我你的手"中获得冠军。上高二时他曾参加过由阿拉巴马农村电力协会组织的竞赛，以《农村电力合作社——挑战昨天、今天、明天》一文摘得桂冠。一等奖是去华盛顿哥伦比亚特区免费旅游，其间库克参加了各种宴会，并参观了阿灵顿国家公墓等著名景点，还在白宫听到了吉米·卡特总统的演讲。如果他当时获得的是二等奖，他则会获得一张储蓄公债。

"他就是这种人，绝不放弃任何事情。"库克的父亲对哥伦比亚广播公司当地分公司的记者说，"他是一个积极进取的人。"

学习之余，库克在学校乐队吹长号，乐队在橄榄球比赛、游行和学校舞会时演奏，被视为小镇的音乐娱乐支柱。乐队每个周二和周四放学后都要排练。周三专门空出来以便和家人一起去教堂做礼拜。库克还在《罗巴拉年鉴》工作过，担任业务经理。戴维斯是该年鉴的顾问，选择库克做经理是因为她知道库克工作一丝不苟，并且很擅长处理与数字相关的问题。

和其他很多高中的年鉴一样，《罗巴拉年鉴》避开了一切有争议的以及模棱两可的话题，也没有涉及任何青少年的焦虑心理。每一页几乎都在尽其所能地描绘出最为理想的校园生活。

浏览库克高中时代的相簿会把读者带到毫无时尚感可言的20世纪70年代中期：盔型头发、休闲套装、喇叭裤，还有印着迷幻符号的丝网衬衫。与国内其他地区的少年一样，罗伯茨代尔高中的学生也迫切追逐潮流。在一张拍摄于《星球大战》（Star Wars）上映一年后的照片上，一个女孩留着莱娅公主①标志性的肉桂卷发型。库克也抵挡不住这个年龄段的躁动。照片上，他留着一头长发，笑得很僵硬，身板瘦长，

---

① 莱娅公主（Princess Leia）为《星球大战》中的女主角。一头肉桂卷发、一袭白色礼服是其标志性的形象。——编者注

穿着印花带纽扣的衬衫和颜色鲜亮的方格宽松裤。在高二年鉴的一张照片上，他头戴大型耳机，旁边的同学则在使用电子打印机。"特里萨和蒂姆"，说明文字写道，"正在使用两种现代方式助力学习"。另一张照片中，库克坐在朋友丽萨旁边，陪她参加校友法庭节目。

几十年后，罗伯茨代尔的镇长查尔斯·墨菲每次提起库克时都无比自豪。"这是一个极大的荣耀，他是土生土长的小镇人。他的事迹证明，只要努力工作、勤奋付出，你就能实现梦想。"

然而，他说自己只见过库克一面。每次库克回家探亲时总是悄无声息。李氏药店的一位收银员说库克的父母仍在资助这家药店，但是她从未见过库克。"我在电视上见过他。"她说，"他很爱他的父亲。"

库克一直都想成为一名工程师，1978年毕业后，他参加了奥本大学的工业工程项目，他自幼就是这所学校橄榄球队的粉丝。在库克家所在的小镇，人们要么支持奥本猛虎队，要么支持阿拉巴马大学红潮队。那时，库克就对弱势一方有好感，猛虎队正是弱势的一方。

这位未来的苹果总裁选择了一个再合适不过的专业，这个专业引领他最终走向库比蒂诺。工业工程师致力于将复杂的流程或系统最优化。与那些专注于解决特定技术问题的工程师不同，工业工程师需从大处着眼，不仅要杜绝浪费，还要实现资源的最有效利用。这种培训让他们尤其适合进入管理层。克莱斯勒汽车公司的前任CEO李·艾柯卡、沃尔玛商店的CEO麦克·杜克和美国联合包裹运送服务公司的前任CEO迈克尔·埃斯丘都有工业工程专业的背景。

库克上大学期间成绩优秀，但并不引人注目。他喜欢坐在教室中间，很少提问，也很少去拜访教授。

"我对他没什么印象。"一位名为萨伊德·马索德罗的教授坦陈，继而又补充说，在学生时代很难预测将来的成就如何。"他总是自己安安静静地做好每一件事，印象中他每次考试都至少得B$^+$或者A$^-$。"

在一些老师的记忆中，库克在一个领域很有天赋。案例分析时，他能比其他人更快找出问题。

"他能够过滤掉一切无用的垃圾信息，迅速直击问题中心。"另一位教授罗伯特·布尔芬说道，"我想这种能力在他迈向成功的道路上起了很大作用。"

奥本大学以紧密团结著称。学生们大多来自亚拉巴马州或者临近的南方诸州，他们有着共同的背景，再加上学校偏僻的位置以及强大的足球文化，学生们紧密地联结在一起。学校常把自己称为"奥本家族"并以"奥本信条"为指导方针。"我相信这是一个现实的世界，我能依靠的就是我的收入。所以我坚信我要工作，要努力地工作。我坚信接受教育能让我学识渊博，使我能够更明智、更好地工作。我坚信唯有本着诚实和真诚的态度，才能使我得到同胞的尊重和信任。"

这段誓词是由奥本大学第一位橄榄球教练乔治·皮特里所写，极其切合实际，尤其是前两句，与库克的想法不谋而合。30年后，他会在奥本大学的毕业典礼上告诉学生，那句"我坚信我要工作，要努力地工作"已经成为他的核心信仰。

"尽管这段话很简单，但一字一句皆蕴藏着强大的尊严与智慧，并且经受住了时间的考验。"库克说道，"那些想要不费吹灰之力就取得成功的人终究是在自欺欺人，或是在欺骗别人。"

这条工作准则能够很好地定义库克对于事业的态度。

奥本大学的经历对库克也有更加实际的帮助。为了分担学费，库克参加了一个合作教育项目，部分时间要在弗吉尼亚州里士满市的雷诺兹铝业公司工作。其间，公司裁减了大量员工，使他有机会填补空缺，与总裁一起管理公司运营。这是他第一次尝到治理公司的滋味。之后在斯科特纸业公司短暂的工作期间，又让他对另外一种传统工业有了深入认识。大四那年，他被提名为工业工程专业的杰出毕业生。"我配不上这个提名。"他当时说，"其他很多人都比我更配得上这个提名。"

碰巧在场的一位IBM招聘人员雇用了他。这个计算机巨头是库克心仪的三家公司之一，另外两家分别是安德森咨询公司和通用电气公司。

"事实上，我从未考虑过计算机行业，只是碰巧进去了。"后来他回忆说，"如果当时IBM没聘用我，现在会是另一个样子吗？我不知道。但是我知道，人生中只需要那么几件事就能够定义你的一生，而对我来说那件事就是其中之一。"

几十年后，他常常谈到自己毕业时对未来有多么不确定。IBM把他送到杜克大学攻读MBA时，他甚至试着为自己制订了一个25年规划。

"就这么说吧，那个规划根本不值得我费那么多张纸去写。"他对2010年奥本大学的大四毕业生说道，"生活经常会向你投来曲线球。别误会——我并不是说人生不需要规划。规划人生没有错，但是如果你跟我一样，偶尔想去看看篱笆外面的风景，你就不要指望按部就班地生活。"

在乔布斯手下工作就像坐过山车，但库克的管理总是有条不紊。库克知道运营过程中的每一步的每一个细节。每周的运营例会上，他会逐一研究每一个项目，会议时间可以长达五六个小时。甚至就连数字上几百的小偏差他也会严肃对待。"你给出的数字，"他对一位策划人员平缓地说道，"让我有种想从那个窗户跳出去的冲动。"

在另一次会议上，他想知道为什么爱尔兰的一位经理没有参加远程电话会议。"乔在哪儿？"他问道，一边缓缓地将手中的汽水罐捏扁。

他的下属很快就学会如何和他一起一丝不苟地筹划会议，就像学生准备期末考试一样。他们构建财务模型，还准备好详细的项目预算。

"如果你花的钱没有得到各级领导的审批，"一位在他手下工作的员工回忆道，"那绝对是低级违规行为。"

与库克开会可能会非常恐怖。有时与会人员也会闲聊，但大部分时间都是非常紧张的谈话。库克像禅宗一样平静，从不多说一句话。

"谈谈这些数字，打开你的电子表格。"他会一边说，一边喝着激浪饮料。职员们一直都很困惑，为什么他就不能戒掉碳酸饮料。

一旦库克注意到某个人，他就会发起猛烈的提问攻势，直到得到满意的答复为止。"为什么是那样？""你是什么意思？""我不理解。为什么你不能说清楚一点？"砰，砰，砰，一个问题接着一个。

大家都知道，他常会就相同的问题接连问 10 遍，但是他也深谙沉默的力量。库克说话停顿的次数比乔布斯爆粗口的次数还要多。如果他觉得应该做什么事，他便会立即停止讲话，等待其他人来填补这段空白。如果某个人无法回答一个问题，他便会一言不发地坐在那里，其他人则呆呆地盯着桌子，不自在地调整坐姿。那时的气氛会极度紧张，房间里的每个人都深感不安，想要立即撤退。然而库克则一动不动，紧紧地盯着他的谈话对象。倘若对方也忐忑不安地坐在椅子上想不出答案，那么整个房间都会陷入一片死寂。有时，库克会泰然自若地从口袋中拿出一根能量棒，静静地等待答案。打开包装的咔嚓声便会打破房间的寂静。

经常参会的人发誓说库克在折磨别人时，心跳从不加速。他的手下则学到永远不要让他问第三次"为什么"。

库克无法容忍那些不能完成分内之事的人，无论是小组成员还是供应商。"我们与其他公司合作之前，他总是想要知道负责人是谁。"资深运营主管回忆说，"这对他来说是头等大事。"

即便是在苹果冷酷无情的文化环境之中，库克的会议仍然显得异常严苛。一次，一位与会的硬件组主管听到库克对下属喊道："数字全错了！滚出去！"他感到震惊不已。硬件组的会议也很严苛，但是与会者从不会受到那种对待。

库克的季度审查尤其令人痛苦，因为他不会放过任何一个细微之处，他会在黄色便签纸上对已完成的和未完成的工作分门别类。此时，他手下的各位主管则会交叉手指（祈求幸运的手势）祈求平安无事。"只要我们不排在那一堆纸的最后，我们就没事儿。"他们相互安慰道。尽管为此战栗不已，他们仍然惊叹库克能够通过有效地使用恐惧心理和紧张气氛来取得想要的效果。他的方法虽然严苛，但仍然令人钦佩，因为他也用这种高要求规范自己。

库克的节制和自律不仅体现在工作中，在生活上也是如此。他每天早上4点半或5点起床，一周去体育馆健身好几次。他白天吃蛋白棒，午餐吃得很简单，比如鸡肉和米饭。他的饮食习惯几乎一成不变，他和硬件主管乔纳森·鲁宾斯坦一起出差时，鲁宾斯坦都能够帮他点餐。在帕洛奥图的麦克阿瑟公园饭店用晚餐时，鲁宾斯坦证实了这一点。"他要沙拉，调料放在一边，再给他来点鱼肉，酱汁同样放在一边。"他对服务员说。

所有人都大笑起来，库克则予以确认："没错，这就是我想点的。"

鲁宾斯坦则给自己点了一块肋排和一份薯条。

库克的精力超乎常人，以致一些人怀疑他或许并非人类。库克每天工作 12~14 个小时，但仍然坚持认为自己不是工作狂。为了周一的管理团队大会，他会提前在周五下午举行准备会议，而后在周日晚上举行概括会议。他会飞到亚洲待 3 天再飞回来，早上 7 点钟到达机场，8:30 到达公司，质问某个人与数字相关的问题。几年前，在从加利福尼亚飞到新加坡的 18 个小时的航程中，库克一分钟也没合眼，一直在为苹果的亚洲运营回顾做准备。飞机清晨着陆后，他迅速洗了个澡，便赶去参加了长达 12 小时的会议。会议最后，当地的执行官都精疲力竭，而他仍想继续研讨。

库克还非常节俭。尽管他能买得起好房子，但多年来他一直租住在一个脏乱的农场式建筑中，连空调都没有。他说住在那里会使他铭记自己从哪里来。后来他买房子时，也只是买了一所 2 400 平方英尺（约 223 平方米）的普通房子，那里只有一个停车场。他的内衣是从诺德斯特龙百货公司的年中特卖会买来的，他的第一辆跑车是二手的保时捷博克斯特，这是一款入门级跑车，被跑车爱好者称为"穷人的保时捷"。当他在员工大会上提起自己新购置的跑车时，一位心直口快的主管表达了自己的惊讶。

"蒂姆，你搞什么鬼？你能买得起任何一款车、任何东西！你竟然买了一辆二手保时捷博克斯特？"

"不，你知道的……"库克说着，并未真正答复。

库克的业余爱好是骑行和攀岩，但每次度假他都不会走太远。他最喜欢去的两个地方是约塞米蒂和宰恩。有一次人们看到他独自在亚利桑那州的峡谷牧场度假村休假，经常一个人一边用餐一边看iPad。有一次乔·奥沙利文谈到自己在印度度假的故事，库克默默地说道："我也想那么做。"

"那为什么不去呢？"奥沙利文回答说，"人一生只年轻一次，你知道的。"

库克回应道："我以后会的。"

库克一般会与同事保持一定距离。同事邀请他参加社交活动时，他不会说不去，但也从没说过要去。

"这主意不错。"他会不置可否地说道。

库克一直都单身，他从来不提及任何朋友或者心仪的对象。一些博客网站推测他是同性恋，知名同性恋杂志《出柜》（Out）连续三年将其置于"年度50大同性名人"榜首的位置，排在艾伦·德詹尼丝①之前，但库克本人从未给予肯定或否定的回应。无论如何，他的性取向是无关紧要的。库克的私人时间少之又少。或许他已经与苹果结为连理。

库克偶尔会迸发幽默的火花，展示出一位亚拉巴马男孩的谦逊特质。一次出差期间，当他和同事从伦敦希思罗机场的一端乘车至另一端转机时，同事被他喃喃自语的话逗乐了："现在我总算知道为什么人们要买私人飞机了。"后来到候机大厅之后，他拿出一包饼干，看了又看，想要弄清楚为什么它们被称为消化饼。"吃这种饼干时我要多加小心吗？"他问道。同事告诉他那只是英国饼干的一种，他感到安心很多，开玩笑说："起个消化饼这种名字，我真不知道自己要吃的究竟是什么。"

①　艾伦·德詹尼丝（Ellen DeGeneres）为美国主持人、演员，凭借出众的口才和喜剧天赋活跃在电视电影多个领域，最受欢迎的节目为《艾伦秀》。——编者注

然而，即便见证过库克的幽默，大家除了知道他是奥本猛虎队的狂热粉丝以及崇拜兰斯·阿姆斯特朗[1]（至少是在他承认服用兴奋剂之前）以外，对他都知之甚少。库克的办公室里放着奥本猛虎队的全套装备，据说他的短发是模仿那位 7 次获得环法自行车大赛的冠军而剪的。他最喜欢的那位冠军讲的一句话是："我不喜欢失败。我鄙视失败。"库克曾经在运营大会的幻灯片上放映过这句话。

"商业活动就像体育运动一样，绝大部分获得成功的人在比赛并始前就已经拥有一定要成功的信念。"他在奥本大学的毕业典礼上说道，"我们无法控制机遇到来的时间，但是我们可以让自己时刻做好准备。"

和乔布斯一样，库克也是鲍勃·迪伦的粉丝。但与乔布斯不同的是，你很难想象他在 iPod 上播放《隐秘的思乡布鲁斯》（"Subterranean Homesick Blues"）。尽管他成长的地方很保守，但他却把罗伯特·肯尼迪和马丁·路德·金视为自己崇拜的英雄。他办公室墙上挂着这两位人物的照片，他告诉记者自己会从他们的事迹中获得灵感。"我始终认为鲍比·肯尼迪[2]和马丁·路德·金对整个世界的贡献难以衡量。"他在攻读 MBA 的母校杜克大学对商院的学生说，"尽管他们没能解决那些问题——就连现在我们也无从解决，但是他们让事情有了很大进展……并且我们都清楚，他们是冒着生命危险去完成那些事业的。"

另一次，库克说他很钦佩肯尼迪甘愿站在自己弟弟的影子下，去做自己认为正确的事情。他说有时只要一想到民权激进分子成为总统后可能带来的变化，就会饱受折磨。"他能够接触并联络到社会各阶层

---

[1] 兰斯·阿姆斯特朗（Lance Armstrong）为美国职业自行车运动员。——编者注

[2] 鲍比·肯尼迪（Bobby kennedy）即罗伯特·肯尼迪（Robert Kennedy），为第 35 任美国总统约翰·肯尼迪的弟弟。——编者注

人士。"库克曾说，"他是极少数在到达总统的位置之后还能深爱人民、一心为人民谋福利的人之一。"肯尼迪是库克所有理想的化身——勤奋刻苦、坚守原则、仁慈宽厚。

虽然库克以严苛著称，但他同时又非常慷慨。他把圣诞节收到的航空积分里程送给别人，还在感恩节期间到一家救济餐厅做义工。在奥本大学读书时，他帮助成立了工程学院工业领导咨询委员会，为优秀学生提供奖学金，还为学院购买新设备及技术提供资金。过去，他每年都会参加为期两天的骑行活动，横穿佐治亚州，为多发性硬化症患者筹集捐款。很多年前库克曾被误诊，自那时起他便成了这种募捐活动的铁杆支持者。"医生说，'库克先生，你患的要么是中风，要么是多发性硬化'。但结果是，我两种病都没得。我之前一直在寻求治疗，整天拖着那些重得超乎想象的行李跑来跑去。"库克对校友杂志的记者说，那件事改变了他对世界的看法。

"我所做的事情要比我原先想象的多得多。如果你开始害怕去做一些事情，那么你就不会去尝试任何新的或者不同的东西。如果我没有成功，那也并不是世界末日。我会继续骑行。"

乔布斯的离世让公司陷入危机。但与此同时，这也为库克以全新的方式管理公司提供了机会。2011 年 8 月，也就是乔布斯去世前的几个月，库克第一次以 CEO 的身份给公司员工发送了一封邮件。

同事们：

我非常期待成为这个全世界最具创新力的公司的 CEO。加入苹果是我这辈子做出的最正确的决定，为苹果和史蒂夫工作的这13年，也是我人生中最大的荣幸。我和史蒂夫一样，对苹果的未来充满信心。

对整个管理团队和我们杰出的员工来说，史蒂夫是一位伟大的领导者，也是一位德高望重的导师。我们真诚期盼史蒂夫能够回来担任董事长，继续给予我们指导和启发。

我希望你们坚信，苹果不会改变。对于苹果独特的原则和价值观，我视如珍宝。史蒂夫打造的公司及其文化不同于世界上任何其他公司，我们会继承这种传统——它存在于我们的基因之中。我们会继续创造出全世界最好的产品，不仅让顾客满意，也要让我们的员工对自己的事业无比自豪。

我爱苹果，我期待进入全新的角色。董事会、管理团队和你们很多人给予的巨大支持非常令人鼓舞。我深信苹果的未来会更加美好，让我们一起续写苹果的传奇。

蒂姆

后来，苹果员工紧紧围绕在库克周围，但人们仍然极度关切苹果下一步要如何运营。那些曾经与库克没有来往的职员开始担心自己的工作可能会出现变动。运营团队熟知他严苛的管理方式，担心以后的生活会变得更加紧张。

库克一上任CEO，就立即采取了两个行动。首先，他提拔了埃迪·库埃，库埃是苹果的副总裁，深受欢迎，主管网络服务领域。库埃起初是苹果的实习生。根据他给大家讲的一个故事，他是在一次会议上被乔布斯从IT组选出来的，因为他有勇气就他们讨论的问题提出自己的观点。当时乔布斯瞪着他，叫他闭嘴，但库埃不依不饶，继续发言，乔布斯气愤不已，直接拿笔砸向了他的额头。库埃当时觉得自己没有什么好失去的，便鼓足勇气第三次说出了自己的看法。而这一次，他的提议获得了乔布斯的认可。

从那时起，库埃便成为乔布斯信任的干将，负责iTunes小组的工作，最终掌管所有网络服务项目。他也是乔布斯御用的合同谈判人，在苹果推出iPhone时，他主导了前几轮与AT&T公司的讨论，同时还与音乐公司、电影工作室、图书出版商和其他媒体公司商讨合同细节。他很强硬，没人能打败他，不过他也很容易相处，待人体贴，也总是愿意倾听。他酷爱跑车，还是母校杜克大学篮球队的狂热粉丝。

如果不是他，苹果将很难拓宽网络服务及其经营内容的范围。

尽管库埃扮演着重要的角色，但成为副总裁以后，乔布斯并没有继续提拔他。有些人猜想乔布斯认为服务领域并不是苹果的核心，没必要将库埃升到高级副总裁的位置。但是很多年来苹果的员工都很喜欢他，每一个人都觉得几年前就该提拔他了。库克提拔库埃为高级副总裁或许是早晚的事情，甚至很可能是早就计划好的，但是这一举措赢得了公司内外所有人的赞誉，让库克在塑造其公共形象的关键时期迈出重要一步。他也实现了从乔布斯的忠实追随者到管理团队联盟者的重大转变。

库克做出的第二个决定是开展慈善项目。他宣布苹果每年将提供多达10 000美元的慈善捐款。这一举措同样大受欢迎。长久以来，缺乏公司配对捐款项目是苹果员工的一个痛处。乔布斯不相信慈善活动的作用，因为他认为金钱并不能从根本上解决世间的问题。在他眼中，配对项目尤其无用，因为公司捐出的款项远远无法改变事实。乔布斯的一些朋友相信如果乔布斯有更多时间，他一定会从事慈善事业，但乔布斯却总是说，打造一个好公司、创造大量的工作岗位对社会的贡献意义更大。

"我更愿意通过切实的行动和新颖的创造来改变世界。"他曾在"100强大会"上说过。

库克则坚信慈善的力量。"我的目标是在将来的某天能够投入全身心去帮助他人。"他说，"对我来说，如果有一天你能说，'我再也不需要它了，我要去做点别的事情'，那才是真正意义上的成功。"

库克上任后的这两个举措使人们对苹果和库克的好感大增，让公司变为一个更加乐善好施的王国。

库克成为CEO之后的几个月，员工也发现了其他变化。尽管在外人看来苹果还是大门紧闭，但公司内部人员则感觉更加开放了，因为新CEO会经常通过电子邮件和礼堂会议与他们交流。乔布斯总是与乔纳森·艾夫共进午餐，库克则不同，他会到自助餐厅，主动接触那些他不认识的员工，和他们一起吃饭。没有了乔布斯的严密监视，公司的氛围变得更加轻松。库克是一位比较传统的CEO，他为苹果营造了一个更加健康的工作环境。

然而，尽管库克努力想要走上自己的道路，却仍然深受乔布斯的影响。他刚刚当上CEO之后曾对一位好友说，每天早上起床后他都要提醒自己去做对的事情，不要去想换作史蒂夫会怎样做。

公司之外，艾萨克森为乔布斯写的传记已成为畅销书，到处都是乔布斯的影子。封面上，乔布斯深邃的眼神向外凝望，似乎就在注视着人们的一举一动。这本书的内容完全是基于对乔布斯的四十多次采访，开启了乔布斯的人生新篇章。哥伦比亚广播公司的《60分钟》（*60*

Minutes）栏目用很多笔墨介绍此书。而后更多关于苹果和乔布斯的图书问世了，还有至少两部有关他们的电影要拍摄。

库克现在掌舵的公司曾经改变了世界，而现在它却面临从监察增加到专利战争的一系列挑战。公司一些最复杂的问题在地球另一端也愈演愈烈。在中国，为了保证产品线日夜运转，工人们必须长期加班，他们为苹果的成功所付出的代价已经不容忽视了。

7

拉响警钟：
富士康事件

孙丹勇注定会成为烈士。

这个年轻人来自云南省的一个小山村，平时话很少，家人都叫他小勇。他在学校成绩突出，父母都是农民，由于家境非常贫困，他的笔记本总是重复使用，每次写满了就用橡皮擦掉再写。高考后，他以优异的成绩被哈尔滨工业大学录取，但他只买得起火车站票，便从家乡一路站了2 800英里（约4 500千米）站到了哈尔滨。在学校，即便是寒冬腊月，他也穿得很单薄，每次吃饭只点半份。毕业后，他在云南没有找到理想的工作，便去了深圳南部的富士康。他不愿离家太远，但是一想到自己在一家知名公司上班，为惠普、戴尔和苹果生产产品，就兴奋得不得了。

"以后你们两个不用辛苦了，该享受一下了。"应聘成功后，他曾自豪地对父母说。

在富士康，孙被安排到产品通信部，负责将iPhone样机寄送给苹果。工作本身并没什么难度，不过要承担很大的责任。

2009年中旬，噩梦开始了，那时他刚工作一年。2009年7月，他负责看管的16部iPhone 4样机少了一部。孙之前的陈述、他与朋友的通信记录、对富士康环安课课长的采访以及单位的监控录像，完整地记录了之后发生的事情。

环安课人员来到孙的部门展开调查。孙对那些调查者说，上周四他从产品线上拿到那些 iPhone 之后，便用密封条把它们封在箱子里。因为主管还没签署寄送文件，他便放在自己身边准备第二天再寄。那绝对是个错误。根据公司流程规定，他应该放在公司库房保管。

第二天下午有人过来取样机，孙打开箱子供人检查。孙又犯了个错误，他中途离开了一会儿。他回来时，对方告诉他少了一部样机。孙心急如焚，便到产品线和他放箱子的地方仔细寻找。周末他继续搜寻，直到隔周的周一才把丢失一部样机的事情告诉主管。孙是最后一个接手样机的人，于是立即就有了偷窃设备的嫌疑。苹果一直都严格规范富士康对其产品的交接过程，富士康因此派遣大量保安到产品线上严密监视。

然而，同事的说法与孙的并不相符，他说在交接样机时，孙一直在旁边。那天晚上，环安课课长顾某（化名）把孙叫到办公室解释此事。后来，顾承认，询问中孙死不认账的态度令他非常生气。监控摄像显示，顾朝孙的右肩猛推一下，而后把他关在旁边的小屋里反思。直到那一刻，孙一直比较平静。当顾告诉他第二天会有警察来问话时，他紧张地抬起头，不断地揉搓双手。摄像记录显示孙在晚上 10：41 离开了办公室。

没人知道他后来去了哪里。他女朋友焦急地发信息问他在哪里，所以他肯定没有回家。他应该是去了一家网吧，因为一个小时之后，他登录 QQ，告诉朋友们他受到的羞辱。

"我从来没拿过任何东西。"他写道，"这次丢失的样机也不是我拿的。"

一位朋友问他是不是被栽赃陷害了，孙陷入沉思，说："我仔细想了一下，丢失样机只有两个可能性。一是在我装箱之前，它确实被人无意间拿走了，另外一个可能就是确实有人有意在当晚或第二天拿走了样机。"

这位 22 岁[①]的小伙子还说道，尽管他很穷，但他从来没想过去偷 iPhone。

"真头疼，我不知道该怎么办。"他说，"就是在公安局，法律也明文规定不可以用武力，更何况这只是公司而已……你们有什么理由和资格扣留我，对我动手？"

孙打字诉说，越来越激动。

"样品丢了，是我失职。这一点我承认，也很抱歉。但是，我可没拿走样品！"

他一条一条地发送信息，愤怒的情绪一泻千里。

他在很多条消息中都猛烈地抨击了他的几位主管和公司。与此同时，孙的愤怒渐渐平息，化成一种不祥的预感。

"各位部门同人，最后说一遍实话：那台丢失的 N90 样机不是我拿的。"凌晨 1：11 他写道，用的是 iPhone 4 的代号。一位朋友提议找时间聚聚，他回复说："希望如此啊。"

凌晨 1：19，他给环安课课长发送了一条信息。"我已经被你欺负到无话可说了，亲爱的课长，希望你会很快得到应有的报应，虽然你们有能力打我，虽然能很快再造出一台机子来，但那是富士康的本事，不是你的本事。"

凌晨 1：26，孙又提到了还没还清的助学贷款，显得异常无奈：

"走了，兄弟，好好休息，想想明天不用被人欺辱，不用当替罪

---

① 很多报告显示孙丹勇 25 岁，但他朋友在博客上声称他的生日是 1986 年 9 月 1 日，所以只有 22 岁。他于 2004 年被大学录取，22 岁与一般入学情况一致。——作者注

羊，心里好受多了。"

过了一会儿，监控摄像机拍到孙朝宿舍楼走去，一面向里面望去，一面走进了旁边建筑的电梯。他来到了 12 层。电梯门关闭之前，电梯里的摄像头拍到他穿着白色衬衫、牛仔裤和运动鞋——富士康的标准工装。孙站在走廊上，踮起脚尖透过一扇窗户向远方眺望。

此时，他给女朋友发了一条信息。尽管已经大半夜了，她还没睡，在家里焦急地等他回来。"亲爱的，不好意思，明天回家去吧，我出事情了，千万不要和我家里人讲，不要和我联系，第一次求你，一定要答应噢！真的很对不起你！"

摄像头拍到孙于凌晨 3：33 从楼上跳下。当他的父亲和哥哥过来收遗体时，富士康给了他们一张 360 000 元的支票作为赔偿。孙留下的东西很少：一台电磁炉、一台廉价笔记本电脑，还有几本书，其中一本是托马斯·费里德曼的《世界是平的：21 世纪简史》①的中文译本。

孙自杀事件曝光以后，苹果发布声明表达震惊与歉意。"我们要求供应商尊重工人。"苹果公司说道。富士康也发文致歉，承诺将尽最大努力地帮助孙丹勇一家，并会审查公司管理方法，为员工提供心理咨询服务。环安课课长顾某在网上被指认为杀人凶手，公司罢免了他的职务，但对那部遗失的 iPhone 则只字未提。

之后两年，富士康工厂又发生了至少 18 起自杀案件，其中就包括由于被贬去洗厕所而选择死亡的马向前。富士康迟迟没有严肃对待这一问题，因为公司有 681 000 名员工，自杀人数所占的比例太小了，并

---

① 《世界是平的：21 世纪简史》(*The World Is Flat: A Brief History of the Twenty-First Century*) 由美国作家托马斯·费里德曼所著，讲述当代世界发生的重大变化。——编者注

且比包括美国在内的其他很多国家的自杀人数比例小得多。

但对媒体来说，这些数字并不重要。基于苹果和富士康的重要地位，自杀事件便登上新闻头条。富士康的官方名称为鸿海精密集团，总部位于中国台湾，是一家庞大的制造商，与很多世界知名电子品牌有合作。2007年8月，也就是iPhone刚刚上市时，鸿海的市场资本总值达到430亿美元，等于它10家最强劲对手的市值总和。苹果当时的市值为1 150亿美元。不过，鸿海惊人的成就在工人的工资层面却没有体现。一张2009年11月的工资单显示了一位工人的月收入：320美元（约为2 145元人民币）。其中135美元是基本工资，68美元是工作日工作60.5小时得来的，110美元是周末工作75小时赚来的。

也许富士康不足以被称为血汗工厂。公司的很多员工来自穷困的偏远地区，所以对他们来说，公司的整体环境是一个很大的改善。尽管他们的工资看上去少得可怜，但在这一领域，富士康给工人的工资还是较高的。富士康在深圳建立了规模庞大的龙华科技园区，四周围墙环绕，园区内有宿舍和餐厅，厨房每天要用3吨猪肉和13吨大米为全体员工做饭。公司还会定期举办娱乐活动，邀请台湾流行明星到园区开演唱会或者办才艺秀，有一次CEO本人还跳过舞。富士康的工作炙手可热，每天在招聘中心都有上百甚至上千人排队。

2010年，富士康开办"富士康之星"项目，以此鼓励杰出员工。获奖者由集体评选，公司会邀请其父母到园区参观并出席特别颁奖仪式和宴会，以及享用美味佳肴，例如黄河鲤鱼焙面、天妇罗虾和蒜蓉鲍鱼菇，所有费用均由公司承担。获奖者还可以获得台湾七日游的机会，届时将参观鸿海公司总部，游览阿里山和日月潭等著名景点。

然而，工厂工作仍是那样单调枯燥、压力重重、令人麻木。大多数工人的年龄为 16~25 岁，他们刚刚脱离高中和大学校园的保护网，还未做好准备进入没有人情味的工作环境，也不懂得如何保护自身权益。他们涌入城市，希望能够过上光鲜亮丽的生活，却被长时间的劳作和极其有限的选择压垮。

富士康对园区采取军事化管理。工人就像士兵，CEO 郭台铭则是他们的将军。在亚洲，郭台铭是一个传奇人物。1974 年，他以 7 500 美元投资成立了一个小公司，为黑白电视生产塑料旋钮，其中一部分资金还是从母亲那里借来的。他凭借着坚持不懈的精神、突出的人格魅力和独到的经营手段，一步一步将公司发展成为一个杰出的协议生产商。他崇拜的英雄人物是 13 世纪蒙古帝国的成吉思汗，郭的右手手腕上还戴着从成吉思汗祠堂求得的佛珠手链。郭把自己欣赏的格言汇编成一本书。有一些应该是由《孙子兵法》衍生而来，这些格言界定了商业战争的规则。其他的则带有某种神秘色彩。

> 所谓领导，就是独裁为公。
>
> 除非太阳不再升起，否则不能不达到目标。
>
> 成长，你的名字就叫痛苦。
>
> 真正的英雄，是战死在沙场上的人，而不是来领勋章的人。

书中包含 108 条类似的言论。

> 你到少林寺去，先端水 3 年、蹲马步 3 年，你没有基础，不可能做成任何大事。
>
> 一个地震很多的地方，人的警觉性特别高。
>
> 每一只公鸡，都以为太阳是它叫出来的。

郭用尽一切方法获得成功。他要求自己的手下和他一样全力投入、自节自律，不管是管理人员、公司职员还是工厂工人。他的老员工和商业伙伴之间流传着这样一种说法，公司吸引新人到来后便将其推上磨台，在台湾总部也是如此。第一年就像度蜜月那样开心而甜蜜。第二年，他们把你当成猛虎来用。第三年，他们会把你当成狗来用。公司把这个陷阱变得甜蜜的方法是赋予员工优先认股权，这是很多年来员工都未曾有过的待遇。

没有人质疑过郭的工作道德意识。他全身心地投入到工作之中，就像教徒那般虔诚。他在深圳的办公室只是一间平房，仅作办公使用，连地砖都没铺。自杀事件发生后，他在办公室搭了个临时床铺，挂上蚊帐，好多天都睡在那里。他以此举明确地向他的手下说明：

我是你们的一分子。你们的困难就是我的困难。将我们联结在一起的是共同的付出。

然而，如果有人敢于一探究竟的话，他们就会发现这种所谓的平等仅仅是富人故作姿态。郭的很多员工劳苦工作，可赚的钱只够勉强度日，而他则跃居为台湾富豪。没错，他有时会在简陋的办公室睡觉，但是他在台北富人区还有一套奢华的公寓，甚至在捷克还有一座城堡。而他的工人只能睡在8~10人的集体宿舍。

要激励富士康大批的工人，要管理富士康日渐扩大的运营范围，无疑是极大的挑战，其困难程度对局外人来说简直难以想象。从中国到巴西，富士康在全世界雇佣的人数超过100万，远远超过整个美国汽车产业制造大军的数量。后勤管理任务尤为艰巨，公司要调动并培训数十万员工——很多是青少年——并时刻紧盯着他们工作，以保证智能手机、平板电脑和台式电脑能够保质保量地按时生产出来。应对这一挑战需要非常严格的纪律。

中国是一个提倡儒学的国家，社会等级森严，人们有强烈的集体责任感，因此公司的压力总会一级一级地渗透下去并逐渐放大，这一点不足为奇。苹果产品的需求量增加，富士康就必须要求地球另一边的工厂跟上订单的节奏。如此一来，工人的加班时间就更长，往往在双休日和节假日都要工作。

富士康招聘新工人的速度还是太慢了。

长久以来，没有人关注过工厂的内部情况。富士康的客户，包括苹果在内，都只看重产品质量和生产进度。顾客则兴致盎然地把玩着手中闪闪发亮的新玩具，根本无暇顾及这些设备是从哪里来的。

2006 年夏，英国《每日邮报》（*Daily Mail*）首次发文曝光了苹果 iPod 的生产车间惨不忍睹的工作环境。文章称，在富士康深圳工厂，挤在一间宿舍里睡觉的工人很多，他们基本没有个人财物，只有一个洗衣服用的篮子。工人每天要辛勤工作 15 个小时，但只能赚得 27 英镑，也就是 50 美元，相当于 1805 年利物浦和曼彻斯特织工的收入。报道称所有工人的总收入只占产品销售额的 2%。

"这是当今商业巨头的本质。"一位专家说，"抓住一切机会进行剥削。"

这则报道在网络上迅速传开。尽管苹果拒绝对该报道做任何评论，但其冲击力还是在苹果内部蔓延开来。那些与工厂有往来的运营团队成员对这篇报道已经见怪不怪了，因为他们曾经目睹过更可怕的事情：工厂外面成片的破旧的住房，人们在临近的河岸边随地大小便。

为了维护人权、保障工人健康和安全以及保护环境，苹果制定过非常严格的规章，每个合作供应商都要签字承诺遵守，但是苹果并没有一个流程可以保证规章如约执行。外包生产最重要的特点就是你无须插手工厂的管理问题。

当时，库克是运营主管，也是乔布斯的二把手，所处境地十分微妙。尽管他和他的资深团队希望工厂能为工人提供适宜的工作环境，但他们又必须向供应商施压。甚至在问题出现之前，库克就对他的几位主管说："在不违背道德伦理的前提下，尽可能地严苛。"

保持那种平衡很不容易。开会时若将生产进度安排提上日程，库克就会清楚地表示自己并不关心供应商是如何在最后期限之前完工交货的。他会说："为什么工人们星期天不工作呢？"

这次的丑闻很有可能会让苹果悉心建立起来的慈爱形象黯然失色。库克随即展开调查。他从人力资源部、法律部和运营部抽调出一些人组成审计小组，到富士康的深圳工厂视察，并访问了100位工人。这些工人都是随机选出的，包括一线员工、管理人员、安保人员和门卫。小组审查了上千份个人档案、工资单、计时卡和安全记录。几周后发布的报告显示，审计人员总共用了1 200个小时，对工厂的检查面积达到100万平方英尺（约92 903平方米）。

令苹果宽慰的是，实际情况并不像《每日邮报》里说的那么糟糕。审计小组发现，富士康的工人每周工作时间超过60个小时，违背了苹果的执行规章。有时他们还会持续工作6天以上，而苹果的规定是他们每周必须有至少1天休息日。由于雇佣人数迅速增加，有两座楼被改为宿舍。审计小组总结说，富士康的大多数宿舍都提供了适宜的居住条件。

真相应该是介于《每日邮报》耸人听闻的报道和苹果审计小组乐观的报告之间。苹果尽其所能保证调查的准确性。除了询问工作时间和加班时间之外，还收集了工作报告、标记报告和工资记录。但是小组对工人的处境只是一带而过。部分原因在于很多一线工人并没有维护自身权利的意识。

并且，中国文化讲究含蓄。对富士康的员工来说，苹果的官员是权威人物，是重要的客人，同时也是外人。越是资深的员工，越觉得他们有责任为公司展现自己最好的一面。有些员工可能会表达出一些不满情绪，但一定还有更多东西没有表达出来。

一时间，苹果竭尽所能做到最好。公司承诺将保证供应商遵守并执行规章，而且会在年底之前审查所有总装供应商的情况。公司还保留了审计与调查组织，并创办了一个内部小组监管供应商对职责的履行情况。该小组将执行规章进一步细化，列出了100多条详细的规定，包括宿舍的最大容纳人数以及每位工人应有的空间大小。供应商不仅要绝对地服从，还要证明自己没有违背任何规定并且拿出证据表明他们有专门的管理流程来保证规定的实施。一旦出现违规，苹果会出面帮助供应商解决问题。

这项工作需要极大的耐心。有些供应商以此威胁要提价，认为改善工人环境需要额外支出，这时苹果就会提醒他们已经签署了执行规章。

起初，小组直接向运营团队的二把手杰夫·威廉姆斯报告，并每周与库克见面汇报情况。但由于他们的调查活动与生产进度安排相冲突，于是具体执行似乎就搁浅了。

在这期间，苹果确实帮助改善了工作条件——他们取消了高额佣金，工人到富士康工作不必再向中间人付费。在这之前，人们要付给中间人两年的工资，如果住所离公司远的话，还要赔上交通费。苹果明令禁止此举，违规者将罚以重金。

公众很快便忘却了工厂的工人们。人们只关心商店里是不是有iPod，自己家里是不是有iPod。苹果长久以来在产品报告中始终不提生产过程细节，目的就是如此。

然而，2008年中期，一位顾客在英国购买了一部iPhone 3G手机，上面的一组图片又让全世界想起了制作这些手机的工人。照片中是一位在装配线上工作的小姑娘，地点很可能是深圳的工厂。她穿着粉白相间的制服，头戴一顶帽子，弯腰贴近设备，微微笑着，戴手套的手摆成V字形。这个女孩儿后来被称为"iPhone女孩"，她的照片被匿名人士公布到苹果粉丝网站"Mac传闻"上以后，瞬间引发轰动。

"看上去在生产线上的这个人玩得挺开心。"买到这部手机并共享图片的人写道，"还有其他看到类似照片的人吗？"

照片公开后，立即收到360条评论，读者都在猜测这个女孩的年龄、地点和工作环境。"挺不错的，至少他们能从单调乏味的装配工作中找到一点乐趣。"一位读者写道。还有一些人猜测她会不会因此丢掉饭碗。中国媒体将她称为"最美工厂女孩"。苹果拒绝评论，但富士康的一位女发言人告诉记者，很有可能是负责测试设备的工人忘记删除照片了。一位公司官员透露，"iPhone女孩"并没有被炒鱿鱼。

几乎在同一时期，一些人发现电子产品制造工厂排出的金属废料正在严重污染着河流，毒害着周边居民。

全世界有一半的电脑、手机和相机是中国制造的，这对中国环境的破坏可以说是毁灭性的。制造电脑线路板的工厂排出的工业废水中含有大量铜、镍、铬等金属元素，严重威胁到人们的健康。电池制造厂和其他供电设备会释放铅元素，导致周边人群铅中毒以及高血压。一些地区的重金属含量非常高，污水处理厂还未充分净化水质就又投入二次使用。在广东省，政府调查发现 2008 年省内河流向大海排放的重金属和砷的含量超过 1.2 万吨。

由著名环保人士马军组建的环保组织经过两年调查，于 2010 年春天寄信给 29 家公司的总裁。信中告知他们已违反环保和安全条例。几乎所有顶级品牌都收到了这封信，从日本的电脑制造商松下和索尼，到欧洲的诺基亚、西门子和飞利浦，再到美国的英特尔、摩托罗拉、思科和苹果，无一例外。就连中国的海尔、联想和比亚迪也在名单中。

几个月后，28 家公司都对环保组织的呼吁给予了不同程度的回应，只有苹果一直保持沉默。苹果拒绝参与任何讨论，即便是马军给出证据证明与 iPhone 触摸屏幕供应商胜华科技有合作关系的工厂排放了大量工业废水和有毒物质。苹果的原则是：不披露其供应链是长期政策。尽管它后来在年度可持续发展报告中承认此事，但是它告诉那些非政府组织，在那家被控诉的供应商与苹果之间，他们不会找到任何联系。

这种逃避行为引起了马军的注意。

"我不能接受那种说法。"他说道，"如果他们的运营活动——不管是制造还是采购——影响到了人们的权益，他们就不能说'政策规定保持沉默，你不能干涉'。"

马军做了进一步调查，发现那些被他称为"苹果疑似供应商"的公司造成了极其严重的环境污染问题。最糟糕的是他们使用了一种叫作正己烷的有毒物质。供应商选择这种化学物质是因为它能比酒精更好地清洁触摸屏幕，但是正己烷会对神经造成损伤，导致四肢麻木、触觉失灵。关于正己烷的一篇叙述尤其令人心痛，据说出自一位19岁工人之口，她在三级分包商的车间工作。

"2009年10月左右，我们工厂十分忙碌，可是所有工人的双手都变得麻木，他们洗手或者把手放入水中时都没有知觉。"她在博客上写道，"到了12月，我的一些同事走路开始摇摇晃晃，我不敢相信这一切就在一瞬间发生了。并且，我的同事一个接一个请假，一走就是很长时间。2010年1月，同样的事情发生在我自己身上，当我意识到出现问题时，已经太晚了。"

这篇博客的作者描述了她体力衰弱、失去奔跑能力的过程。最终她不得不去医院接受治疗，每天都要进行静脉注射和理疗。接近一年以后她才出院，没有工作的她还必须继续接受治疗。她日夜赶工为苹果制造产品挣来的所有积蓄早已花光。她不但没能往家里寄钱，还要依靠父母过活。

胜华科技公司下属的一家工厂规定，如果工人愿与工厂签订协议，解除工厂责任，便可一次性获得1.2万~1.4万美元，并大力提倡生病的工人这么做。

2011年初，马军的团队向公众展示了他们的发现。他们发布了一篇名为《苹果的另一面》（"The Other Side of Apple"）的调查报告，公开了一段令人震惊的视频（视频中，生病的工人在讨论他们的病症，其中穿插着史蒂夫·乔布斯卖力吹捧苹果产品有多神奇的视频片段），还论述了苹果疑似供应商的"过失七宗罪"。

苹果对这些事情可能不负有直接责任，但是他们和那些造成这些状况的供应商一样，应当受到谴责。"一个长期有不良记录的公司怎么还能成功维护其几近完美的社会形象呢？"马军在报告中问道，指责苹果刻意把供应链的真实情况加以隐藏。如果真是如此，那么苹果的伪善行为将被揭露，因为董事会成员阿尔·戈尔一生都致力于环保事业，并且曾因其在气候保护方面的特殊贡献获得过诺贝尔和平奖。

马军的团队并不是第一个提到工作安全问题和工人境况的组织，然而他们的报告有可靠的数据做支撑，就显得异常有力。马军曾经是一位调查型记者，《时代周刊》2006 年曾把他评为全球最有影响力的100 人之一。他不仅德高望重，还知道如何让他的故事在全世界造成最深远的影响。

苹果仍然保持沉默。

2011 年 5 月 20 日，马军发布那篇报告之后没多久，中国南部新建的富士康工厂的抛光车间由于大量铝粉在通气管中燃烧发生爆炸。在附近餐厅吃饭的工人看到滚滚黑烟从破碎的窗户涌出。事故造成 3 人死亡，超过 15 人受伤。这家占地 250 英亩（约 1.01 平方千米）的工厂曾计划成为 iPad 2 的最大供应商。工厂仅用 76 天就建造完成，还未充分准备好就投入使用。抛光是生产流程的最后一个环节，一些工人在清洁台上为装配好的设备抛光，但这些工人并未受过完善的培训。他们戴着口罩和耳塞，紧张忙乱地工作着，根本没有意识到铝粉飘到他们头发和脸部之后带来的危害。华尔街分析师知道这场事故以后，他们最关心的问题并不是工人的死活或是其他人可能受到的毒害，而是这次爆炸会不会影响 iPad 2 的生产进度。

马军继续让苹果的舆论升温。经过 5 个月的调查，他又发表了一篇题为《苹果的另一面 II》（"The Other Side of Apple II"）的报告。报告长达 48 页，对苹果疑似供应商造成的 10 个环境破坏典型案例做了详细分析。在另一段视频中，马军还顺带批评了那些对工厂环境不屑一顾的消费者。

"可能你很爱苹果，可能你正在使用苹果的产品，也可能你非常希望能够拥有一件苹果的产品。可是你了解苹果背后的故事吗？"调查报告的作者问道，随后向观众展示了一家苹果疑似供应商附近的乳白色河流和含有大量铜与镍的水质样本。在另一家工厂附近，一个小男孩抱怨说空气中总有刺鼻难闻的气味，自己总是感到胸部疼痛、头晕眼花。村民在镜头前跪下，双手合十，一位因癌症切除胃部的妇女紧握着一个盛有附近河水的塑料瓶。"求求你们，帮帮我们吧！"他们乞求道，"帮帮我们这些普通人！"

终于，苹果打破了一贯的沉默。公司给马军发送一封邮件，对他的报告表示感谢，同时指出几个错误，说他将一家公司错误地指认为苹果供应商，并要求和他通话。苹果决不容许任何损坏公司形象的报道出现。库克的副手杰夫·威廉姆斯想要立即飞到北京与马军对话并试图制止他的行为。

"这个人究竟是谁？"他想要知道。苹果最终决定与马军建立良好的关系，而不是试图去控制他。

而后，马军和苹果之间展开了微妙的对话。进程很缓慢，但至少他们是在交流。苹果对马军的团队及其调研方法表现出一定的兴趣。"会面谈话都很坦诚。"马军说道，"有时并不容易。谈话有时会不太好受。"苹果行动迟缓是否因为乔布斯生病致使领导之位空缺，这一点无从得知，但是乔布斯去世后的几个星期，苹果采取了突破性的举措。那时，马军参加了自然资源保护委员会（NRDC），那是华盛顿的一家知名非营利性环保组织，常与各大公司合作环保项目。10月末，苹果的运营执行官比尔·弗雷德里克与NRDC的琳达·葛瑞尔取得联系，琳达是专门负责供应链项目的环境毒理学家。弗雷德里克曾是IBM的执行官和物流专家。众所周知，他比库克还要随和，但是一旦遇到问题，他便会专心致志地寻找办法，直到解决为止。

弗雷德里克承认他们过去对环境安全不够重视，不过他告诉NRDC，苹果的执行官已经开始全面思考如何更好地管理供应商。弗雷德里克希望与NRDC会晤面谈，该组织予以同意，但前提是他们必须邀请马军出席。

会上主要是马军在发言，他的英语非常流利，葛瑞尔则负责解说。"我是英英翻译。"她打趣说。会议进行了5个小时。几位执行官偶尔会辩驳几句，苹果也继续拒绝告知细节，比如他们的审计结果与马军的调查结果不符等问题。不过他们承认公司需要更加透明化。最后，苹果同意展开调查来确认马军报告的真实性，并且会告知他们发现的一切问题。

在葛瑞尔看来，苹果为改善情况所付出的努力比大多数公司都要多。"他们是位于顶端的那百分之一。"她说，"他们并没有掌握游戏规则，但所有公司都是如此。"她希望苹果会为其他公司树立榜样。马军同样感觉到苹果正朝着更好的方向改变。

同年12月，也就是苹果与环保人士进行协商之时，苹果协议生产商下属的一家工厂又发生了爆炸事故。

这次爆炸与一年前富士康工人遭遇的悲剧惊人地相似。爆炸也是发生在一家新工厂，这家工厂隶属于和硕联合科技公司（华硕子公司），专为 iPad 2 批量生产后面板部件。与上一场事故一样，这次爆炸也是大量铝粉在抛光 iPad 外壳的车间内燃烧所致。爆炸在试运行时发生，那天是 12 月一个周末的下午。和硕迫切地希望能够赢得更多与大公司合作的机会，便对新的生产线不断施压，使之保持高速运转。61名工人在该事故中受伤，其中 23 名伤势严重的工人被送入医院治疗。爆炸再一次显示了情况的复杂性以及苹果对大洋彼岸供应商无情施压所造成的沉重代价。

终于，西方媒体也开始密切关注此事。

2012 年 1 月初，第二次爆炸事故过后没多久，公共广播栏目《美国生活》（ *This American Life* ）用了整整 1 个小时报道苹果全球供应链上糟糕的工作环境。迈克·戴西是这个长篇报道的撰稿人和叙述人，他是一位演员，最出名的作品是舞台独角戏《史蒂夫·乔布斯的痛苦与喜悦》（ *The Agony and the Ecstasy of Steve Jobs* ）。这篇公共广播报道题为《戴西先生和苹果工厂》（ *Mr. Daisey and the Apple Factory* ），讲述了戴西在富士康的深圳工厂参观时与受伤工人交谈的经历。戴西所讲的故事令人心碎，与苹果的巨额收益形成了鲜明对比。其中一幕，戴西讲述了他拿出 iPad 向生产该设备时手被绞伤的工人展示的场景。

"他从未看过 iPad 开机后是什么样子，就是这个东西把他的手绞伤了。我把设备打开，给屏幕解锁，然后递给他，让他拿着。各种闪亮的图标映入眼帘。他用他那残废的手敲击着屏幕，那些图标来回滑动。他对凯西说了些什么，凯西告诉我，'他说这感觉像魔法一样'。"

凯西是戴西的陪同翻译。继自杀新闻和工厂爆炸事件之后，这段广播带来了深刻的影响。在播客（一种有声杂志）上，这段报道的下载量达到 822 000 次，在线播放量达到 206 000 次，成为该栏目有史以来最受欢迎的播客节目。

几个月后，《美国生活》发现戴西在讲述中捏造了很多细节，便将故事撤回。他参观时没有与手部残疾的工人谈话。他也没有如实交代他参观工厂的数量以及他访问的工人人数。

"我并不否认为了让观众切身体会到我的感情，我选择了一些捷径。"戴西对表演秀的主持人艾拉·格拉斯说道，"我犯的错误，一个让我后悔不已的错误，是把这个故事放到你们这儿当作新闻来诠释，而它并不是一则新闻，它是一场舞台剧。"

尽管是对事实的捏造，这个播客的影响仍然一发不可收拾。戴西的节目播出几个星期之后，《纽约时报》针对苹果开设了一个叫作《爱经济》（iEconomy）的系列栏目。该栏目的开篇文章深入挖掘了苹果长久以来一些惯用做法的影响，比如将制造工厂移至海外，榨取廉价劳动力，获取高额利润，从而导致美国工厂工人失业，等等。

"为什么美国现在很难创造出一些中层职业？苹果就是一个典型案例。"前白宫经济顾问贾里德·伯恩斯坦告诉《纽约时报》的记者，"如果这就是资本主义发展的制高点，那么我们必须要为未来担忧了。"

这篇文章对苹果而言并不公平。如果苹果在 20 世纪 90 年代没有开始往中国外包业务，它肯定会面临倒闭，这篇文章完全忽视了这一事实。《纽约时报》的记者并未从经济层面给海外外包业务提供一个较为合理的选择，而很多美国公司都依靠外包谋利。事实上，对于任何想要正常运营的大公司来说，把生产工厂重新移至美国面临着巨大的障碍。困难之一在于美国没有训练有素的工人，无法在短时间内生产出上百万部智能手机、笔记本电脑和苹果的其他产品。即便美国有一批技术娴熟的工人，但美国的劳动成本很高，这就会导致苹果产品的零售价格上升。如果苹果把工厂搬回美国，那么顾客在购买iPhone和iPad时将要付出更高的费用。苹果将会失去大量顾客，因为三星和其他竞争对手的产品造价要低得多。

与戴西的故事不同，《纽约时报》做了大量的报道。那年是美国大选年，经济问题是舆论的中心，这些报道也让崩溃的美国人找到了发泄的目标。这些指责使苹果多年来悉心维护的用户至上的形象瞬间崩塌，同时也让公众的关注对象发生了转移。

苹果还未从那篇文章的影响中恢复，《纽约时报》就刊登了第二篇文章，继续讲述生产iPad的中国工厂中的工人状况和环境问题。文章指出，自2007年开始，每年苹果审计调查的供应商中，至少有一半违反了至少一条执行规章。很多违章事例都与马军之前的报告不谋而合，但对西方读者来说则是一条"新"闻。

"苹果只关心如何提高产品质量、如何降低生产成本，根本不关心其他任何东西。"富士康工厂前厂长李明奇对报社记者说，"工人的福利与他们的利益没有一丝关系。"

这次来自世界上最有权威的新闻组织的曝光为苹果这艘"母舰"拉响了警钟。库克接任CEO还未满半年，他必须巩固自己的领导地位，而《纽约时报》提出的问题是任何一位领导人都无法忽视的。更为糟糕的是，报道发布的时间对苹果的影响简直是毁灭性的，至少苹果的员工都这么认为。报道中的很多内容都是针对iPad的生产展开抨击，《纽约时报》发布报道之时，苹果正准备发布第三代iPad。同年3月，库克在纽约安排与该报社的编辑人员会面。

这场较量的开场很是愉快。库克还没坐定，就与执行主编吉尔·艾布拉姆森聊了起来，告诉她自己曾是《纽约时报》的忠实粉丝，该刊物伴随着他在亚拉巴马州成长的每一天。"我非常喜欢看《纽约时报》。"库克对她说，"那时，每天早上我都会跑出去拿报纸。"

见面的第一个小时，各个编辑和记者问了库克很多问题，比如新产品的细节以及他对可穿戴式计算机等话题的看法。中途休息去吃午餐时，《爱经济》栏目的首席记者查尔斯·都希格询问库克对那些报道的看法。库克背过身去匆匆吃完盘中的食物。而后他正襟危坐，开火进攻。他指责都希格参考的信息来源都不可信。他抗议说整个栏目对苹果都不公平，认为该报社从一开始就在刻意找苹果的麻烦。

库克越来越愤怒，整个房间一片死寂。尽管库克声音变大了，但屋内的记者发现库克还是比乔布斯镇静得多，乔布斯发起火来总是大吼大叫。这位新任CEO的自控能力令人生畏，特别是当他说到一件令他气愤的事情时，他用拳头猛击桌子一下。

尽管库克批评这些报道失真，但苹果还是采取了行动应对问题。与2006年针对《每日邮报》的新闻发出的声明类似，苹果宣布这一次他们正与非营利组织——公平劳动协会（Fair Labor Association）——合作，审查装配供应商的情况，其中包括报纸中曾经提到的富士康工厂。苹果称，该组织会审查上千位工人的工作和生活情况，包括他们的健康和安全问题、收入问题、工作时长以及与管理层的交流问题。

库克还给员工发了一封邮件。"我们关心全世界每一位在我们供应链上工作的工人。出现任何事故都令我们难过，任何与工作环境有关的问题都令我们担忧。"他写道，"任何暗示我们毫不在意的报道都是大错特错，是对我们的公然冒犯。"

与几位高级执行官开会时，库克立誓要改变这种情况。"听着，"他说道，"我们要做正确的事，不管新闻媒体怎么说。"

3月，库克到中国访问，与几位政界高官和电信公司主管会晤，并参观了一所新建的富士康工厂。

苹果事先并未公开他的参观行程，这在公关棋盘上可以说是精明的一步。库克突然出现在北京大悦城的苹果商店中，大悦城是一家高13层的购物中心，拥有世界上最长的自动扶梯。其选择出现的地点是富有战略意义的。这家购物中心并不是苹果商店所在的最高档的商场，却是大众最喜欢去的商场。苹果粉丝在网上贴出自己与CEO的合照后，各大媒体才得知库克来到中国的消息。库克的穿着很随意，一件藏青色的耐克牌夹克，头顶一副眼镜。

"今天我在大悦城的苹果专卖店看到了蒂姆·库克。"一位年轻女士激动地在新浪微博上发帖称，"我太幸运了，我跟他合影了！"

几天之后，库克前往郑州的富士康新工厂，他戴上亮黄色的安全帽，穿上工服，开始参观工厂。苹果聘请了一位摄影师拍摄宣传照，库克与一位工人交谈的画面，以及库克站在iPhone生产线旁边朝工人挥手致意的瞬间都被拍摄下来。这些照片也在全世界传开。

这次访问的高度公开性无论是对库克还是对苹果来说都是鲜有的，事情似乎立即就有了好转。

"在库克时代，中国的地位更重要了。"《北京新闻》称，"乔布斯曾忽视中国的作用，而他则截然不同，库克恰恰把中国作为其外国之旅的第一站。"

库克仅凭突然造访中国以及承认其存在，就获得了赞誉。然而，任何一篇相关报道都没有揭露这一事实：库克正在应对的很多问题都是由他造成的。

很多年前，乔布斯给予二把手库克绝对的权利去管理供应链。库克将压力施加给团队，团队将压力施加给供应商，而供应商则接着将压力施加到工人身上。是他告诉团队无论如何都要完成工作。库克只能责备自己。《纽约时报》的一篇文章讲述了一个非常有名的故事，即苹果是如何在产品上市 6 周之前决定把屏幕由塑料改为玻璃并付诸实践的。在美国，人们一遍又一遍地讲述这个故事，以展现苹果的卓越才华。而库克当时则是一再迫使富士康在极短的时间内完成几乎不可能完成的改装任务。制造 iPhone 的工人大半夜被叫回工厂工作。他们每 12 个小时换一班，把屏幕装进框架中，得到的补偿仅仅是一杯茶和一块饼干。

8

冲进烈火：
留住管理团队

2012 年 5 月的伦敦异常暖和，乔纳森·艾夫和妻子以及双胞胎儿子到达白金汉宫，他穿着一件非常正式的黑色燕尾服，配有浅蓝色马甲和蝴蝶结。喝过一杯香槟之后，他在舞厅就座。鉴于他在设计方面做出的杰出贡献，英国王室将授予他骑士爵位。

仪式并不是那么隆重。通常女王或者威尔士亲王会出席爵位授予典礼，但这一天则是女王的长女安妮公主代表他们出席。还没轮到他之前，艾夫便起身等候。

"乔纳森·艾夫爵士在设计和创业方面做出突出贡献，请接受骑士爵位的荣誉，成为大英帝国司令勋章爵士。"一位皇家官员宣读道。

艾夫庄重地从宫殿的红毯上朝前走去，身后响起了巴赫《双小提琴协奏曲》（*Double Violin Concerto*）轻柔的音乐声。安妮公主身穿皇家海军制服，还未到她面前，库克便停住脚步，微微鞠躬。他右膝跪在授爵凳上，公主用祖父乔治六世国王的宝剑轻点他的肩膀。艾夫起身后，她将一枚勋章挂在他的脖子上，与他聊了一会儿，而后继续给下一个人授爵。艾夫的双手往常总是很富有表现力，而此时则紧紧地贴在身体两侧。不过他谈到自己经常回英国时表现得非常活泼，公主则提到了她的 iPad。

之后他告诉记者，获得这个嘉奖既让他觉得"受之有愧"，又让他"发自内心地感激"。他说这是一件令人"无比兴奋"的事情。

"真的非常幸运能够找到自己喜欢的工作。"艾夫说道，"能够用我所有的时间去做那件事，事情本身就非常令人着迷了，所以后来能够获得一定的认可，真的太……我不知道怎么去表达……这是对设计职业的一种非常美好的肯定。"

那天下午，艾夫换上便装——灰蓝色套装，深蓝灰色开领衬衫——出席皇家美术研究院（Royal Academy of Arts）的招待会，纪念女王的钻石庆典以及英国的创造性艺术。和他一起出席的嘉宾还有保罗·麦卡特尼、朱迪·登奇和博诺。稍后，女王为5位前途无量的年轻艺术家颁发特别津贴奖励，艾夫作为设计界的代表上台接受颁奖。

"我是英国杰出设计教育的产物。"他对观众说道。女王穿着一袭白色长裙和一件微微发亮的银色夹克，站在他的身边。典礼结束后，艾夫微笑着与女王握手，女王与博诺交谈时他则移身到她身后。

乔纳森爵士终于回来了。

获得骑士爵位是对艾夫卓越才华的肯定。现在史蒂夫带着他那耀眼的光辉离开了，而他留给苹果的那支团队则被视为世界上最有才华的创新力量。如果说苹果可以依靠某个人继续进行无与伦比的优雅革新，那么这个人一定是乔纳森爵士。

艾夫究竟是否像人们说的那样不可或缺，其实已经无关紧要了。有那么多投资者和股票分析师确信他是无可取代的，这让预言的真实性不言自明。在苹果历史上如此微妙的时刻，关于艾夫最轻微的不满都会让苹果的股价大跌。

蒂姆·库克在上任之后的头几个月，需要应对关于公司内部稳定性的诸多看法和事实。艾夫是关键人物，没错，但是其他那些曾为乔布斯工作过的高级总裁也是关键人物。库克与他们一起工作很多年，他清楚地知道这个资深团队中的每个人都是大人物，都彰显着自己独特的个性。没有了伟大的乔布斯的对比，他们如今充满了自我意识与雄心壮志。乔布斯是动力学大师，他管理高级执行团队的方式很具有创建性，他给每个人分配的责任领域各不相同。在重大决策问题上，他会把他们召集起来，让他们互相竞赛，看看最后谁能想出解决各种挑战的最佳方案。这种方法虽然严酷，但确实非常高效，他们敢于思考得更加深入，能够在几十种观点中甄别，直至找到灵感，寻得锦囊妙计。

这种方法的好处不仅于此。当乔布斯残忍地拒绝了他们一致看好的方案时，整个团队会团结起来试图改变他的想法。乔布斯把自己塑造成了一个强大的父亲形象，而他的管理人员则变成意志坚定但最终也只能遵从父命的孩子。弗洛伊德对这种野蛮的教育方式或许会表示不满。但这终归是种策略，而且非常有效，乔布斯的执行官都谨小慎微并且相互团结。竞争者与合作者都必须从乔布斯那里获取管理经验。

现在轮到库克去思考如何才能让团队团结在一起高效工作了。由于没人能读懂他的性格，所以人们无从知晓他是否有迷人的风采和狡黠的手段，从而让团队忠实于自己。乔布斯的部下会留在苹果帮助他把公司变得越来越好吗？他们深爱的父亲已经远去，他们会抛弃公司这个家，带着无限的才华到别处去吗？库克不能让这些问题悬在空中。他等不起。他必须与艾夫以及其他高层人员建立良好的关系。相比乔布斯而言，库克给团队带来了不同的优势——当然也有缺点。团队中的其他人也是如此。

库克清楚地知道，问题的关键在于要找到一个共同的平衡点。在一次追悼会上，他提到乔布斯是怎样以披头士为原型建立起苹果的。

"他们四个人能够互相监督彼此的消极倾向。"库克引用乔布斯的原话说道，"他们能够平衡彼此，他们作为一个整体的力量要比简单的四人相加强大得多。"

然而事实是，人们对乐队的赞赏只集中在两位明星身上，约翰·列侬和保罗·麦卡特尼。麦卡特尼离开以后，乐队的其他人也分道扬镳，可见这样高效能的团体也如此脆弱。

总之，库克必须与艾夫和其他人建立一种崭新的动力关系。如果想要苹果继续高效能地运转，他就必须重组电流，让整个团队围绕他的个性运转，而不是他们已逝的导师乔布斯。他们要携手并肩向世界证明，没有了那位最耀眼的明星，苹果照样能够成功。

要想知道库克面临的挑战有多大，就必须首先了解团队中各位成员的个性特点。

最新到来的成员——也是库克最先雇用的人——是约翰·布劳伊特，是主管苹果零售商店的高级副总裁。当初聘用他时，很多人感到不满，因为他来自迪克森（Dixons）集团公司，那是一家欧洲的技术零售商，类似于美国的百思买集团（Best Buy）。与苹果整洁、简单的商店环境不同，迪克森是一家典型的"大盒子"式商店，所有产品都采用色彩艳丽的包装，一排排地堆在货架上。库克第一眼就觉得布劳伊特是理想人选，因为他一直想找一位拥有全球销售经验的人来管理苹果的全球零售业务。布劳伊特似乎也很关注消费者服务，这是苹果零售哲学的基石。

英国人以冷静专注、战略性思维和团队合作精神著称——这些都是库克一直以来非常欣赏的品质。在布劳伊特负责英国连锁超市乐购（Tesco）的网站运营期间，他曾对一位记者说："我不做饭。我不开会……要做的事情太多了。"

但是这位新人需要证明的事情有很多。布劳伊特正在接手全球最成功的零售业务之一。苹果在 2001 年只有两家零售店，现在已经发展到四百多家，其中有三分之一都开在国外。商店每平方英尺的年度零售销量要高于其他任何美国零售商，包括蒂芙尼公司（Tiffany & Company）。在美国 2011 年的财政收入中，有 140 亿美元的税收来自苹果商店。布劳伊特要继续开发日益复杂的商业市场，想方设法进一步提高苹果的零售利润。他要在紧密团结的管理团队的监视下完成这一切，他们曾经与罗恩·约翰逊密切合作，而这个人则是他的前任，也是苹果商店的创办人。

团队中最重要也最资深的一位是菲尔·席勒。作为一个营销天才的营销总监，这位土生土长的波士顿男子担负着苹果最有难度的一项工作。乔布斯不停地把他和他的团队置于显微镜之下，对他们的每一个决策都再三考虑。能有一丁点儿的内容通过检阅，他们就谢天谢地了。在广告宣传和品牌建立等方面，席勒实际上是没有发言权的。乔布斯通过营销沟通的方式直接掌管了这些领域。尽管如此，席勒还是在全部的考验中坚持下来，甚至发光发热，他的那种灵活性令每个人都印象深刻。

在管理团队，席勒的贡献不仅仅局限在策划产品发布和制定市场策略方面。他的参与热情极高，在产品研发的讨论中献计献策，并帮助对iPod、iPhone和iPad进行产品定位。iPod上的导航轮就是席勒的点子，灵感来源于Bang & Olufsen（世界顶级视听品牌）集团的设计。他是一个技术迷，知道所有产品的一切技术细节，他在市场趋势方面的深厚知识同样令人钦佩。然而，对于那些和他接触过的人来说，他则是一个颇受争议的人物。很多人讨厌他、害怕他。苹果的员工认为席勒控制欲很强，脾气和乔布斯一样暴躁，但是与乔布斯相比，他又少了些许魅力和威严。

席勒有两个绰号。一个是"不博士"（Dr. No），因为他和乔布斯一样，喜欢一上来就否定他人的提议；另一个是"迷你我"①，来自电影《王牌大贱谍》。

人们给他起"迷你我"这个绰号，是因为他在乔布斯的每一场主题演讲中都扮演全能副手的角色。最令人难忘的一次是在1999年Mac世界新闻发布会上，席勒从15英尺高的舞台上一跃而下，以证明苹果最新推出的笔记本电脑可以通过无线持续传输数据的能力。当时，乔布斯让观众和他一起喊："三，二，一。跳！"席勒就跳了下去。他落在台下的软垫上，与电脑连接的加速器记录了他跳下的全过程。"毫无疑问，这是人类的一小步，无线网络的一大步。"他事先打趣说。不过这个绰号归根结底还是因为他的行为像极了乔布斯。尽管人们叫他这个名字时带着讽刺意味，他仍然觉得受宠若惊。席勒的办公室还保留着一张印有该字样的纸板，那是前任硬件主管乔恩·鲁宾斯坦离职前一年送给他的。

---

① "迷你我"（Mini-Me）是电影《王牌大贱谍》（The Austin Powers）中的角色，身材矮小，但胆量非凡。——编者注

同事认为席勒过于享受他的权力了。他喜欢到处炫耀，说他是少数几个能够出入苹果园区所有地方的人之一，也是管理团队中最受欢迎的一个。那些与他一起工作过的人认为他对新加入苹果的管理人员总是持有怀疑态度，还会时常对他们充满敌意，除非他们证明自己值得尊敬。

在日常生活中，席勒也是一个大胆而高调的人。他是圣何塞鲨鱼（San Jose Sharks）曲棍球队的忠实粉丝，还拥有一辆兰博基尼。他曾经是一位打击乐演奏家，他喜欢那种激烈的音乐，开车时会播放鼓点很强的音乐，比如齐柏林飞艇乐队（Led Zeppelin）的《好时光，坏时光》（"Good Times, Bad Times"）。

乔布斯离开以后，席勒在主题演讲和广告宣传中担负起更大的作用，于是也能理所当然地展现自己高超的营销技术。但最大的问题是，他是否能够达到乔布斯设定的高标准？他是否拥有乔布斯那样的创造力和想象力？

斯科特·福斯托的绰号是"奇迹男孩"（Boy Wonder）。他42岁升任执行官，是苹果管理团队中最年轻的一位，负责iPhone和iPad的iOS操作系统。他毕业于斯坦福大学，拥有认知科学、人工智能和人机交互三个领域的跨学科学位，毕业后他一直在NeXT电脑公司工作，后来被苹果聘用。刚到苹果的前几年，他只是Mac电脑用户界面团队中才华横溢的工程师之一，但是他在苹果研发iPhone期间获得了机会。他努力探索缩小Mac电脑操作系统的方法，以便让更小的设备能够拥有功能更完善的操作系统，于是成功挤入乔布斯的内部圈子。

福斯托有很多特质和乔布斯相似。他精力充沛、充满斗志、注重细节，他在办公室放了一个珠宝商专用的放大镜，以便随时检查每一个图标的像素是否达到要求。他和乔布斯一样很有魅力，能够在必要的时刻激发团队的潜力。但是由于一路升职速度过快，他在管理方面不够成熟，而管理恰恰需要丰富的经验。一旦出现问题，他会对部下极其严苛。同时，他不擅长处理纠纷，特别是他所在的团队和其他团队的纠纷。他惯用的解决方案是亮出"史蒂夫王牌"，说出乔布斯的名字，试图赢得争论。他这一招用得非常频繁，一位高级执行官曾就此劝诫过他。

尽管福斯托曾经的无礼调侃、风趣幽默是出了名的，但随着雄心膨胀，他也变得越来越政治化了。有人把他比作《星际迷航：下一代》（*Star Trek: The Next Generation*）中的卫斯理·卡拉希尔（Wesley Crusher）。没过多久，他就成为乔布斯团队中最具导向力的人物之一。

与他共事简直比登天还难。他会抓住一切机会邀功，也会在出现问题时把责任推给别人。当人们因为 iPhone 4 的天线问题指责苹果时，福斯托把大部分责任都推到苹果的硬件组和设计组，尽管他所在的软件组也有过失。另外，他还从别的组挖来优秀的工程师，让那些对他产生威胁的人难以过活。他与 iPod 硬件主管托尼·费德尔（Tony Fadell）的斗争非常出名，后者于 2008 年离开苹果。一些人非常不解乔布斯为什么能够容忍福斯托兴风作浪。有一种说法是因为他们两人之间有一种无法打破的联结关系，那就是乔布斯被诊断出患有癌症的时候，福斯托也患了非常严重的胃病；另一个说法是福斯托非常擅长在老板面前伪装成一副老实巴交的样子。

福斯托最令一些人难以忍受的是他热切渴望得到关注。苹果的管理团队之所以能够茁壮成长，部分原因在于他们都承认乔布斯是唯一的明星。然而，福斯托却渴求得到同样的关注。权力增大之后，他换掉用旧的科罗拉，买了一辆银色的梅赛德斯－奔驰SL55 AMG，与乔布斯的座驾相似。乔布斯生病后开始与团队成员共享舞台，福斯托也有机会上台介绍他们的主要产品。和乔布斯一样，他的外观也很好辨认：黑皮鞋、黑色拉链毛衣和牛仔裤，又高又瘦，头发呈深棕色。他的样子令人过目难忘。

不过，福斯托也和几位执行官一起负责苹果的对外交流工作。乔布斯去世前一年的夏天，他前往硅谷的Kleiner Perkins Caufield & Byers（一家美国风投公司）投资公司参加iPhone和iPad的软件开发者年度会议，这是最先投资苹果软件开发的公司之一。

在管理团队中，福斯托是最像乔布斯的一位，他充满活力和创造力，还是一位才华横溢的软件工程师。库克需要把他带在身边，前提是库克能够控制住他。

乔布斯的私人追悼会结束后没几天，《彭博商业周刊》（*Bloomberg Businessweek*）刊登了一张福斯托的照片，把他称为"魔法师学徒"（Sorcerer's Apprentice）。文章谈论了他对苹果至关重要的作用。"从很多方面来看，福斯托都是一个迷你史蒂夫。"文章写道，"他或许也是史蒂夫·乔布斯留下的最佳代言人，他将延续那位已逝创始人的宏伟梦想，为未来科技的发展导航。"

尽管杂志称福斯托拒绝对文章做任何评论，但文章过于褒扬的基调让个别人怀疑是他自己策划了整个故事。在所有人围绕在库克身边准备重振公司的时刻，这则报道给人们一种感觉——不管是正确的还是错误的感知——福斯托正试图提升自己的形象。

几个月后，《财富》杂志的记者亚当·拉辛斯盖（Adam Lashinsky）的新作《苹果内幕》（*Inside Apple*）出版，书中写到："福斯托比蒂姆·库克年轻8岁，他理所当然会成为下一任CEO，特别是苹果董事会决定需要一位形象更接近史蒂夫·乔布斯的继任者。"在高地资本合伙人（Highland Capital Partners）投资公司的一次新闻发布会上，拉辛斯盖告诉观众，他认为对于苹果来说，福斯托比乔纳森·艾夫更为关键。

全世界都予以否认。对他们来说，艾夫是苹果最为宝贵的执行官，是乔布斯信仰的忠实守护者。他自然而然地就成为库克领导团队的明星。获得他的拥护至关重要。

艾夫是一位英国银匠的儿子，自幼便学习设计。小时候的艾夫就表现出了对于极简美感的欣赏力，当父母买回一台由德国著名产品设计师迪特尔·拉姆斯设计的榨汁机时，他这样说道："很明显，它选用的材料是最好的，而不是最便宜的。""没有任何一个部位是隐藏起来的或者太过显眼，每一个部位的设计都经过深思熟虑，安排得恰到好处。一眼看去便知道它是做什么的，以及应该如何使用。这是制造榨汁机的精髓：始终追求能够完美地展现出整个运转过程的材质。看上去非常完整、非常合适。"

圣诞节，艾夫的父亲会给他准备一份特别的礼物：带他到学院车间，教他制作他想要的任何东西，只要他能先画出草图。到艾夫上高中时，他已经成长为一位杰出的制图人。

青少年时期的艾夫乐观开朗、英俊潇洒。他和父亲一样是威尔伍德团契教会（Wildwood Fellowship Church，一个小型福音教会）的一员，他在白渡鸦（Whiteraven）乐队担任鼓手，经常在教堂大厅为人们演奏轻摇滚音乐。他高大魁梧，也是一位橄榄球运动员。青少年时期的一张照片上，他望着镜头，自信满满，头发蓬松有型。据他的英文老师内特·卡特莱特回忆，他常坐在教室后面，身边围着一堆朋友。他总是积极参与班级的读书讨论会，比如乔治·奥威尔的《1984》。

尽管艾夫是一位全面发展的好学生，但他真正的强项是设计与技术，这个领域要求学生不仅要学习与科学和设计相关的课程，还要广泛涉猎各种人文学科，比如历史和英语。他在这方面展现出来的知识和技巧远非同龄人可以企及。他画的牙刷精美细致，让每个看到的人都惊叹不已、难以忘怀。高中毕业之后，他被纽卡斯尔工艺大学（Newcastle Polytechnic）录取，那所学校培养出很多知名的产品设计师，包括IDEO设计公司的总裁蒂姆·布朗（Tim Brown）和飞利浦的设计总监加文·普罗克特（Gavin Proctor）。即便是在设计界顶级的学府中，艾夫仍凭借着其独特的创造力和天赋成为佼佼者。他的绘图轻盈流畅、优雅细腻、张弛有度，他的模型简单而完美，看上去像真的一样。他参与的项目很多，有一项是制造外观漂亮的极简抽象艺术流派的ATM单机，还有一项是为听力障碍群体制造的有淡紫色按钮的白色手机。这两项都获得了皇家艺术学会（Royal Society of Arts）的奖励。艾夫曾用这笔奖金第一次踏上去加利福尼亚的旅途。

从纽卡斯尔毕业后，艾夫在一家著名的设计顾问公司Roberts Weaver短暂工作过一段时间，随后和其他几位设计员共同成立了丹吉尔设计公司（Tangerine）。这段时期的关键项目是为理想标准（Ideal Standard）卫生洁具公司设计一款抽水马桶，这家公司看到艾夫的毕业作品后决定聘用他。艾夫的设计异常前卫，整个马桶由一大块陶瓷构成，底座一侧贴于墙面。但是当他把设计拿给CEO看的时候，CEO立即否定了这个设计，认为它过于特别并且难以制造。艾夫意识到咨询公司的限制太多，而且英国制造业缺乏想象力，于是决定跳槽到苹果。

艾夫于1992年加入苹果，很快便成为公司的核心人物之一。几年后，他的上级罗伯特·布鲁纳离开苹果去创办自己的设计公司，艾夫便接任设计部门主管一职。但是他很不如意，因为当时苹果不重视设计，他也无力改变现状。就在他想要离开苹果之际，乔布斯回来了。两人并没有立即走到一起，不过他们很快发现了彼此共同的热情所在。他们一起研发的第一款产品是一体化iMac台式电脑，这款电脑的重点在于设计，其外观简单轻薄、流畅美观，是高端玩家的理想配置。iMac电脑外壳的制造成本为每件60美元，是外壳平均价格的3倍。电脑内部的螺丝是专门定制的，采用独特抛光技术，每个螺丝的制造成本为25美分，而一般螺丝的成本造价仅为3美分。在制作半透明的蓝色塑料面板时，设计人员专门到果冻工厂参观，研究何种色彩才能让产品更具吸引力。艾夫最得意的一个设计是iMac的可触摸技术，这一技术令使用更加方便快捷。电脑上市后，艾夫寄给父亲一台。

"我在iMac之前所做的一切设计似乎都无关紧要。"他对人们说。

从那时起，艾夫便成为乔布斯最重要的一位伙伴，帮助他共同定位苹果电脑、iPod、iPhone和iPad优雅、简单、时尚的外观。他们的设计精美细致，永不过时，再加上他们严把质量关，不放过任何一个细微之处，进一步巩固了苹果高端品牌的形象。在竞争对手唯有一再降价才能存续的情况下，苹果的商品则能维持高价并持续畅销。

在很多人眼中，艾夫是一个热情而谦逊的人。他见到你时会毫不犹豫地给你一个大大的拥抱，而不会因为自己的巨大成就展现出一丝一毫的自大。

不过，艾夫是一位精明的战略家。他与乔布斯能建立起密切的关系绝非偶然。工业设计本来隶属于硬件组，但他对鲁宾斯坦的管理方式感到反感，认为鲁宾斯坦妨碍了他与乔布斯的关系。由于对形式和功能的取舍是一个无法回避的问题，于是关注美感的设计师和运转产品的工程师之间就存在着一种永恒的内部矛盾。从很多方面来看，这种矛盾都是必要的。但艾夫希望能与产品研发部门的人员进行直接且平等的对话。鲁宾斯坦离开硬件组去负责新创立的iPod部门后，艾夫通过协商最终得以直接为乔布斯工作。

艾夫和乔布斯总是形影不离。乔布斯几乎每天都去设计工作室，两人在各个项目桌前转来转去，审视着每一项工作的进度。乔布斯来后，艾夫的组员会小心翼翼地转移到其他地方，以便他们两人自由交谈，不用担心有人偷听。他们还经常一起吃午餐。人们时常会看到他们两人安静地坐着，一起思考问题。工作之外，乔布斯与艾夫两个家庭之间的关系也比较亲近。

"乔尼的地位很特别。"乔布斯的妻子劳伦说道，"史蒂夫一生中遇到的很多人都是可以替代的，唯独乔尼是无可取代的。"由于乔布斯的个性很强势，所以这种关系也让艾夫备感压力，但这完全值得。

"如果说我在苹果有一位精神伴侣的话，那就是乔尼了。"乔布斯曾经说过。

他给予艾夫的运营权比其他任何人的都要大。"没有人可以告诉他必须做什么，或是不能做什么。"他说，"我建立苹果时也是如此。"

一些见证了乔布斯与艾夫关系的人认为，乔布斯把艾夫视为亲密的朋友，而艾夫却没把乔布斯当作好朋友。艾夫的自我意识很强（尽管他并没有表现出来），他无法忍受乔布斯邀功抢镜的毛病。"他会照常挨个审查我出的主意，然后说，'这个不好，这个也不太好，我喜欢那个主意'。"他在一次采访中向艾萨克森抱怨说，"稍后，我坐在观众席上就会看到他谈论那个好主意，好像是他自己想出来的一样。"

艾夫说他"狂热地关注"这些想法是从哪里来的，他打开办公室的抽屉，向艾萨克森展示了很多本记满各种想法的笔记本。

尽管如此，乔布斯还是让艾夫成了明星。对于一个不愿与他人分享舞台的人来说，这可不是一个简单的决定。乔布斯的很多副手都因为他总是一人揽功而离开了苹果。艾夫偶尔会在设计会议上发言，也总会在产品发布会上扮演重要角色，通常通过视频讲述其产品设计的细节问题。他还获得过无数嘉奖。BBC（英国广播公司）把他称为"苹果界的阿玛尼"（the Armani of Apple）。

乔布斯去世后，艾夫悲痛欲绝。失去导师所产生的影响也令他焦虑万分。归根结底，一位产品设计师能否成功要取决于他的CEO是否愿意营造一个以设计为中心的大环境。乔布斯创造了一种以设计为中心的公司文化，并允许艾夫的团队独立于其他部门运作。"我该怎么办？"他对一位密友哀叹道，"我失去了我的精神伙伴。"

但是这对艾夫来说也是可贵的机遇，他可以直接领导苹果进行创新，而不会受到其他人的干扰，也不必担心其他人会抢走他的功劳。如果能够成功的话，他就会成为从古至今独一无二的最优秀的产品设计师。这么多年来他一直活在乔布斯的影子里。

然而，这对苹果来说会是一个风险，因为艾夫的力量可能会无限膨胀，最终打破乔布斯费尽心思建立的形式与功能之间的微妙平衡。

乔布斯力求产品能介于艺术与科学之间，而艾夫则只关注艺术。作为一位外观设计师，相对于事物的内在，他更在意事物的外观。

继续待在这个团队中绝非易事。库克升任CEO之后，每天都有很多猎头给他的执行官们打电话，希望能用优渥的条件吸引他们离开。人们疯传艾夫打算辞职回英国老家。几年前，他在离父母家不远的萨默塞特（Somerset）买了一座占地53英亩（约为21.4万平方米）、拥有10间卧室的豪宅。

新老板立即向艾夫和其他人证明他有多么希望他们能继续留在苹果。2012年11月，乔布斯去世一个月后，库克发给每位资深副总裁一份巨额股份红利，以鼓励他们继续对苹果效忠。根据美国证券交易委员会（SEC）的记录，他们中的大多数每人收到15万股，相当于6 000万美元。刚刚获得提拔的库埃则收到10万股。他们没有提到艾夫，因为他的角色不受SEC管束，而SEC在对执行官、官员和主要股东的信息透露方面有严格规定。不过也可以认为这位首席设计师做得非常出色。他被授予骑士爵位的第二天，便在BBC的采访中声明他想要继续留在苹果。

"能够与我的团队并肩工作15年令我备感荣幸，我现在只想回去和他们继续合作，只想和他们一起学习，只想和过去的15年一样，与他们一起解决各种问题。"他说道。

7月，艾夫在太平洋高地的旧金山富人区，也就是被誉为"金色海岸"（Gold Coast）以及"亿万富翁大街"（Billionaire's Row）的地方买了一座房子，以显示他对苹果的忠心。这是一座都铎王朝风格的建筑，价值 1 700 万美元，面积为 7 274 平方英尺（约为 676 平方米），与蒂姆·库克价值 190 万美元的朴实住宅形成鲜明对比。这座豪宅由著名建筑师威利斯·波尔克（Willis Polk）设计，以砖石材料建成，有 4 间卧室和 7 间浴室，还附带一个拥有两间厨房、一部电梯、一间双人卧室和一间浴室的公寓。房子的景观非常好，一眼就能看到金门大桥。这是 2012 年旧金山出售的价值最高的一件商品。艾夫的新邻居有甲骨文公司（世界最大的数据库软件公司）的总裁拉里·埃里森（Larry Ellison）和贝宝公司（全球最大的在线支付平台）的创始人彼得·蒂尔（Peter Thiel），好莱坞影帝尼古拉斯·凯奇（Nicolas Cage）也住在附近。

传言称艾夫向库克索要一架私人飞机。乔布斯曾拥有一架"湾流"（Gulfstream）系列飞机，是由苹果出资购买的，飞机尾号是 N2N。艾夫现在意识到自己极端重要的地位，于是也想获得一样的待遇。但是据说库克和董事会表明了态度，他们回答说不。

即便他们同意给艾夫一架私人飞机，他也飞不远。要做的工作太多了。

上任后，库克成功留住了管理团队的每一个人，这是他作为CEO的第一个巨大成功。目前看来，通过他和其他人的共同努力，看上去苹果确实一点儿也没有变。

9

出师不利：
Siri惨败

iPhone 4S上市后，内华达州法伦市的一位高中老师立即购买了一部。约翰·基蒂以前一直是Palm①手机的忠实粉丝，但是上一部手机坏掉之后，他转而去买了iPhone。他对该手机的Siri（语音控制功能，也是苹果最新推出的虚拟个人助理）兴奋至极。

"第一部《星球大战》电影讲了些什么？"他问Siri。

"它讲的是一些非常漂亮的机器人介入愚蠢的星际战争的故事。"Siri答道。

"《2001太空漫游》讲的是什么？"

"它讲的是一台叫作HAL的高智能电脑想要与一个高智力的家伙接触。他们俩把事情全搞砸了。"

然而，从一开始，基蒂就发现作为一种实用工具的Siri其实并不可靠。乔布斯仕职最后一大时，他问Siri天气如何，Siri立即说出了库比蒂诺的天气情况。但是当基蒂询问相同的问题时，Siri却回答说："我无法找到你所处位置的天气信息。"

这条回答很奇怪，因为他手机屏幕的推送信息上准确显示了当地的天气状况。

还有一个更大的问题是Siri无法给基蒂的父亲打电话。当基蒂想要

---

① Palm公司是著名的手持设备制造商，其开发的Palm OS操作系统及Palm掌上电脑以其精简便捷、易用而深受大众喜爱。——编者注

给父亲发送短信时，只要说一句类似"告诉我爸爸我马上就到"的话，Siri便可以理解并能立即执行。但是每一次他让Siri打电话时，它就会回答："对不起，约翰。"Siri没有他的任何号码。

即便基蒂在手机上存了父亲的4个号码，结果也是一样。他到处寻求解决方法，人们也给他提供了各种各样的建议。或许基蒂应该把他的联系人上传到iCloud（云存储）中。他使用Gmail吗？

"或许你可以试试这样。告诉Siri'呼叫父亲的名字爸爸'。"一个人这样建议道，又补充说："我把前男友的名字存为猪头，并告诉Siri'呼叫前男友的名字猪头'，她都照做了。现在我只要说'呼叫猪头'，她就会拨通他的号码。"

基蒂终于找到了一个应对方法，他重新创建了一位联系人，把父亲的电话标注为母亲的姓名。这样，每次他想打给爸爸的时候，他就告诉Siri呼叫妈妈。

几个月之后，基蒂发现Siri很不稳定，就用得越来越少了。他的备忘录一塌糊涂，也不敢用Siri发送信息了，因为Siri编出的信息读起来就像醉汉瞎写的一样，完全没有逻辑。

这个新功能曾让人们兴奋不已，但使用结果却令人失望，因为不仅是基蒂，还有其他很多人都遇到了同样的问题。

人们对iPhone 4S的期望很高。iPhone 4面市已一年有余，顾客都做好了再次被苹果产品震撼的准备。

4S面市前的几个月，苹果的市值已达到3 420亿美元，超过埃克森美孚（Exxon Mobil）石油公司。"苹果的市值能达到10 000亿美元吗？真的无法想象。"路透社的专栏作家罗伯特·西朗写道，"确实，苹果现在每个季度的销量要比2007年全年的销量都多，它在成功的道路上越走越远……不过智能手机和平板电脑的市场还很年轻，他们的顾客对其产品表现出高度的忠实性，而电视市场则已经成熟，很难再有所创新。"

2011年10月一个阴云密布的上午，库克出现在苹果大礼堂的舞台上，准备发布iPhone 4S。一些记者有点担心，因为这次发布会选择在苹果的公司园区内举办，而以往苹果只在此举办最小型的发布会。MacBook电脑和软件升级的发布是在大礼堂进行的。关于iPhone 4天线问题的新闻发布会也是在此举行的，因为公司想要将问题最小化。

不过大多数记者仍然非常激动。在等候发布会开始时，音响中传来"谁人"乐队（The Who，英国著名摇滚乐队，与披头士和滚石乐队齐名）的《我无法解释》（"I Can't Explain"）的音乐声。伦敦的苹果店提前五个半小时关闭了柯芬园的旗舰店，以便欧洲记者能够远程观看这次主题演讲。"苹果……确实把这次发布会当作一件大事来对待。"英国《卫报》（Guardian）载文称，并指出每把椅子上都配有四通电源适配器。

库克登上舞台时，台下观众报以持久而热烈的掌声。如果说这次掌声显得比以往弱一些的话，那一定是由于空间变小了。这个大礼堂内只能容纳几百人，而之前的几次发布会都在旧金山莫斯康展览中心举行，那时正逢全球开发者大会举办期间，台下则坐着成千上万名开发者。

"早上好！这是我升任CEO之后推出的第一款产品。我相信你们并不知道这一点。"库克开玩笑地说，台下有人跟着笑了起来。

库克希望人们觉得他们将要见证一种神奇的东西。"这个园区对我们很多人来说都是第二个家，所以现在有点像邀请你们来我们家做客一样。"他说，"这间房子，也就是这个大礼堂，孕育了苹果的很多故事。10年前我们在这里推出第一代iPod，它革新了我们听音乐的方式；1年前，我们在这里发布了新一代的MacBook Air，它彻底改变了人们对笔记本电脑的看法。"

库克故意放慢语速，说道："今天，我将让你们再次看到这家公司的独一无二之处，就像当时我们宣称的那样，革新手机操作系统，革新应用程序，革新服务，革新硬件，等等。而最重要的是，我们要把这些革新后的内容全部融入一种伟大而又简单的体验之中。"

没有人回应，记者们都在试着理清这段有点夸张的企业演说。苹果发布的信息一如既往地吸引人。乔布斯也排练过自己的演说，但是他讲话的方式听上去更自然、更有互动性；库克的讲话听上去铿锵有力，但有些呆板。

"演说的这一部分听上去更像是一段电视专题广告。"《华尔街日报》的记者杰弗里·富勒在演说开始半个小时后写道。

"下一个环节，iPhone。"菲尔·席勒说出这句话时，那些目不转睛盯着电脑的记者终于抬起头来。"人们一直在思考，你如何才能超越一款像iPhone 4那样的热门产品呢？那么，我很高兴在这里告诉你们关于即将上市的iPhone 4S的所有细节。"

随之而来的掌声并不算热烈。iPhone 4S这个名字暗示了手机外观与功能的变化并不大。就如席勒自己指出的那样，手机外观与iPhone 4一模一样。他们主要对手机的处理器、显卡、天线和相机做了改进。最大的新特征是Siri语音功能。

接着，福斯托上台演示如何使用这种技术。在所有执行官之中，福斯托的舞台表现力最强。他曾经是一位演员，热切渴望得到关注。他在高中时代曾担任过斯蒂芬·桑德海姆（Stephen Sondheim）的《理发师陶德》（*Sweeney Todd*）剧组的负责人，排练期间他发高烧，仍然带病出演，拒不休息。作为苹果的一位演说人，他快要把市场部的人员逼疯了，他坚持要求他们把他在舞台上说的话一字不差地记录下来，这样他就能一遍一遍地练习，不达完美决不罢休。他从不说错一句话，措辞和语调都十分讲究。他停顿的方式、手势的配合完全是好莱坞老牌明星的气势。

福斯托先朝观众笑了笑，而后开始展示Siri的神奇之处。

"今天的天气怎么样？"他刻意放慢语速问道。"以下是今天的天气预报。"Siri答道，屏幕上出现阴云的图片，并显示气温为66华氏度。台下观众对Siri的回答报以热烈的掌声，因为他们刚刚从外面进来，知道天气确实如此。

福斯托的目光扫视了整个房间后，脸上的笑容更灿烂了。他向用户演示如何让Siri读取消息并回复，让它推荐饭店，或是安排预约。

"帮我在帕洛奥图找一家希腊餐厅。"

"我找到了14家希腊餐厅，其中5家在帕洛奥图，我按照等级对它们分类。"Siri回答道。位列第一的是Evvia Estiatorio餐厅，这是当地一家很有人气的餐厅，史蒂夫·乔布斯经常光顾。

"我已经在人工智能领域研究了很长时间。"福斯托说道，把Siri作为人工智能的一种，"它仍然令我兴奋不已。"

福斯托接着向观众展示如何用Siri布置会议、查字典或者设定闹钟，展示要结束的时候，他问了Siri最后一个问题："你是谁？"

"我是一位谦逊的个人助理。"

台下观众笑得前仰后合，福斯托则站在聚光灯下，绽放着胜利的光芒。

Siri曾经引起过一场轰动。

国防部曾用5年时间投资1.5亿美元来打造一种具有分析和学习能力的虚拟助手，Siri就是其衍生物之一。Siri的目标是执行任务并提供相关问题的答案，而不是找出资源位置让用户自行查看。Siri的特别迷人之处在于它具有人格特征，说起话来就像真人一样。

"Siri的魅力在于它使用起来非常简单。"尼基·凯利在Siri刚刚问世后说道，那年她40岁，是英国萨福克的软件开发师。"我能预见到，它很快就会成为主流。"凯利说Siri能为她做任何事情，包括一些日常事务，比如提醒她为小鸡购买饲料。Siri通过手机上的GPS可以知道她何时离开住处，继而也就知道应该何时提醒她。

凯利甚至与Siri调情，当然只是自娱自乐。在英国，Siri使用的是一位男性的声音。

"Siri，"她对着电话说道，"你愿意和我结婚吗？"

"那太好了，尼基。"Siri回答道，"还有其他需要我为你做的事情吗？"

她让Siri揭示人生的意义。Siri的回答是："去思考更多类似的问题。"

Siri甚至知道怎样讲"敲门笑话"（knock-knock joke，英语国家非常流行的文字游戏）。

"咚咚（敲门声）。"凯利说。

"是谁？尼基。哪个尼基？尼基，我不讲敲门笑话。"

用户还发现，如果他们咒骂Siri，就会得到相应的反馈。

"去你的，Siri。"

"赖安！怎么能说脏话。"

Siri说的各种有趣的俏皮话在YouTube、Twitter（推特）和博客上散播开来。无论问它什么问题，这位私人助理总会以平静的语气回答，让人们想起HAL，科幻电影《2001太空漫游》（*2001: A Space Odyssey*）中那个致人死亡、酿成灾难的电脑。其实，Siri刚被研制出来时，它的技术代号就是HAL；Siri的市场宣传标语曾一度使用"HAL回来了——但这次他是得力助手"。苹果最终确定的宣传标语是"都听你的"。科幻小说里很久以前就勾画出的世界似乎终于到来了。

Siri的声音性别在各个国家有所不同。在英国，Siri是位绅士，但在美国和澳大利亚，则是位淑女。澳大利亚Siri的配音者是卡伦·雅各布森（Karen Jacobsen），她住在曼哈顿，是一位演艺人员和配音演员。几年前，她曾为一家提供智能朗读服务的公司录音50个小时。在纽约北部的一家录音室，她读的手稿有一本电话簿那么厚，其中字母和数字就有一千多个。她也读了一些指令，比如"下一个十字路口左转。"

录制的目标是采集所有音节的各种组合，这样工程师就可以剪辑她的录音，组成任意句子。这项工作最困难的地方是读所有句子时，都要保持一种连贯而平稳的语速和语气。

"你让大脑进入录音状态，但这项工作非常累人，大脑会变成一团糨糊。"雅各布森回忆说。公司为了防止她录制时声音疲惫，每天的录制时间限制在4个小时以内。

雅各布森的声音被用于汽车GPS导航系统、电话语音邮件记录以及电梯语音提示之中。有时候她会在意想不到的时刻听到自己的声音。当她给某人打电话时，她会听到自己的声音提示她留下语音信息。在停车场的电梯中，她的声音会提醒道："您已到达第三层。"

但是她从未想过苹果会使用她的声音。她并不知道自己所服务的公司与另一家公司合并了，而那家公司恰好与苹果有业务合作。雅各布森自己并没有用过 iPhone，她在加利福尼亚州的一位女性朋友买来iPhone 后，在 Siri 的澳大利亚版本中听出了她的声音，才告诉了她。

"你确定吗？"雅各布森问道。

"我确定。我知道那是你。你的声音现在就在我的 iPhone 里。"

一天，雅各布森和丈夫穿着七十年代的服装去参加万圣节晚会，她在大中央车站看到一位陌生男子拿着一部 iPhone，终于没能忍住上前搭讪。

"我知道这或许听上去真的很奇怪，但是我认为那部手机里有我的声音。你介意给我们看看吗？"

确定无疑，她自己的声音回话了。

直到 2013 年 T-Mobile（跨国移动电话运营商，德国电信子公司）开始销售 iPhone 时，雅各布森才买了一部。不过在那之前，她就已经开始拿着其他人的手机玩 Siri 消遣了。

她最喜欢问的一个问题是："Siri，你会唱歌吗？"

"你不会喜欢的。"Siri 会用她的声音说。雅各布森是一位专业歌手，所以这一问一答似乎就成了她和 Siri 之间的圈内笑话（只有知情人才能听懂的笑话）。

美国版 Siri 的声音来自苏珊·班尼特（Susan Bennett），一位亚特兰大的配音天才。英国 Siri 的声音来自乔恩·布里格斯（Jon Briggs），在

《智者为王》(*The Weakest Link*，源自英国的电视游戏节目）的英文版本、诺基亚手机以及佳明卫星导航系统中都能听到他的声音。布里格斯是看到电视上演示iPhone的新功能时才发现英国Siri使用的是他的声音。

苹果从未联系过雅各布森，但是它曾要求布里格斯保密，尽管公司用他的声音每天卖出上千万部手机。

"并不是只关乎你一个人。"苹果告诉他。

但布里格斯还是说了出来。他从未与苹果签署任何合同，也就没有任何义务替公司保守秘密。

尽管Siri给出的承诺很新潮，但苹果的顾客很快就发现这个虚拟助理并不像他们想象的那样出色。Siri经常会答非所问或者胡言乱语。有时它并不理解人们的问题，尤其是当用户说话带有外国或地方口音时。网友在YouTube上分享了一系列视频，都是关于Siri的回答是如何让iPhone用户哭笑不得的。一位日本人询问Siri"工作"（work）的问题，但Siri却由于发音相似错听成"走路"（walk）、"墙"（wall）甚至"妈的"（fuck）。一位苏格兰用户让Siri建立一个"备忘录"（reminder），这也令Siri不解："我不知道你让我建立一个恐慌（alamain）是什么意思。"

亚拉巴马的《海湾报》(*Gulf Coast Newspapers*）刊登了一则幽默的专栏文章，叫作《我需要一个南方Siri》("I Need a Southern Siri")。这位记者抱怨说，每次她问Siri如何煮（boil）花生时，Siri都以为她想扔（bowl）什么。她问Siri如何制作油炸玉米饼（hush puppies），Siri

就会指引她去最近的一家兽医诊所。

很多用户都因为苹果的服务器问题不能正常使用Siri的各项功能，《华尔街日报》的一位专栏作家由此发文《苹果：Siri擅自离守，股价下跌》（"Apple：Siri Goes AWOL, Stock Dips"）。苹果的股票市值仅下降了百分之一，这很可能是由于一位分析师出于某些原因降低了苹果的投资级别，而与Siri没有任何关系。但是这次下降预示着重压将至。

大多数用户都不知道，其实Siri的研发者同样对苹果推出的这项功能表示不满。

Siri曾经是一个独立的iPhone软件。2003年非营利研究机构SRI国际组织的一个项目，希望能够开发软件协助军官处理公务，Siri正是在此时诞生。主要工程师之一亚当·奇耶看到了该技术的巨大潜能，特别是与智能手机结合之后的强大潜质。于是他与摩托罗拉前任经理德格·科特劳斯以及其他几个人合作，围绕这个想法共同研发。2008年年初他们获得850万美元的资金支持，打算建造一个能够快速理解问题意图且能给予最恰当回应的复杂系统。哈利·赛德勒是该系统的总语言主编，他曾是NASA（美国航空航天局）的用户界面建造师，现在负责创造Siri的理想世界及其幽默感。

"我们为Siri开发了一种幕后故事模式，以确保它所说的一切前后连贯，而要做到这一点，我们必须要回答这样的问题，比如，Siri是男人还是女人？它是人类还是机器，或者是机器人？它是苹果的员工吗？它与苹果的关系是什么？等等。"奇耶解释说。他拒绝详细介绍Siri的幕后故事，因为用户在提问过程中会找到线索，发现Siri的真实身份。

他们从未想把Siri的人格特征作为关注的焦点。这个项目是要为人们使用特定知识提供一种崭新的框架。大部分时候，用户当然可以和现在一样自己去查找信息，在谷歌上浏览或者手动查看电子邮箱。但是在其他很多情况下，用户要获得所需信息需要好几个步骤，会比较麻烦。比如，用户在iPhone上查看邮件时，必须先退出邮件应用，打开通话模式之后才能呼叫某人，而Siri只需要一个简单的指令"打给他"就能完成这项任务。

Siri这个名字是通过内部投票决定的。在挪威语中，这个单词的意思是"将你引向成功的美丽女子"；在斯瓦希里语中，它表示"秘密"。Siri还可以反过来拼写成Iris；Iris是Siri前辈的名字。

Siri与42家网站建立了合作关系，包括点评网站Yelp、订餐网站OpenTable和影评网站Rotten Tomatoes，通过Siri可以订餐、购买电影票或者打车。这项技术在不断完善和提升，Siri也变得越来越智能。Siri最早的一位粉丝是苹果的联合创始人斯蒂芬·沃兹尼亚克（Stephen Wozniak），他很高兴Siri可以说出加利福尼亚州五大湖的名称，并能够列举出大于87的质数。

在苹果收购这个项目之前，Siri并没有语音功能。用户可以通过语音或文本提问，但Siri只能以文本形式回答。开发者认为信息已经显示在屏幕上面，人们直接阅读肯定要比Siri读得快。

据科技博客（TechCrunch）推测，苹果购买Siri的协议价格应该在两亿美元左右。

苹果收购Siri之后，增加了一些新的功能，比如多语言环境以及说话能力。苹果使Siri与手机的融合也更为深入。Siri以前只是一种单纯的网络服务，只能在打开Siri应用程序后才能使用，而现在用户只要长按Home键就能够立即使用Siri了。

不过苹果也撤销了该技术的多种功能，仅保留了其原始框架。苹果去除了一些主要性能，包括输入文本进行提问的选项。这就极大地减少了能够为 Siri 提供解答的网站的数量。

现在，Siri 完全依靠并不完善的语音识别技术，即使它能正确理解一个问题，它回答问题所能使用的信息数量也大打折扣。

苹果对至简的追求也让事情变得更加困难。为了鼓励用户以 Siri 能够理解的方式提问，该产品曾经在激活后在屏幕上显示提问样本。苹果的用户交互小组坚持要让设计更加简洁，便把问题隐藏在一个很小的黑色"i"图标后，"i"代指"information"（信息）。这个很小的灰黑色图标配上黑色的背景后变得很不显眼，多数用户根本就发现不了。没有提问样本的指导，很多 iPhone 用户提出的问题都令 Siri 难以理解。

部分问题在于 Siri 由福斯托的手机软件团队负责，他们在类似 Siri 的技术方面并没有太多经验。这个团队善于秘密研发手机内部便于交互的操作系统，系统推出后便不会做太多改变。而 Siri 却完全不同。当用户向 Siri 提出问题后，用户声音的音频便会经由互联网被传送至数据中心，而后多个服务器会对问题进行解析，并将答案反馈给 Siri，最终由 Siri 读出。

iOS 系统只需少量工程师进行内部测试即可，而 Siri 则需要广泛而大量的测试，必须综合考虑各地口音、流量和可能提出的问题类型。然而，苹果的保密文化无法使它在推出 Siri 之前对软件进行充分测试，也就无法填补一些重大漏洞。这是苹果一直存在的问题，而对 Siri 这种软件来说，问题的后果则更加严重。

苹果犯下的最大错误或许是期望值过高。像 Siri 这样复杂的软件在刚推出时肯定无法做到尽善尽美。因为服务器要依靠大量的数据信息才能给出优质答案，所以这种软件在刚起步时只能达到一般水平，而随着不断的迅速完善则会做得越来越好。毫无疑问，苹果推出的Siri只是一个测试产品，仍处在测验阶段。但是对Siri的宣传却掩盖了该软件的试验性质。苹果没有告诉大众该软件仍然需要进一步开发，恰恰相反，他们把Siri宣传为一种iPhone内部的实用工具，具有无穷的智慧，还有一点俏皮。

后果不堪设想。苹果完全低估了Siri需要处理的问题数量，iPhone 4S上市后，服务器一度崩溃，数小时以后才得以修复。Siri正常运转时，给出的答案要么错得离谱，要么荒谬至极，令想要炫耀Siri功能的iPhone 4S用户感到非常失望。

当Siri不经意间涉足一些有争议的话题时，问题接踵而至。媒体一度热播Siri对于堕胎问题的答复。用户让Siri在曼哈顿找一个当地的堕胎诊所，它却回答说："对不起，我找不到任何堕胎诊所。"还有一位用户发现，若人们在华盛顿特区问相同的问题，Siri则会指给他们弗吉尼亚州和宾夕法尼亚州的反堕胎怀孕中心，而不是最近的计划生育中心。

后来，苹果才告知媒体Siri仍然是一款测试产品。"这些并不是有意过失，也不想冒犯任何人。"一位女新闻发言人说道，"这仅仅说明我们发现了提升的空间，我们还能做得更好，我们要把Siri从测试版提升为一款完善的产品，这也是我们接下来几周的任务。"

iPhone 4S上市后的几个星期，库比蒂诺的Siri办公室看上去就像一个战场。整个团队夜以继日地工作，竭力提高软件性能，并通过扩充服务器数量来应对巨大的流量。走廊中摆满了小型床铺，供事故排查人员稍事休息。

"Siri系统推出之前，开发者不可能准确预测几千万用户将会提出的请求。"奇耶为推出Siri一事辩护道，"你真的无能为力。但是，一旦系统投入使用，人们开始与它互动，Siri就会学到新的单词、短语、口音以及请求的种类。"他把Siri的发展过程比作建造一座复杂的工厂，所有的部件都是单独研制的，而现在却需要把它们拼凑在一起成为一个整体。从工程师的角度来看，尽管Siri存在很多问题，它仍不失为一个巨大的成功。苹果领先于各大竞争者，因为它不仅专注于硬件和软件，还在一路研发各种强大的服务。

尽管苹果为提升软件性能进行了强力闪击战，Siri仍然有很长的路要走。美国投资银行派杰的分析师吉恩·蒙斯特对Siri和谷歌的类似服务做了对比测评，结果给Siri的评分是D。他一共问了800个问题，Siri的理解率为83%，给出答案的准确率是62%。谷歌软件的理解率则为100%，答案的正确率达到86%。

半年后，Siri的答案准确率提升至77%，但蒙斯特只给它评了C。

苹果决意要让新版iPhone成为热门产品，便展开"电视营销战"，播放Siri与好莱坞名人说笑的广告。这些广告只是谎言，因为Siri还没有能力像在广告中那样交谈。其中一幕是马丁·斯科塞斯（Martin Scorsese，美国著名电影导演）在纽约乘出租车时与Siri的一段对话——很明显是在向他执导的电影《出租车司机》（*Taxi Driver*）致敬。

广告一开始，这位奥斯卡最佳导演乘车经过曼哈顿，拿起iPhone向Siri问道：

"今天我会过得怎么样？"

"今天又是忙碌的一天。"Siri答道。

"你确定吗？"

"是的。"Siri说，"我可不会胡说八道。"

"啊，好吧。"斯科塞斯说，"把我今天4点的行程推迟到明天。把我今天上午11点的行程推迟到下午2点。"

"好的，马丁。我已经调整好了。"

然后，斯科塞斯让Siri查看通往市中心的交通状况。

"这是现在的交通状况图。"Siri回答说，并在iPhone屏幕上显示了一张刚刚更新的实时交通图。

"太糟糕了。太糟糕了！"斯科塞斯用他那为人所熟悉的语调说道，"司机，抄近路，抄近路。我们走这条路永远也到不了市中心。"

广告最后，斯科塞斯说道："我很喜欢你，Siri，你是最佳拍档。"

Siri回应说："我会努力记住这个新词的。"

这组系列广告中还有塞缪尔·L.杰克逊、约翰·马尔科维奇和佐伊·德夏内尔，每一个广告都与苹果以前的风格不符。以前苹果从来不用各种名人和明星，因为它把自己的产品视为明星，或者用苹果内部的行话来说，产品才是真正的"英雄"。而现在，它却要依靠明星来体现iPhone的魅力。不仅如此，有些场景简直无法想象。

在德夏内尔参与拍摄的那一幕，她问Siri："外面是在下雨吗？"当时她就站在窗户附近，而且窗外很明显是在下着瓢泼大雨。

"或许让名人与Siri进行简单的交流是一种风尚。"《相约星期二》（*Tuesdays with Morrie*）的作者米奇·阿尔博姆写道，"但是如果你要问我的看法，那么我只能说，这种交流听上去蠢极了。"

那些广告只是进一步提高了大众的期望值。实际上，Siri无法给出如此精妙而准确的回答。广告商并没有事先告知开发者他们想要在广告中使用的对话，所以研发团队直到后来才训练Siri回答这种问题。次年3月，iPhone 4S的用户弗兰克·法西奥起诉苹果，控告Siri和广告中宣传的不一样。如果乔布斯还在苹果的话，一定不会出现这种问题，因为他在细节方面一丝不苟，从不允许出现偏差。

到2012年6月，苹果做出一些改进，并终于决定加入几个Siri之前就有的功能，包括订餐功能。但Siri的功能仍然不够充分，沃兹尼亚克还是很不满意。

"我会问'比87大的质数（prime numbers）有哪些？'接着它会给我提供肋排（prime rib）的信息。"他说，"很多人都会说Siri好棒。我会说Siri狗屎。"

Siri推出近一年以后，用户体验仍然很差。著名的美国速食连锁店"杰克盒子"拍摄了一则电视广告，摧毁了Siri存留的一切声誉。长着圆圆的脑袋，有一双蓝色豆豆眼，戴着黄色帽子的吉祥物杰克正在一家手机店试用一款手机的虚拟私人助理功能。这款手机的外观并不像iPhone，但广告无疑是在通过杰克和山寨Siri之间的荒谬对话嘲讽苹果。

"最近的杰克盒子在哪里？"杰克问道。

"我找到4个卖袜子的地方。"一个数字声音说道。

"不是袜子，是杰克盒子。"

这个克隆Siri仍然没弄明白。

"牦牛，"她说，"是一种毛发很长的牛科动物。"

"这倒不假。"售货员插话道。

"我喜欢有用的东西。"杰克说着，走出去买了一个汉堡包。"就像我那绝非毫无意义的杰克套餐，所有美国人都在吃。"

"听上去很好吃（delish）呢！"售货员说道。

"我在附近发现一位被评为D级（D-list）的名人。"Siri说道。

这则广告使苹果的时尚形象大打折扣。从某种程度上来说，这则广告带来的影响要比竞争对手的广告更加恶劣，因为抨击来自完全不相干的行业。攻击苹果纯粹是为了娱乐大众。

但在那个时候，很多Siri的开发者都已陆续离开苹果。

Siri自推出就磕磕绊绊并不是蒂姆·库克的错。iPhone 4S上市时，他还没有正式接管公司。但是这些问题暴露了苹果运转方式存在的缺陷，也让这位新任领袖意识到挑战的重大性。它也似乎证明了没有乔布斯，发展就可能无法延续。

如果Siri团队最初不相信苹果与他们有着相同的愿景，他们就不会同意收购一事。斯科特·福斯托是Siri项目的负责人，开始时乔布斯密切关注并参与其中，极力支持Siri团队。按照最初的设想，Siri应该要从根本上改变人们处理信息和执行任务的方式。但是随着乔布斯的病情越来越严重，他在最后几个月离开了这个项目，Siri便完全迷失了方向。Siri团队是通过收购进入苹果的，他们发现很难融入公司之中，因为苹果的公司文化极度排外，所以在与公司内部人员争论时，他们很少胜出。福斯托接手Siri项目以后，整个团队进一步被孤立。对这位执行官争议太大，以至于福斯托小组之外的部分人甚至不愿与Siri有任何联系。人们原本期待一位得力干将能够扭转局势，而现在希望破灭了，只剩下各种天花乱坠的广告。

对于Siri在乔布斯的领导下是否会更加完善，人们有不同看法。乔布斯在其事业道路上也曾犯过几个错误。除了NeXT电脑公司推出的每一款产品之外，他负责的项目还包括方形立体电脑以及苹果起居室装置，他把这些产品称为"业余爱好"。用互联网支撑的复杂软件从来都不是乔布斯的强项。MobileMe是苹果在网络同步和存储服务方面的第一次尝试，事实证明这就是一场灾难，因为用户无法完成注册，也就无法从中获取他们想要的数据。乔布斯曾称之为"一个错误"，他承认这项服务需要更多的时间和测试来完善。iCloud则是苹果重蹈覆辙之举。尽管iCloud与MobileMe相比更加完善，但仍然存在很多漏洞。iTunes做得倒是比较成功，不过把一种小型服务逐渐做大确实要简单很多。因此，一开始就把Siri提供给几百万顾客就像打开消防水带一样，一发不可收拾。

然而，即使乔布斯一路为Siri亮绿灯，把像Siri这种仍待改进的功能作为一款新设备的宣传重点（特别是在广告中）还是违背了他的初衷。谷歌可能会推出仍未完成的应用，因为他们需要依靠用户的反馈来做改进。但苹果却不能那么做。因为顾客要求苹果做到尽善尽美。

看着苹果一次又一次地改变世界，大众期待苹果继续创造出更多神奇的新设备。很多年来，苹果都满足了他们的愿望。但是这一系列成功让苹果更难超越自我，特别是离开了乔布斯的"现实扭曲力场"以后。

苹果发展到这个阶段，库克的领导方式或许能够带来希望。乔布斯打造了灵活而大胆的公司文化，曾一度造成非常混乱的局面。项目会突然改变方向，对手之间相互竞争，公司员工被迫为了工作放弃生活，一切都是为了制造出世界上最好的产品。工作狂乔布斯曾紧急召回在度假的执行官，解决一个又一个问题。这种领导方式让他们坐立不安。

这种文化展现出巨大的压力。公司需要库克高度的务实作风和完美的组织能力。

"就日常业务而言，他比史蒂夫做得更好。"库克刚上任不久，苹果的前任软件主管阿维·泰瓦尼安评价道，他与这两位CEO都有合作。"他比史蒂夫更懂得如何去做一位优秀的执行官。"

库克是一位既有条理又高效的CEO。乔布斯似乎总依靠直觉做出决策，库克则不同，他要求看到项目成本和利润的具体数字。他希望团队能够严格按照预算来执行项目。项目经理拥有比以往更大的权力。

这种具有高度组织性的规划令那些从未与库克一起工作过的人感到十分震惊。有一次，一位主管去找库克，请他过目网上苹果商店iPad应用的计划书，然而库克却接二连三地提出细节问题，并询问各个方面的具体支出，这种场景对运营团队的人来说已经习以为常了。这位主管无法给出令人满意的回答，他的新上司便严厉地批评他。

"难道你不觉得你在来找我之前就应该把这种事情弄清楚吗？"库克平静地问道，主管吓得浑身发抖。

乔布斯喜欢各部门单独运作，而库克则重视团队合作。在库克的领导下，管理团队开始转变合作方式。除了艾夫之外，机智友善型的库埃和苹果新任Mac软件主管克雷格·费德里吉都对这种方式表示尊重。以往席勒经常对管理团队的其他成员大吼大叫，如今也有所收敛，变得心平气和。尽管有人推测席勒可能会抵抗库克的领导，但实际情况是，这位市场主管很快适应并担负起更多责任。乔布斯总是一头扎进他感兴趣的事情之中，库克则不同，他会给予各部门更多自由，让他们按照自己认为最好的方式运作。

4月，库克召开了其升任CEO以来的第一次"100强大会"。地点和上次一样，也选在卡梅尔山谷农场。从邀请函发放的方式，到执行官乘坐的专用巴士，整个流程都严格按照传统进行。

议程表上有一项是介绍乔布斯在库比蒂诺市议会上最后一次露面时宣传的形似宇宙飞船的总部新址。库克向与会者展示了一个模型，这样他们就能够清晰地看到兼具开放及私人会议地点为一体的完整布局。

"100强大会"结束后，每个人都有所感悟和启发。

"我真的惊呆了。"一位参会的执行官说道，"过去，每个人演讲时都会被打断。乔布斯会说'你全搞错了。让我来告诉你到底是怎么回事'。蒂姆却没有那么做。我感受到更多信任，觉得公司更加开放。我真的太激动了。我的天啊，我们都没有像以前那样吓得心跳停止。"

库克上任后的几个月内，苹果的投资者都被他的领导方式打动了。乔布斯几乎从未注意过他们，而库克则不同。当上CEO以后，他仍然继续参加与各大分析师召开的季度电话会议，讨论收益问题。2012年2月，他还出席了高盛（Goldman Sachs）投资公司的技术与网络会议，并在会上就苹果未来的发展机遇与中国的劳工情况给出回应。

那年春天，他还会见了由花旗银行（Citibank）、派杰投资银行和其他公司的研究分析员领导组织的投资访问团。在5月的一次会面中，库克与30位投资者挤在一间狭窄的会议室里讨论了45分钟。会议提供的点心也不过是饼干、白水和苏打饮料，但投资者却异常兴奋，因为库克在回答问题时提供了比以往更多的背景信息和细节。通常，这些会议由2~3位资深执行官出席——首席财务官彼得·奥本海默，以及库埃或者席勒。库克偶尔会以首席运营官的身份参与进来，而乔布斯从未参加过。

但是，并不是每个人都喜欢库克的方式。尽管库克带来的许多改变都让苹果变得更加秩序井然，但是这些变化也被视为墨守成规的标志。显而易见，很多人都非常怀念从前那灵活多变的日子。

怀疑主义者马上就开始抒发对苹果未来的担忧，特别是在Siri遭遇惨败之后。福雷斯特研究（Forrester Research）公司的CEO乔治·克鲁尼是影响力最大的评论家之一，他发表博客赤裸裸地指出苹果帝国将会倒塌。

"如果没有一位魅力非凡的新领导，它就会从一家伟大的公司蜕化为一家还不错的公司，收入增长率和产品创新率都会同步降低。"克鲁尼写道，"就像索尼（盛田昭夫离开之后）、宝丽来（兰德离开之后）、1985年的苹果（乔布斯离开之后）和迪士尼（迪士尼离开后20年）一样，苹果也会走下坡路。"

自始至终，帝王的幽灵仍在四处徘徊。乔布斯的标志性照片——介绍Macintosh计算机，展示MacBook Air笔记本电脑——现在都在苹果总裁简介中心的墙上挂着。日复一日，他始终向外凝视，默默地审视着库克及其团队的一举一动，看他们如何与对手竞争，看他们如何犯错，以及公司如何不可避免地走向衰退。尽管有很多问题都是乔布斯自己造成的，但这已无关紧要。现在指出他们逝去的领导者才是罪魁祸首，说他只顾享受全世界对他伟大想象的赞美，而忽视那些会危及创造的种种危机，根本就毫无意义。因为他的灵魂所在的地方听不到责备，也不受任何责任束缚，那是一个人类的困惑与纷乱所无法触及的地方。

他的继任者们此刻则被困在地球上。

10

来自安卓阵营的对抗

两个工业巨头正处在世界大战的边缘。几个月以来，他们的领导者与首席律师不停往返于太平洋两岸，在云端之上一边冷静地分析彼此的辩词，一边对比两种对策的可行性：是让他们之间隐约可见的战争爆发，还是应该极力避免战争。赌注高得难以想象，包括数十亿美元，以及未来人类通信的主导权。

2010年年中，乔布斯与库克在苹果库比蒂诺的办公室接见了三星总裁李在镕。这家韩国电子公司刚刚发布了一款智能手机，外观与iPhone 3GS惊人得相似，都有可触控的大屏幕和金属边框。更严重的是，这款手机的用户界面也和iPhone几乎一模一样——小到日历、时钟和应用程序的设计。屏幕首页上排满了与iPhone相似的方形图标。苹果的诸位执行官警告李，让他立即停止复制苹果产品。

之后半年中，两位巨人不断磋商、调解，进行了一系列和平谈话，希望能够避免战线很长的法律战争。第一次峰会结束后不久，苹果的法律总顾问和首席专利律师专程飞往韩国展开正式交涉。他们与三星之间的问题有两个。苹果声称三星Galaxy S手机及其包装都和iPhone过于相似，另外，三星使用的谷歌安卓操作系统中包含苹果的专利技术，而谷歌并未得到苹果的许可。苹果交给他们一份长达67页的报告，上面详细列举了Galaxy系列手机侵犯其专利权的各种细节。作为解决方案，苹果要求三星改变手机的部分外观设计，并取得苹果的技术授权。

三星则不甘示弱。他们拒绝承认设计中的相似之处，并反过来指责苹果侵犯了他们的知识产权。为了解决这一争端，三星建议双方达成交互授权协议，互不干涉对方的知识产权使用。

之后双方又举行了几次会议，但都无疾而终。9 月，三星在欧洲的贸易展销会上发布平板电脑 Galaxy Tab。随后，苹果提议，以每部手机30 美元、每部平板电脑 40 美元的价格进行专利授权，与三星交互授权后可优惠 20%。到 2010 年，三星应付总价达到 2.5 亿美元。

三星完全无视该提议。之后双方在韩国再次见面时，三星按照自身的利益重新计算。他们宣称苹果应付钱给三星，而不是三星欠苹果钱。在讨论中，三星的法律团队给出各种各样的信息。他们拒绝公开让步，但在午餐期间的一次非正式谈话中，他们暗示有意进行协商。几个月来，苹果一直相信三星阵营最终能够制定出一条合适的解决方案，让双方避免法庭对峙。

但是，三星在次年 2 月推出的平板电脑 Galaxy Tab 10.1，让苹果的所有希望瞬间破灭。这款新型平板电脑与 iPad 更加相似。似乎只要不是被迫撤退，三星就会不断挑战苹果的忍耐极限。

战争拉开帷幕。

作为一个刚刚成长起来的巨头，同时也是世界上最有价值的技术公司，苹果卷入了全球各地的法律纷争。

在过去规模还比较小的时候，苹果可以低调而秘密地处理这种事情，并用那些突破性的产品震惊整个行业。从前的方法简单直接——公司所要做的就是集中精力，竭尽所能生产出最好的产品。但现在这已经远远不够了。每一次成功之后，苹果想要挖掘新的领域、实现新的革新就会变得愈发困难。技术已经聚合，也就是说，竞争对手日渐壮大。如今，苹果的对手不仅包括电脑、软件和音乐设备制造商，还包括手机制造商和网络巨头，比如谷歌和脸书。

在这种时候，苹果本该运用各种优势保持领先地位，但实际上，它能做的事情远比过去少得多。现在这家公司是一只重达 800 磅的金刚，曾经最具攻击力的战术已然不再适用。

相关的一个例证是苹果努力进入的电子书市场，这个领域曾一度被苹果忽视。回想 2008 年 1 月，乔布斯曾对出版业不屑一顾。

"产品是好是坏都无关紧要，重点是人们已经不再读书了。"他说道，"去年在美国，有 40% 的人一年只读一本书，甚至一本都不读。这个想法从一开始就错了，因为人们不再读书了。"

和往常一样，乔布斯一遇到新的机会就表示反对。阅读是 iPad 最常用的功能之一。他不会把电子书业务转交给亚马逊或是巴诺书店，所以他必须自己创造一家书店。但问题是：苹果喜欢制定规则。但与它当初开设 iTunes 商店的情况不同，这一次苹果进入的是一个已经建立并趋向成熟的市场。经营模式也已经形成，和实体书店的运作方式相似。零售商批发大量书籍，而后自行定价。亚马逊推出 Kindle 阅读器两年后，线上书店以低价策略统治了整个市场，其他书店都无法与之抗衡。为了在电子书和电子阅读器方面获得更大的市场份额，这位网络巨头从出版商那里以每本 13 美元的价格购入刚出版的书籍，再以 9.99 美元的价格出售。这对苹果来说难以接受，因为它一贯坚持要获得 30% 的稳健收益。

为了增加业务利润，苹果必须与出版社合作。出版业六大巨头——阿歇特出版集团（Hachette Book Group）、哈珀柯林斯（Harper Collins）、麦克米伦（Macmillan）、企鹅出版集团（Penguin Group）、西蒙与舒斯特出版公司和兰登书屋（Random House）——都愿意了解苹果的方案，因为他们越发担心亚马逊会对出版市场造成破坏。亚马逊出售的电子书内容与纸质版本相同，每本纸质书价格为 25 美元甚至更高，而电子书价格低至 4 折甚至更低。如果该低价政策成为主流，那么电子书很有可能会完全取代纸质图书，对一个原本就利润微薄、难以为继的行业来说，其影响是毁灭性的。

苹果公司提出的解决方案如下：苹果公司准许出版商为电子书店中的图书定价，价格从 12.99 美元到 16.99 美元不等，出版商则要向苹果公司交付 30% 的佣金。他们将其称为"代理模型"，这对苹果公司和出版商来说都不失为一个双赢之策。

"是的，顾客需要多付一点钱。"根据乔布斯在艾萨克森所写传记中的一则语录，苹果公司对出版商如是说，"但无论如何，这就是你们想要的。"

协议最精彩的地方在于苹果公司获得了最惠待遇，可以进一步保护自身利益。最惠条款规定，出版商应降低苹果书店中的图书零售价格，提供业内同种图书的最低价格。乔布斯骄傲地将此举称为"借力使力"。

为了达成协议，乔布斯指派埃迪·库埃全权负责。库埃去了 3 次纽约，打了无数电话，还写了无数封邮件争取出版商，并向他们保证每一家都会获得同样的交易额。乔布斯本人也参与了一些交易的谈判。

"我们只是单纯地认为，假若电子书的定价超过 12.99 美元或者 14.99 美元，电子书市场就做不下去。"乔布斯在写给新闻集团（News

Corporation，哈珀科林斯出版公司的总公司）主管詹姆斯·默多克的信中说道，"亚马逊的电子书只卖 9.99 美元，或许他们是对的呢？或许我们只卖 12.99 美元也没人买呢？天知道！但是我们仍然愿意放手试试我们提议的价格。"

乔布斯写道，哈珀科林斯公司可以选择"与苹果一起放手一搏"，也可以"在亚马逊只卖 9.99 美元而继续运营下去"，还可以"让自己获得某些图书的专营权"。

在信的结尾，他写道："或许我遗漏了其他一些选项，但是我不认为还有其他可行的选择。你觉得呢？"

在这些秘密的会谈之中，苹果公司获得了意想不到的宣传和提升。出版商知道亚马逊正忙着在纽约会见著名的作家和著作经纪人，讨论亚马逊出版公司最新的自营电子出版项目。在会谈中，亚马逊小心翼翼地指出自己无意与出版商竞争。它的关注点在于哪些作品的作者保留了电子出版的权利，并许诺会提供 50%~70% 的版税，这是一般出版商所提供版税的两倍以上。很可能是这一声明扭转了局势。亚马逊不仅使出版商的图书贬值了，还似乎要把出版商赶出市场。之后几天，6 家最大的出版商中有 5 家同意了苹果公司的提议。企鹅出版公司的 CEO 大卫·尚克斯对亚马逊的作为尤为愤怒。

"现在我更加坚信我们需要一个比亚马逊更可靠的合作伙伴了，否则这种荒唐的事情还会继续，并且会愈演愈烈。"他说道。唯一没有与苹果公司签订协议的是兰登书屋集团公司，因为他们表示不相信苹果公司提出的协议有利可寻。

2010 年 1 月，苹果在 iPad 发布会上首次向公众推出 iBookstore（苹果线上书店）。同年 4 月，亚马逊也采用了该代理模型。但是出版商的胜利只是昙花一现，因为他们的做法引起了监管机构的严密监视。iBookstore面市几个月以后，得克萨斯州的司法部长对苹果与出版商之间的合作关系展开调查。8月，康涅狄格州的司法部长公开了对其代理定价协议的初步审查报告。美国司法部在对苹果的音乐和软件业务展开调查以后，也开始审查苹果的出版协议。一年后，一家顾客权益公司对苹果和出版商提出集体诉讼，声称他们的行为导致整个行业的产品价格增加。随后，欧盟委员会介入调查，并又出现了十几起集体诉讼。

2012 年 4 月 11 日，司法部以及 33 个州和地区起诉苹果和最初与之订立协议的 5 家出版商。

对政府而言，苹果的代理模型只是一个单纯的价格垄断案例。司法部在长达 36 页的报告中详细列出各方通过邮件、备忘录和电话进行所谓"共谋"的证据。协议签订期间，5 家出版社的CEO之间至少打了 56 通电话。

阿歇特图书集团、西蒙与舒斯特出版公司和哈珀柯林斯用了数周时间与司法部协调，最终与司法部和各州达成协议。麦克米伦和企鹅出版集团最初持对抗态度，但后来也达成协议。5 家出版商均不承认参与任何非法行为。苹果与往日一样桀骜不驯，在一则声明中表明姿态："我们在 2010 年推出的 iBookstore，既推进了革新，又促成了竞争，打破了亚马逊对出版业的垄断。"法庭档案记录，苹果称它刚刚涉足出版行业，无力改变政府制定的框架。审判安排在 2013 年 6 月。

这种做法——大胆攻破一个崭新的领域，而后在保卫这个领域时要么全面推进，要么全身而退——一直以来都是苹果的经典模式。但是在电子书一案中，其勃勃野心完全被记录在数封邮件之中，所以继续坚称自己无罪就有些脱离实际了。权宜之计是尽快签订协议结案，特别是处于目前的局势——司法部若想搞垮苹果，简直比碾死一只蚂蚁还简单。或许苹果只需放弃代理协议两年，放弃最惠待遇 5 年，就像出版商向司法部承诺的一样。那些集体诉讼也是个问题，但是与苹果手中的数十亿资金相比，任何赔偿都微不足道。

苹果确信司法部动机单纯，其行为也不会对公司造成任何破坏性影响，便没有签订任何协议。苹果不会承认它被当场抓获。取而代之，它在自己背上画了一个靶心。

"他们在电子书一案中的行为让自己变成了更大的目标。"参与该案件的司法部前任官员评论道，"轻微的处罚原本是再平常不过的事情，而他们却让自己上了头条。"

苹果计划重新塑造电子出版业之时，也受到了来自手机行业的竞争对手的攻击，他们都想从苹果那里分一杯羹。

第一个瞄准苹果的是诺基亚。这家芬兰手机制造商曾经是该领域的开拓者与统治者，如今却在生存边缘苦苦挣扎。诺基亚最先研发出很多核心技术，并曾在 20 世纪末、21 世纪初，以其标志性的条形糖果状手机在手机市场中独领风骚。但很快不敌黑莓与苹果。诺基亚的诸位执行官决意要弄清楚，苹果是否至少支付了其技术专利使用费。

2009 年 10 月 22 日，诺基亚起诉苹果，声称苹果侵犯了其在手机与无线网连接方面的 10 项专利权。

"苹果试图免费使用诺基亚的创新成果。"诺基亚的首席知识产权顾问控诉道。

7 周后，苹果开始反击，控诉诺基亚侵犯了苹果的 13 项专利权。"其他公司必须要创造出自己的技术来与我们竞争，而不是偷窃我们的技术。"苹果的法律总顾问说道。

这起纠纷背后是一个复杂而不甚完善的专利体系。各国的专利法均不相同，无法跨国执行。在美国，专利所有者享有的专利权期限为 20 年，该年限的设定基于一种复杂的计算公式，要考虑应用类型、签发日期，甚至包括维护费用的及时支付。在专利权期间，专利所有人可以对外授权，或者阻止竞争者销售相似的产品。目的很简单：促进革新。

但计算机时代来临后，技术革新变得越发复杂，各种项目之间界限模糊，很难说清哪种项目受法律保护，哪种不受保护。传统意义上的专利只涵盖具体的技术，不包括抽象的概念。然而在软件领域，概念与技术之间的界限更加模糊。美国的专利法律允许为宽泛的概念申请专利，包括基本数学等式。

结果，各大公司争相为各种事物申请专利——硬件或者软件——只要感觉可以视为一种发明就去申请，于是他们的每一件产品背后都有一大堆专利保护。公司可以利用其专利权迫使可能违规的公司支付一笔巨额授权使用费，也可以要求他们不得在产品中使用该专利技术。这就让各大公司认为他们必须全副武装，才能无所畏惧地正常运营。于是，专利申请愈演愈烈，造成专利爆炸的局面。这种专利体系不仅没有促进革新，反倒扼杀了革新。

那些大公司为了应对这种情况，便纷纷投入大规模的专利筹备战中。如此一来，如果他们侵犯了其他公司的专利权，那么对方公司很可能也侵犯了他们的某些专利权。他们可以通过支付合理的授权使用费或者达成交互授权协议来解决纠纷。2011年，谷歌以130亿美元的价格收购摩托罗拉，部分原因就在于它拥有的专利太少。

问题是，这些公司都不愿让步达成协议，因为它们都希望占据上风。行业内竞争越激烈，赌注越高，利润也就越大。

在苹果和诺基亚之间，后者在移动技术方面享有明显的优势，它在数十年前就已拥有大量相关专利，而苹果几年前才开始进入手机行业。诺基亚的专利数量是苹果的5倍之多。诺基亚并不指望把苹果搞垮，它只要求苹果为其开发的专利技术付使用费，就像其他公司要求的那样。然而，苹果就是苹果，不经一战，决不妥协。

情况也可能会改变，因为苹果现在正置身于与多个对手的战斗之中。那些冲突的规模太宏大了，在这些冲突面前，苹果与诺基亚之间的纠纷有种沧海一粟的感觉。真正的敌人是安卓。

安卓背后的哲学恰好与苹果完全对立。该操作系统的开发商谷歌推崇开源软件（Open-source Software），这类软件的源码——软件的基本蓝图——对所有人免费开放。也就是说，谷歌对外免费提供安卓系统。设备制造商若要使用安卓商标和相关应用，必须遵从谷歌要求的特定标准，不过这些公司可以依据自身需要自行修改软件。如此一来，生产商制造触屏移动设备就变得相对容易了许多。

早在安卓系统面市很久之前，苹果就已对它有所耳闻，但起初乔布斯并没把它当回事儿。2007年年末，该操作系统推出时并没有引起多大轰动，因为谷歌执行官的重点是以该软件为核心结成联盟，而不是软件本身。台湾手机生产商HTC（宏达电子）打算生产第一台使用安卓系统的手机，谷歌不仅不收钱，反而倒贴几百万以示鼓励。谷歌的 CEO 埃里克·施密特以及谷歌的创始人谢尔盖·布林和拉里·佩奇都故意在乔布斯面前对安卓轻描淡写，并向他保证他们不会与 iPhone 竞争。

"我相信我与这几个人的关系还是不错的，他们告诉我的肯定是事实。"乔布斯曾对一位同事说。

第一款安卓手机"梦想"（the Dream）用起来非常迟钝，也缺少很多重要功能，比如像样的音乐播放器和稳健的应用市场，但是安卓开始获得了一些手机行业巨头的关注，包括摩托罗拉和三星在内的很多公司都与谷歌签订协议，准备以此与 iPhone 竞争。这些公司获得了那些没有与苹果签订销售协议的手机运营商的支持。乔布斯看到安卓的一些功能越来越接近 iPhone，愈加愤怒。他觉得自己遭到了背叛，因为施密特曾是苹果的董事会成员，并且这两家公司曾经在 iPhone 的核心功能方面有过密切合作。

数年来，苹果和谷歌在全球技术市场统领不同的领域，彼此相安无事。苹果研发电脑和日常电子设备，谷歌则负责开发搜索引擎。但是双方之间的摩擦也越来越多，因为双方都希望能够掌控数字信息以及用户获取这些内容所用到的设备和软件。

这两家公司争相收购硅谷中的创业公司，以丰富自己的产品系列。苹果原准备以 8 500 万美元的价格收购 La La Media 媒体公司，但谷歌抢先一步，匆匆忙忙地收购了这家线上音乐公司。同样，在谷歌打算以 7.5 亿美元收购移动广告公司 AdMob（动广告）之前，苹果也先下手为强了。

2010 年 1 月初，谷歌与 HTC 合作，推出了第一款品牌手机 Nexus

One，苹果和谷歌的紧张关系升至顶点。

"在 Nexus One 中，手机与网络完美结合。"一位安卓的执行官在新闻发布会上宣称，"它让人们知道手机的潜能有多大。它是一种新型手机，我们称之为超级手机。"

该手机用到的手势包括轻点、捏拉缩放和双击。乔布斯认为这些手势是苹果的原创。谷歌团队相信苹果不可能对这些功能进行法律控诉，因为有充分证据表明其他公司之前也研发出了相似的技术。

乔布斯一忍再忍。推出 iPad 之后不久，在大礼堂召开的一次内部会议上，他终于爆发了。按照惯例，重大产品发布会结束后，苹果 CEO 要出席另一场会议为员工答疑解惑。然而这一次，当有人就谷歌一事提问时，他咆哮着倾泻对安卓和谷歌的不满，令人望而生畏。

"我们没有涉足搜索引擎行业，他们却踏入手机行业。"他说，"毫无疑问，他们想搞垮 iPhone，我们是不会让他们得逞的[1]。"

乔布斯盛怒不已，有人想转移话题他也全然不顾，继续发泄。

"我想回到刚才那个话题上再说一点。"他说，"'不作恶'简直就是胡说八道[2]。"乔布斯指的是谷歌著名的公司理念。"不作恶"宣言来自谷歌 2004 年首次公开发售证券时记在档案中的一段话："我们坚信，从长远来看，我们——作为股东和其他身份——会得到更好的回馈，因为我们即便放弃一些眼前的利益，也要为世界做善事。这是我们的文化中

---

[1]　这则引言有争议，"大胆的火球"（Daring Fireball）网站报道乔布斯的话实际是："谷歌的团队想要搞垮我们。"本书选择了《连线》杂志的说法，以为该杂志对整场会议的记录最全面。——作者注

[2]　《连线》杂志的记录是"这个不作恶的宣言：纯粹是胡说八道"，但是该杂志后来进行了更新，指出有人指正引言记录。记者便采用更改后的版本，也与"大胆的火球"网站的说法一致。——作者注

非常重要的一部分，在公司内部得到了高度认可。"

乔布斯在大礼堂会议中向员工保证，苹果计划进行强力升级，安卓永远也无法赶超。他把下一代手机iPhone 4定位为"A+"级别的升级。

那天他没有告诉员工的是，他打算起诉HTC侵犯苹果的20项专利权。

苹果推出第一代iPhone时，乔布斯就给所有想抄袭这款手机的人发出警告。"过去几年，我们疯狂地研发这部手机，我们为这部手机的所有发明申请了超过200项专利。"他说，"我们决意保护这些专利。"

苹果不是在虚张声势。Nexus One发售两个月后，苹果分别向美国国际贸易委员会和美国特拉华州地方法院提起诉讼。

"我们可以坐视不管，任凭竞争对手偷窃我们的专利产品，我们也可以就此采取行动。"乔布斯声明，"我们决定对此采取行动。"

媒体推测HTC无疑只是苹果对付谷歌的一枚棋子。尽管苹果很想直接起诉谷歌，但它不能那么做，因为谷歌没有从那款软件中获利，立案就非常困难。那个周末，乔布斯与艾萨克森促膝交谈时，一直在愤怒地批评谷歌。"我们在诉讼中会说，'谷歌，你抄袭iPhone，欺骗我们'。"他说，还把谷歌称为"大骗子"。

"如果需要的话，我会用尽最后一口气，花光苹果账户上的400亿美元，来纠正这个错误。我要摧毁安卓，因为它是个偷来的产品。我愿意为此发动热核战争。他们怕得要死，因为他们知道自己有罪。除了搜索引擎之外，谷歌的所有产品——安卓、谷歌文档——都是垃圾。"他说。

艾萨克森回忆说，这是两人认识以来乔布斯最为愤怒的一次。

月底，乔布斯在Calafia咖啡馆与谷歌总裁埃里克·施密特见面，那是乔布斯最喜欢的一家咖啡馆，咖啡馆的老板以前在帕洛奥图的谷歌做主厨。

两人很快便聊到安卓与苹果相似的用户界面设计。"你们被我们逮了个正着。"乔布斯对施密特说，再次指控谷歌抄袭。"我对和解没兴趣。我不想要你的钱，即便你给我50亿美元我也不要。我有的是钱。我只要你们停止在安卓中使用我们的创意，我要求的就这么多。"

施密特不同意他的说法。安卓在2003年就面世了，当时还没有iPhone，谷歌也是几年之后才收购的安卓。安卓的创造属于它自己。

并不是所有谈话内容都那么咄咄逼人。在两位CEO交谈的过程中，有人经过时听到乔布斯热情地对施密特说："他们终归会看到它，谁会去关心是如何得到它的呢。"这个人猜测他们应该是在谈网站内容。他偷拍了一些乔布斯与施密特交谈的照片，但被人注意到了。"我们去更加隐秘的地方讨论这件事吧。"有人听到乔布斯这样建议，而后两人离开了咖啡馆。

两人会面的照片在网上传开以后，读者和记者都认为那只是炒作而已。

这次诉讼完全是情感的迸发。乔布斯之前就有过受骗的经历，20世纪80年代，微软公司开发出一种用户界面与苹果电脑极为相似的操作系统并对外授权，瞬间获得了电脑业的龙头地位。该事件在一定程度上解释了苹果这次对其专利产品如此小心翼翼的原因。苹果很有可能会像上次那样失去领先地位，只不过是在另一个领域，换了另外一个对手。这一次，乔布斯决意要以不同的结局告终。安卓带来的威胁渐渐逼近，苹果也已做好充分准备迎战。

现在的问题是那些改变未来移动通信的革新产品归谁所有。苹果的专利覆盖了iPhone特有的一系列设计和技术，从核心功能到产品外观设计，再到手机的使用方式。其中一个是"橡皮筋"（rubber band）专利，用户将屏幕上的内容拖到底端时，这些图标会自动弹回去。如果没有这种技术，屏幕就失去了滚动功能，变得非常笨拙。尽管这个功能看上去并没什么重大意义，但它却是乔布斯最喜欢的一项专利技术。乔布斯当初投入手机研发完全是受到这项功能的启发。他把这种独特的流畅操作视为苹果独有外观和体验的一部分，因此当他发现竞争对手争相模仿这种功能时，火冒三丈。针对iPhone和iPad的圆角矩形外观、整片玻璃屏幕和Home主键，苹果也申请了设计专利。

苹果决心要击垮那些它认为偷窃了iPhone突破性技术的竞争对手。HTC是苹果的第一个目标，以HTC为目标极富战略意义。该公司相对来说比较年轻，在专利保护方面做得比较薄弱，因而无力对苹果进行反诉。同时，苹果和HTC之间没有重大的业务关系，在这场"格杀勿论"的战争中彼此都不会受到太大影响。苹果没有理由退缩，它的律师可以展开任意攻击，想要多残忍就能多残忍。如果他们能够打败HTC，那么苹果在对付其他对手时，就有先例可循。

然而，苹果与诺基亚之间的持续战争使之不得不放慢脚步。苹果同时卷入两场战争，就使得法院可以同时处理两个案子，这不仅使案子进度进一步放慢，也让HTC有机会学习诺基亚的辩护技巧。

6个月后，苹果又陷入一起专利纠纷。苹果与安卓手机制造商的斗争持续升温，摩托罗拉也跟着起诉苹果，说它侵犯了18项专利权。几周后，苹果反诉摩托罗拉。

现在苹果卷入了 3 个领域的纠纷，并且战争没有任何减缓的趋势。工业调研公司预测，安卓会继续高速发展，并将在 2011 年超过苹果的市场份额。打头阵的并不是 HTC 或者摩托罗拉，而是三星，这家韩国电子公司雄心勃勃，试图占领全球市场。

第一代苹果面市的当天晚上，几十位来自三星的访问设计师正在旧金山一家叫作涩谷（Hanuri）的韩国烤肉店吃饭，一位朋友赶来向他们展示这款手机。手机被锁定了，所以设计师们看不到主界面，也无法打开任何应用。但这并不重要。他们被手机圆润的外观以及优雅而简洁的屏幕触控体验震惊了。他们一遍又一遍地滑动屏幕，"哦——""啊——"个不停。他们从未见过这样的产品。

和全世界其他人一样，三星的执行官与设计师都对 iPhone 惊叹不已，他们想制造出类似的东西。一直以来，各大公司都竞相生产类似的产品。如果一家公司凭借一款稍有不同的产品获得巨大成功，其他公司就会立即模仿这款产品，并对其做不同程度的改进。这就是那些小公司挤进食物链的方法。三星亦是如此。这家公司有很多杰出的工程师和设计师，从来都不缺乏天才的想法。但是他们的主要任务是寻找市场的主流产品，并让工程师集中精力进一步完善这些产品。他们的惯用伎俩之一是通过其制造才能和与客户的密切联系，迅速模仿并赶超对手。摩托罗拉的 Razr（刀锋系列）手机风行之际，三星的执行官曾要求工程师研发一款类似的手机，甚至比 Razr 更轻薄，以此超越摩托罗拉。他们对待 iPhone 也是如此。

　　对三星来说，从对手那里得到启发并没有什么错。从古至今所有公司都是从彼此的产品中获得前行动力的。

　　三星推出第一款酷似iPhone的手机Galaxy S时，苹果感到非常棘手。与HTC不同，三星是一个强大的竞争对手，它是一家受李氏家族掌控的大型跨国联合企业，拥有几近无限的资源和无数分公司，业务领域从电子产品到重工业，再到人寿保险，无所不包。2010年，仅一个电子部门上报的收益就达到1 420亿美元。这家公司的专利数量也大得惊人，并且仍在增加。

　　尽管两家公司是竞争对手，但苹果却是三星最大的客户之一。同年，苹果花费60亿美元从三星那里购买微型芯片、内存芯片和液晶显示器。如果苹果将其告上法庭，导致这家韩国公司拒绝提供这些产品，苹果就会遇到很多麻烦。

　　库克作为复杂供应链方面的最高级别的专家，尤其担心两者的关系受到损害。

　　但是三星却在获益。2010年年末，这家电子制造商成为发展最快的智能手机生产商。尽管其7.6%的市场占有率只是苹果的一半，但是这家公司比2009年增长了318%。苹果不能任由三星凭借一款从iPhone中获得大部分灵感的手机统领市场，它等不起。苹果能够正常运转的前提是它在产品、设计和创意领域都处于领导地位。苹果凭借其对这些领域的独特结合方式使市值持续增长。如果它任凭其他公司抄袭这些内容，就会失去独特性，它的商业模型也会失灵。苹果必须尽快打击抄袭行为。2011年4月，苹果在自家法院——美国加利福尼亚州地区法院——起诉三星。在长达38页的控诉书中，苹果指控三星抄袭其产品的外观、设计、包装和用户界面，并侵犯了其专利权和商标权。

"三星没有积极自主地开发独立产品，"控诉书称，"而是选择肆意抄袭苹果的革新技术、独特的用户界面以及优雅独特的产品与包装设计，侵犯了苹果宝贵的知识产权。"

为了证明这一点，苹果的律师在控诉书中收录了两家公司手机的平行对比。

"三星的抄袭非常明显，他们的Galaxy系列产品看上去就像苹果的产品一样——同样的矩形机身，同样的圆滑边角，同样的银色边框，手机背面的边缘都微微弯曲，手机屏幕上都是方形、圆边的彩色图标。"上面写道。

苹果还指出两款手机在包装和应用图标方面的相似之处，包括音乐、电话、信息和联系人图标。以电话图标为例，绿色背景上的白色电话听筒倾斜的角度都一模一样。三星手机的照片应用图标是向日葵花瓣，而iPhone的照片应用图标也是向日葵。

此时，乔布斯正在休人生中的最后一次病假，他把重任托付给库克，让库克来权衡苹果的各种利益关系。

库克小心翼翼地把供应商三星和竞争对手三星区分开来。苹果提出法律诉讼之后不到一个星期，在一次季度收益电话会议上，一位金融分析师询问这次诉讼对双方供应关系产生的影响，库克告诉他："我们是三星最大的客户，三星对我们来说是一位非常重要的零部件供应商，我希望双方之间深厚的合作关系可以继续。除此之外，我们认为三星的移动通讯部门越界了。我们曾经试图解决这个问题，但最终还是决定依靠法院来定夺。"

两家公司的矛盾日益恶化。随后，三星在韩国、日本和德国起诉苹果，还向加利福尼亚州地区法院提起反诉。三星认为苹果想要抑制它的发展。在这家韩国电子制造商的眼里，苹果的角色仅仅是竞争对手而已。

三星的董事会会长李健熙引用了一条著名的亚洲谚语："枪打出头鸟。"

和苹果一样，三星也十分注重保密。这家韩国大型联合企业曾被人们称为堡垒，任何内部信息都不能泄露。不过，还是有零散的信息让苹果清楚地意识到，它所面对的是一个无比强大的对手。

李会长尤其具有威慑力。他已年近70，仍然用钢铁般的意志统领着三星。他在很多方面都与乔布斯相似。有些人把他视为三星的"智慧大帝"（wise emperor）。李从父亲手中接过三星，一生致力于将三星重新塑造为全球通讯与电子业巨头。他精通韩语、日语和英语，曾在乔治·华盛顿大学读过MBA。他是韩国最富有的人物，在苹果起诉三星时，李的个人资产大约为86亿美元，时常被人们称为"大韩帝王"（the King of Korea）。

根据近几十年从三星内部传出的报告记载，李称自己为一位愿景家，他要做的就是预见公司未来的挑战和机遇。他把很多日常运营事务都交给别人去做。和乔布斯一样，李也善于促进内部竞争，也打造出一种崇尚持续变化且颇为紧张的公司文化。

李把自己的信仰全都精炼为格言，并要求手下的数千名员工时刻铭记。其中一则格言宣称："要想生存，我必须第一个做出改变。"

另外一个是："改变一切，除了你的妻子和孩子。"

其他CEO在这个年纪早就退休了，而李则每天破晓时分就到达三星在首尔的总部，甚至更早。他的助理人员早上 6 点到达公司。

　　李是三星创始人李秉哲的第 3 个儿子。李秉哲于 1938 年创立外贸公司，向中国出售鱼干、蔬菜和水果。为了在竞争中立于不败之地，他开始关注各种技术。他的司机用机动卡车运送货物，而他的对手则仍然依靠牛车。几十年后，这位创始人打算让公司多元发展，于是开设了自己的工厂，并收购了好几家保险公司。三星——在韩语中意为"三颗星星"——成长为一家飞速发展壮大的跨国联合企业，完全由李氏家族掌控运营。

　　李健熙于 1987 年成为董事会会长，上任时他的父亲刚过世两周。在那时，他就已经开始鼓励电子部门进入新兴的手机领域了。从一开始，复制就是三星发展的关键，先是反向工程①日本的车载电话，然后模仿摩托罗拉的手机。李坚信他的公司最终会在这些模仿的基础上加入自己的创新内容，便不断加压。1994 年底，公司已经研发出数代手机，李对产品的质量很有信心，于是将数千部最新手机模型送给三星员工作为新年礼物。后来李发现这些礼物中有很多都是粗制滥造的，便以自身行动做出回应，那种姿态在之后很多年依然为人称道。

　　那年 3 月，李会长召集董事会全体成员到制造那些手机的三星工厂去，工厂位于韩国中南部的工业城市龟尾。工厂的 2 000 名工人受命戴上写有"质量第一"的头巾，然后在院中集合。他们发现工厂所有的存货——价值近 5 000 万美元的手机、传真机和其他设备——都堆在一起，一旁的横幅上写着"质量是我的骄傲"。李会长一声令下，一队工人用长柄大锤将所有库存捣毁，而后点火。看着熊熊大火，工厂的

---

　　① 反向工程（reverse engineer）指通过技术手段对从公开渠道取得的产品进行拆卸、分析，以获得有关技术信息。——编者注

很多员工都留下了自责的泪水。

这就是龟尾质量管理事件的结局。这次事件——随后被称为"自愿焚化事件"——过后，工厂经理测试新手机模型的质量时，会把手机往墙上扔，从二楼的窗户扔下，还有一次开车碾压手机。通常，他会报告手机能继续使用。

自那以后，李成功地将三星转变为世界上最著名的电子公司之一。不过他也遭受过不少挫折，曾与癌症抗争过，也曾因三星定期向政府官员行贿（总额约合75亿美元）受到控诉。大多数控诉都不了了之，但是在偷税漏税一案中李被判有罪，他向公司提交辞呈，公开为公司道德上的疏忽致歉，返回家乡。第二年他在家中被捕，不过政府随之将其过错全免，他便回到三星继续担任董事会会长。在全球经济危机期间，政府认为李在商业方面是无价之宝，不能把他打入"冷宫"。

那个时代的危机结束了。现在李所关注的是如何打败苹果。他和从前一样精力旺盛，仍然在破晓时分坐在办公桌前，仍然让那些无法帮助三星征服世界的人战栗不已。

"李会长说话时，"一位索尼的执行官曾经说笑道，"听上去就像是上帝之声。"

先是HTC和摩托罗拉，现在是三星，苹果与安卓的对抗战争一再升温。苹果必须集中精力应战，于是它与诺基亚就纠纷达成协议。结果是，苹果一败涂地。它同意为过去手机中使用的技术向诺基亚一次性支付6亿~7.2亿美元，还要为后续使用额外支付版权费。不过这笔钱对苹果而言只是沧海一粟，不足为道。对苹果来说，能够全面抽身应战安卓要重要得多。这是一个双赢协议，因为诺基亚当时也正转移其在手机发展方面的策略，准备全力投身 Windows Phone（微软手机操作系统），这种手机由微软公司设专利保护，苹果已基本无法获得任何版权。苹果现在可以大步冲进与安卓的斗争之中了。

苹果和三星之间的客套礼节几乎瞬间灰飞烟灭。当三星希望法院判令苹果必须公开正在研发的 iPhone 和 iPad 模型时，苹果指控三星"图谋不轨"。当苹果要求在美国对 4 款三星产品签署临时禁令时，双方为听证安排争论不休。三星决定得越早，损失可能会越大，便要求推迟听证时间。而苹果则希望加快进程，便要求将听证日期提前。三星还试图取消一些苹果外聘律师的资格，因为他们以前曾为三星工作过。

他们什么也不避讳，即便会招致公众的嘲笑也在所不惜。三星为反对苹果临时禁令的动议，提交了一份非常可笑的文件。在文件中，三星声称 iPad 的总体设计并不是苹果的原创，它引用了电影《2001：太空漫游》的场景，其中，两位宇航员正一边与 HAL 一起通过平板电脑观看采访，一边享用着未来派的菜肴。

2012 年 4 月底，这两家公司已经在 10 个国家的 16 所法院提交了超过 50 份诉讼文件。一些最重要的审判会在美国加利福尼亚州的圣何塞市、德国的曼海姆市以及有权禁止国家进口项目的美国国际贸易委员会进行。

随着这场"世界战争"不断扩大，三星的态度也越发强硬。起初，公司的很多执行官都要求迅速和解，但一段时间过后，随着获得的公众关注增多，他们的态度也强硬起来。非常奇怪的是，苹果的抨击反而令三星看起来更有理。苹果认为三星的做法完全是在挑战它的容忍限度。

9 月，三星移动通信业务全球市场总监李永熙在美联社的采访中，指责苹果在专利上"坐享其成"。"从今往后，我们会更积极地捍卫我们的权利。"李说道，"我们一直都毕恭毕敬、消极避战……然而，我们不会再那样做了。"

不过，当三星总裁李在镕于 10 月收到在斯坦福大学举办的乔布斯追悼仪式的邀请函时，他接受了。他是宾客名单中唯一一位来自亚洲的执行官。"史蒂夫·乔布斯……是一位挑剔的顾客和强大的竞争对手，但是我越来越喜欢他了。"李在金浦机场登机前对记者说，"三星和苹果应该是合作伙伴的关系，同时我们在市场上应展开公正而激烈的竞争。"

苹果在大多数国家推进临时禁令，并取得了很大成效。德国禁止引入 Galaxy Tab 平板设备，荷兰则禁止特定的几款三星手机。澳大利亚同样签署了 Galaxy Tab 的禁令。但所有这些与美国的优惠政策相比，都显得黯然失色。

10 月中旬一个清冷的周四，苹果与三星的律师来到圣何塞州的联邦法院参加听证会。主持听证会的是韩裔美国法官高慧兰。高慧兰身形小巧，声音柔和，很难看出她其实是一个非常严厉的人。在那间简朴的法院中，苹果的首席律师向法官申请临时禁令，阻止三星在美国销售产品。"如果法院等到第二年审判结束后才颁发禁令，"那位律师说，"三星可能已经对苹果造成极大伤害，并将继续仿造并销售不在此次诉讼讨论范围的产品。"

轮到三星发言时，律师凯思林·沙利文上交了一组 249 页的幻灯片。"事实是，苹果想要对拥有矩形机身、平滑表面的智能手机设计申请专利权。"她一边说着，一边放映幻灯片，展示过去手机和手持设备的一些设计都与苹果认为的专利设计相同。

"我来问你一个问题吧。"法官打断说，拿起一台 Galaxy Tab 平板电脑和一台 iPad。"告诉我这两台平板电脑，哪一台是三星的，哪一台是苹果的。告诉我是哪一台。我不会给你看设备的背面。你能告诉我吗？"

"离这么远可不行，法官大人。"沙利文承认道，她当时距离两台平板电脑大约 10 英尺（约 3 米）远。

高慧兰从法官席上走下，把两台设备拿得更近一些。"哪台是三星的？三星的任何一位律师能告诉我吗？"

沙利文试图争辩说，他们只需要就苹果专利的有效性提出问题以阻止发放禁令即可。但高似乎并不这么认为，她还在思考三星销售的平板电脑损害了 iPad 的利益这个问题。

"这些目前都只是黑屏。"高说道，"我……我已经离你够近了。"

沙利文争论说高法官的测试不公平。

"我不想为这个小实验争辩，但是我们的整台设备有 889 项专利，而你却不给我们展示背面。"律师继续说道，"平常的观察员并不只依靠视觉，特别是不能站在 15 英尺远的地方观察。"

"我不认为我们之间有 15 英尺远。"法官反击道，不过她还是把两台设备翻转过来。"你们当然能看到公司的标志。但是它们的背面和形状也都十分相似。我现在要从各个方位展示两台设备，展示它们的侧面、背面……我把它们紧紧贴在一起。连机身的厚度都差不多，边缘的倾斜度也极为相似。"

法官似乎站在苹果一边，但是深思熟虑一个半月以后，高法官拒绝了苹果临时禁令的请求。高说苹果已经"在法庭上显示出成功的迹象"，但是三星提出了很有说服力的问题，质疑苹果一项专利的有效性。法官说苹果必须要证明三星的产品已经对其造成无法弥补的伤害。

除去最大的威胁以后，三星重整旗鼓，决心战斗到底。

"我们已经做好准备进行持久战。"三星的一位执行官对《韩国时报》（*Korea Times*）的记者说道，并补充说三星的CEO全力支持这一做法。"三星不想卷入法律纠纷，但这一次是苹果发起的。我们自然要捍卫我们的底线。"

乔布斯去世后，苹果胜利的决心同样没有丝毫动摇。艾萨克森的传记出版后，大众读到乔布斯交战到底的宣言，受到极大震撼。尽管内部人员早就意识到斗争迫在眉睫，但这本畅销书让公众第一次知道乔布斯对谷歌和安卓深恶痛绝。很难想象有谁能不尊重这位愿景家保护自己遗产的重要遗愿。

美国专利商标局在弗吉尼亚州博物馆的中庭举办了一场特别展览以纪念乔布斯，也提升了苹果在公众心中的形象。展览包括30个类似iPhone的大型设备的展示，并给出300多份称乔布斯为研发者或共同研发者的头版文件。

"这次展览纪念了乔布斯的创业精神，以及其创新能力给我们的日常生活带来的深远影响。"知识产权商务部副部长大卫·卡波斯说道，"他的专利和商标让人们深刻地认识到知识产权在全球市场中的重要地位。"

除了与三星战斗以外，苹果的律师还要应对与HTC和摩托罗拉的纠纷。在每一个案件中，苹果都对最细微的事情百般挑剔。针对HTC申诉的一份法律文件，苹果就一个逗号进行抗议。

"苹果否认其名字是'苹果，公司'。被告人的正确名称为'苹果公司'。"

苹果与摩托罗拉的官司从一家法院转到另外一家法院，双方在特拉华州、威斯康星州和伊利诺伊州都有诉讼，直到最终伊利诺伊州给出统一裁定。该判定结果的影响在几个月后才显现出来。

之后几个月，苹果与安卓阵营进行了激烈的斗争，但双方都没有取得决定性胜利。澳大利亚撤销了苹果对三星的禁令，德国则暂时撤销了摩托罗拉对几款苹果商品的禁令，HTC在国际贸易委员会的控诉中也失利一局。

苹果介入法律纠纷有两个目的。一是为了保护其自身的创新，二是针对那些资深手机制造商（比如摩托罗拉和三星）的控诉为自己辩护，他们指控苹果侵犯了其一系列专利权。这些专利被称为"根本标准"，因为它们是电信通信标准的一部分。这些公司必须以合理且公正的价格提供相关专利授权，而苹果声称摩托罗拉和三星以不正当的方式抬高价格，使苹果在竞争中处于不利地位。

对于任何一方来说，赢得诉讼的意义都非同小可。和高法官一样，很多观察员都认为安卓的设备与苹果的iPhone和iPad具有相似的外观和体验。但是，苹果的个别设计元素也并非原创。为了方便手持，智能手机的外观必然是矩形，边缘必然要圆润。手机边缘采用圆形设计也并不是一种特别的灵感。

指望通过100次诉讼就使安卓消失的想法完全不切实际。安卓的市场份额令苹果相形见绌，事实越发明显：消费者需要安卓。苹果能期待的最好结果是安卓设备制造商全面改变产品，使其与苹果产品之间有更加明显的区别，从而减小竞争压力。

诉讼每拖延一天，安卓就能多迈进一天。审判之前的几个月，苹果和三星向法院提交了一份联合文件，双方都要求去除任何可能影响陪审团决策的因素。苹果的剔除名单上无所不包，从含有三星标志的法庭录像，到乔布斯关于"热核战争"的论述。

三星最担心的是苹果的偶像地位可能会影响陪审员的决策。它要求法院剔除苹果博客和粉丝网站中的产品评论，以及拥护苹果的专家对苹果公司文化的重要性给出的证词。

在一个单独动议中，三星指出，"苹果的赔偿金专家特里·穆斯卡在报告中写道，'苹果针对其所有产品，已经塑造出一种强大的，有时是狂热的膜拜式追随'。很明显，这种狂热的膜拜式追随者包括在这个案子中支持苹果的个别专家，这也就解释了为什么他们不顾既有科学方法和主流法律原则，而去盲目崇拜苹果，并一再宣扬苹果产品的魔法性和创新性，这些根本就与现在的申诉和辩护毫不相干。"

三星还质疑亨利·乌贝奇证词的客观性，他是苹果在审判开始前建议法庭传唤的证人之一。

"乌贝奇先生曾就苹果零售商店的设计写过一篇文章，题目是《人间乐园》（"Gardens of Earthly Delights"），称它们'在每一个方面都洋溢着宗教气息……是信息时代的教堂'。"三星说道，还指出他把刚刚去世的苹果创始人史蒂夫·乔布斯称为"圣徒蒂夫"①。

2012 年春天，法院最后一次召集双方领导会面，试图达成协议。库克与三星董事会副会长兼数码媒体部主管崔志成，连同他们的首席律师，在旧金山的联邦法庭会面，5 月 21 日交涉 9 个小时，5 月 22 日交涉 7 个小时。在会议中担当调解员的是约瑟夫·斯佩罗，他是一位地

---

① 史蒂夫的英文为 Steve，而"圣徒蒂夫"的英文为 St.Eve，拼写完全一样。——编者注

方法官，领口总戴着蝴蝶结，以擅长处理复杂案件闻名。没人知道会议中究竟发生了什么，但是谈判无疾而终，没人对此感到意外。

几个星期以后，库克在一个技术会议上接受采访时，被问到对专利纠纷的看法，他告诉观众，那些专利战争"太讨厌了"。

"对我们来说，苹果不是世界上唯一的开发者，这一点非常重要。"他说，"我们不能在倾注了所有的精力完成作品后，再任凭其他人署名。我们不能那么做。所以对工程师来说，世界上最糟糕的事情在于，你用尽一生的时间研制出某个东西，却被其他人偷走并署上他们的名字。因此，我们希望这些人能够研制出他们自己的东西，我们不想当世界上唯一的开发者。"

在韩国，《韩民族日报》（*Hankyoreh*）发文表示，业界越来越多的人认为，苹果和三星之间展开法律诉讼是两者联手防止其他竞争对手进入市场的一种手段。文章指出，双方在所有案件中既未受到伤害，也未获得利益，它们没有理由继续进行法律诉讼。

两家公司都不这么认为。双方的律师都在准备亮出王牌，一决胜负。

7月30日的审判将至，苹果的法律团队在附近的费尔蒙特酒店预定了50多个房间，还在街道对面租了一间临时办公室。储藏室里堆满了给团队提神的食物——咖啡、苏打水、牛肉干、羽衣甘蓝脆条、能量棒、方便面和其他类似的东西。

三星的团队在马里奥特预定了很多房间，他们把其中几个房间的家具搬出去，建成了一个临时指挥中心。

双方的作战室正式建立。

11

创新者的窘境：
苹果开始走下坡路？

3 000英里之外，在马萨诸塞州剑桥市的一间办公室里，一位教授正在观看苹果迂回曲折的发展历程。克莱顿·克里斯坦森坐在他的iMac电脑前，一边浏览最新新闻，一边推测苹果失去愿景家以后将有怎样的未来。克里斯坦森是分析企业兴衰的著名专家，他发现蒂姆·库克缺少史蒂夫·乔布斯在产品研发方面的非凡直觉。他也看到竞争对手正在蚕食iPhone和iPad的市场份额。尽管他一直以来都对苹果非凡的成功钦佩不已，但他现在非常担心苹果可能已经到达了发展的顶峰。这将是苹果坠落的开端吗？

克里斯坦森是哈佛大学商学院的教授，他一生的大部分时间都在研发一种理论，以解释为什么那么多强大的公司，特别是那些曾经主导技术创新的公司，最终被制造低端产品的对手打败。克里斯坦森在其著作《创新者的窘境》①中阐述了破坏性创新理论，该理论详细分析了各种因素，以解释为何新兴企业能打败企业巨头。在技术不断升级的时代，创造截然不同的产品，开拓全新的财源，有能力颠覆现存的市场——例如手机市场——是生存的关键所在。《创新者的窘境》一书自1997年出版以后影响了很多人，包括安迪·格鲁夫、迈克尔·布隆伯格和史蒂夫·乔布斯。从那之后，很多大公司都向他寻求建议，而克

---

① 《创新者的窘境》（*The Innovator's Dilemma*）中文版由中信出版社于2014年出版。——编者注

里斯坦森则将精力越来越多地集中在如何避免这个陷阱以及如何保持竞争力的研究中。

多年来，苹果一直都被视为这种理论的特例，因为苹果的规模越来越大，每一款产品的发布都让它变得更加难以超越。苹果创造出与众不同的公司形象，它把利益放在第二位，首要目标是发掘新的可能，在市场上推出全新的产品，为消费者提供全新的佳肴。然而最近苹果似乎太过关注如何打败对手。与之前相比，它的产品更轻薄、更强大，也更完美了，但是这些提升对消费者而言不足为道。这就为那些位于底端的竞争对手打开了一条进入市场的通道。苹果的统治地位似乎开始瓦解。

2007 年，在苹果推出第一代 iPhone 前不久，克里斯坦森就曾预言它会失败，这段预言非常著名。"苹果依靠 iPhone 是不会成功的。"他对《商业周刊》(*Business Week*) 的记者说，"他们推出的这款创新性产品让行业内的玩家都信心满满地想要超越：这款产品并没有（真正）颠覆市场。成功的可能性将越来越小，历史已经足以说明这一点了。"

尽管当时评论家都嘲笑他预测错了，但是后来当使用安卓系统的智能手机和平板电脑开始占领 iPhone 和 iPad 的市场时，人们都认为他很有先见之明。

但是克里斯坦森对自己的准确预测一点都不开心。

"我真心希望你们不要把我视为造成苹果失利的元凶。"他一边说着，一边快速踱步，不算大的办公室里全是他那高达 6.8 英尺（约 2.1 米）的身影。他几年前曾患过中风，如今说话时总是刻意放慢语速。"我只是想从他们的经历中学习。"

在踏入学术生涯之前，克里斯坦森曾在波士顿咨询公司工作过，之后还与人联合创建过一家高级材料公司。20 世纪 90 年代，苹果处在破产边缘，他便开始研究公司难于永踞成功宝座的原因。他的第一个研究对象是磁盘驱动器市场。他的发现令人惊讶不已。磁盘驱动器主要制造商的市场正在被那些看起来较为低端的驱动器占领。为大型计算机制作直径为 14 英寸驱动器的公司被为小型计算机打造直径为 8 英寸驱动器的公司代替，接着后者又被为个人计算机生产直径为 5.25 英寸驱动器的公司代替，等等。尽管驱动器越小，性能就越差，每兆字节（MB）的成本也越高，但事实就是如此。

经过深入研究，克里斯坦森总结，较大的公司总是看不到新兴小型驱动器的重要性，等有所意识时早就为时已晚。制作 14 英寸驱动器的公司最初根本没有考虑过要生产 8 英寸的驱动器，因为 8 英寸的驱动器内存最多只有 40MB，而 14 英寸的驱动器内存则可达到 300MB~400MB。这种小型驱动器对大型计算机用户来说完全无用。然而，它们只顾着关注目标客户，却忽略了一个事实，即生产小型计算机和需要小型计算机的客户市场正在不断扩大。

克里斯坦森在其他行业也发现了类似趋势。在零售业，百货商场从未关注过折扣店，直到后者占据的市场份额越来越大。一些公司正通过快速改变业务内容与新公司竞争，并成功保持领先地位，比如塔吉特百货（Target Corporation）的母公司戴顿·郝德森（Dayton Hudson）。而其他公司仍然死守传统业务，直至最终被挤出市场，比如伍尔沃斯公司（Woolworth）。在钢铁行业中，大规模的综合工厂正慢慢被效率更高、成本更低的小型钢厂挤压。

他从以上案例中得出结论，那些最终失败的公司并不是由于管理不善，而恰恰是因为他们严格按照传统方式做事。他们听取客户意见，研究市场趋势，还依据客户需求投入大量资金开发新技术，改善既有技术。他们无视新兴产品，因为这些产品一般价格低廉、质量低劣，无法满足客户需求。

但正是这种做法把它们一步步引向坟墓，因为他们完善自身产品的能力是有限的，而客户终将认为这些提升不够彻底并失去兴趣。也就是说，到那时，大多数客户会对已经购买的产品非常满意，不愿再多花钱去购买升级版的同款产品了。一般而言，当这些公司开始注意到它们起初忽视的革新性廉价产品时，都为时已晚。那时，那些捕获新型顾客群体并成功提升产品价值的新公司便会逐步侵吞主流公司的市场。

"丰田汽车公司刚进入美国时并没有推出雷克萨斯系列。"克里斯坦森解释说，"他们60年代在美国的主打产品是克罗娜系列小型轿车。而后，他们又推出了卡罗拉、特塞尔、奔跑者第四代，再然后才是雷克萨斯。通用汽车和福特公司也是如此，为大块头的人生产大型汽车。"

公司面临的挑战是每一款新产品都会成为主流，都会被下一款新产品取代。

苹果曾经是克里斯坦森的研究案例之一。1976年成立时，苹果横空出世，颠覆了整个行业。在大型电脑制造商一心一意地销售大型和小型计算机时，苹果就已经意识到个人计算机的市场潜力了。苹果的第一代电脑Apple I差不多只是一个集成电路板，克里斯坦森把它描述为"充其量只是一个功能有限的初步产品"。但是苹果在第二年推出的Apple II（苹果二代），各方面都得到极大改进，获得巨大成功。1984年推出Mac电脑系列后，苹果在个人计算机方面的主导地位得到进一步巩固。

后来，公司遇到发展瓶颈。Mac电脑推出鼠标控制功能，客户支付额外费用便可使用鼠标操作电脑，并可点击图形进行浏览。然而那时，竞争对手也相继推出个人计算机，它们安装了微软的Windows操作系统，界面与特征都与苹果系统相似。尽管竞争对手的初代产品在很多方面都比不上Mac电脑，但是他们已经努力做到最好，这些产品价格低廉，并且每一天都在完善。微软花费几年时间改进系统性能，推出了Windows 95（微软1995年推出的操作系统）。它的每一项功能几乎都能与Mac相媲美，甚至超过Mac，这让苹果的优越性荡然无存。

在这个时代进行创新，苹果犯了一个典型的错误，克里斯坦森在书中也有详述：从客户那里寻求建议。他挑选的案例是苹果的牛顿个人数字助理（PDA）。这款产品具有颠覆性技术的部分特征，有潜力占据笔记本电脑的市场。苹果当时的CEO约翰·斯卡利预期颇高，将其视为公司的主要产品。他投入上千万美元进行研发，他的团队开展了广泛的市场调研，将所有精力集中在客户的需求上。结果是苹果遭遇惨败。这款设备售价高达700美元，但电池续航能力极差，手写识别也极不准确，《杜恩斯比利》（*Doonesbury*）一书曾连载漫画进行讽刺。如果苹果当初适度投资且不抱过高期望的话，两年售出14万台牛顿助理也算是一个不错的开端。但事实并非如此，这款设备也成为苹果历史上最失败的一款产品。

乔布斯回到苹果以后，重新把公司塑造为颠覆者。乔布斯认为，他不在的这段时间，苹果变得太规矩了。那些CEO都是职业经理人，几乎从不直接参与日常业务，并且过于看重利益。意义重大的决策在没完没了的会议中搁浅。为了让苹果再次成为革新者，乔布斯砍掉次要产品，把所有精力重新放到生产伟大的产品上面。新的发展项目由高级经理维护及监督，乔布斯本人通常也会给予建议。员工绞尽脑汁地思考新创意，在激烈的讨论中不断完善，有时甚至会在实施的前一分钟放弃那个创意。同时，乔布斯创造出崭新的工作流程，未经严格检查，任何项目都不会通过。他把任务分配给"直接负责人"。另外，苹果也不再依赖市场调研。"如果我去问客户想要什么，"乔布斯引用亨利·福特的话说，"他们会告诉我，'一匹快马'。"

相反，苹果通过仔细观察用户的行为反馈做出决策。当他们推出一款全新产品时，他们会用之后几年的时间发展出一个系列，而不指望这款产品从一开始就是重磅炸弹。

这些变化使苹果颠覆了一个又一个行业。电脑一体机iMac价格适中、风格独特、操作方便，是当时的其他电脑都无法比拟的。iPod和iTunes改变了音乐行业，人们开始以每首歌99美分的价格购买单曲，而不是购买整张专辑。iPhone重新定义了智能手机。iPad是乔布斯人生中推出的最后一款全新产品，在iPad研发出来以前，没人能够想到这种设备有何用处。

乔布斯有一种非常罕见的能力，他可以让自己和公司时刻保持危机感。"如果你不否定自己，"他常这样说，"那么其他人就会否定你。"

但是现在，这种观点仍然正确吗？

移动设备市场的发展趋势开始与克里斯坦森在《创新者的窘境》一书中描绘的情况惊人得相似。

第一代安卓手机面世后，几乎没人把它当回事儿。与iPhone相比，它不仅外观不漂亮，运行也不流畅。它的音乐应用远比不上iTunes，它新近推出的安卓应用市场也与大多数操作系统不兼容。

不过安卓手机在不断完善。不久之后，很多设备制造商，包括三星、摩托罗拉、亚马逊网站和巴诺书店，都纷纷推出装有安卓系统的手机、平板电脑以及电子书阅读器，在设计和价位方面都给消费者带来了更多选择。谷歌改进了操作系统，使之更容易使用，并扩大了应用市场。尽管安卓给用户的体验仍然不能像iPhone和iPad那样做到天衣无缝——苹果具备明显优势，其软件、硬件和设备都是完全匹配的——但是它的技术变得越来越好，于是引起越来越多客户的关注。安卓正在侵占苹果的市场。

截至2012年6月的3个月内，安卓手机的市场份额由46.9%同比上升至68.1%。相比之下，苹果的市场份额则由18.8%跌至16.9%。数据分析公司在平板电脑市场中也看到类似趋势。

苹果不仅在中低端市场失利，在高端市场也面临残酷的竞争对手，比如三星。Galaxy Note是一款拥有5.3英寸大屏的智能手机兼平板电脑，刚进入美国市场时，人们总是嘲笑它尺寸过大。然而它却成为三星在亚洲市场最畅销的产品之一，因为大多数人都不愿花那么多钱去购买一台高端手机外加一台高端平板电脑。这款设备的初始零售价格与iPhone的价格相近，每部售价在700美元左右。

这一次，结局会与之前苹果遭遇微软的Windows竞争一样吗？

克里斯坦森的办公室位于哈佛大学摩根大厅深处，旁边是明亮通风的中庭，铺着公元 4 世纪古罗马风格的拼花地板，上面印有海神特提斯、尼罗河之母以及其他大河之母的肖像。对于一个享有极高学术声誉的人来说，克里斯坦森的办公室显得过于简朴而又异常实用。他的办公室位于诸多房间正中，助理和其他后勤人员在很小的房间里面办公。他墙上的书架上堆满了各种书籍和纪念品，还有一系列磁盘驱动器，用来向学生展示技术发展的进步。房间一角的书架上立着一张放大的《福布斯》杂志封面照片，他是那一期的封面人物。除了桌上的 iMac 电脑以外，他还有一部 iPad，不过他用的手机是黑莓。

多年来，克里斯坦森一直在探索如何才能让公司逃离被颠覆的命运。他曾帮助一家快餐连锁店成功提高奶昔销量，便引用这个例子来表达他的看法。这家公司根据客户反馈对产品进行了改进，但销量和利润丝毫没有增加，便向他寻求帮助。克里斯坦森处理问题的方式完全不同。他问顾客：“你为什么要买那种奶昔呢？”

他发现，接近一半的奶昔是在清晨卖掉的，顾客要用它来打发漫长、无聊的通勤时间。这些人认为奶昔要好过炸面圈和面包圈，因为它既不会沾得满手是油，也便于携带。所以，克里斯坦森针对改进产品的建议有两个：第一，在奶昔中加入各种果粒，创造一种未知感和期待感，让上下班途中更有趣；第二，把饮品分售机移到柜台前，以节省顾客的购买时间。明确顾客的消费目的，就更容易找到解决问题的办法。

克里斯坦森又换了一种方式解释相同的理念。在恺撒大帝时代，传递信息需要一辆马车和一位骑师；在林肯时代，这个任务由铁路完成；而到了罗斯福任职总统期间，传递工具变成了飞机；现在，则由网络来实现传递功能。

"所以，过去的两个世纪或者说 2000 年中，任务其实并没有改变，而你为了完成任务所使用的技术却发生了翻天覆地的变化。因此，如果你能始终以所要完成的任务为中心来定位你的市场，那么之后的几千年你都会不停地寻找并得到新的收获。还有没有更好的方式来做这项工作呢？"

在克里斯坦森看来，有两位 CEO 天生就知道这种理念：一位是索尼的创始人之一盛田昭夫，另一位是史蒂夫·乔布斯。

"开发新产品的难点之一在于，不仅要研制出一套可用于新设备的高端技术，让操作更加方便、流畅，还要搞清楚人们想做的事情究竟有哪些。"乔布斯曾经这样说过，"我们都曾目睹过非常有趣的产品推出后却遭遇惨败的过程，根本原因就在于想使用这种设备的人寥寥无几。"

盛田昭夫也是一位传奇人物，可以说与乔布斯不相上下，他同样能够极其准确地定位客户的需求。他在 20 世纪 40 年代创办索尼之后，推出的每一款产品都非常畅销，从便携式收音机和电视，到随身听音乐播放器，无一例外。他每进入一个行业，就会颠覆传统领军者的地位。

后来盛田昭夫离开了索尼。索尼一度显示出所向披靡的架势，公司先后推出了 PS 游戏机和影音集成操作笔记本电脑，都获得了巨大成功。但再往后，想推出革新性产品变得越来越难。可下载的音乐产品出现后，索尼殿堂最终坍塌。索尼早在苹果推出 iPod 之前很多年，就开始研发便携式电子音乐播放器，但是它试图通过索尼音乐品牌保证销量、获取利益，最终妨碍了自身发展。它还采用一种专利音频技术，而不是使用应用更为广泛的 MP3 格式。一旦在通往数字音乐之路的第一个关键抉择点落后于竞争对手，它就永远无法重获以前的优势。

"盛田昭夫和乔布斯都是天才，他们清楚地知道自己要做什么。"克里斯坦森说，又补充道，这是种天资，一般人无法后天习得。

索尼从一家伟大的公司沦落成一家勉强说得过去的公司。同样的事情也会发生在苹果身上吗？

克里斯坦森对苹果的几种趋势尤其担忧。首先是它严格的保密政策，所有产品、软件和服务都高度专有。在一次革新之后的几年中，这种对用户体验的专有性掌控对公司是有益的。不过克里斯坦森认为，一旦相关技术趋向成熟，竞争对手竞相赶超，这种控制就会成为阻碍。

到目前为止，苹果成功避开上述陷阱，因为它在上一款产品成熟以前就已经研发出新的革新性产品。但是这种方法有效的前提是公司必须不断革新。如果苹果止步不前，其保密政策就会阻碍公司的后续发展。

苹果对安卓的反应似乎就印证了克里斯坦森的担忧。在世界各地的法庭上，苹果投入巨大的人力、物力开展激烈的保卫战。同时，苹果犯了一个典型错误，那就是始终遵循同一个轨迹发展，而不是重新展望未来。

最初的几年，苹果推出的新设备只是进一步完善了原有的功能，比如机身更加轻薄，像素更高，屏幕分辨率更高等，在设计方面完全没有实质性改变，但顾客仍然争相购买。但是后来，这些设备已趋向成熟，再对技术进行升级可能会远远超出客户的需求。iPhone就是一个典型的例子。分析师贺拉斯·德迪欧在与克里斯坦森谈话时曾说：

"我们无法制造出比视网膜分辨率更高的屏幕，因为我们的眼睛看不出任何区别。加大机身尺寸并不算改进，因为机身太大的话，我们的口袋就装不下了。增大设备内存也不能算作改进，因为我们还没怎么玩，电池就没电了。"

即便乔布斯仍然活着，这个情况也同样充满挑战。很多人认为苹果颠覆了自身，也颠覆了其他行业。不过，它究竟是否遭遇过安卓近期遭受的颠覆，仍然值得商榷。苹果提供了不同版本的iPod，售价各不相同，但是它的意图是将它们销售给具有不同需求的顾客。iPhone或许颠覆了iPod的业务，iPad或许颠覆了Mac电脑的业务，这些都未成定论，但是iPhone和iPad的利润要高于或等同于受到它们冲击的iPod和Mac电脑。

蒂姆·库克是一位电子表格大师，而不是创新大师。库克任职以后，聘用了大批年轻的工商管理硕士帮助处理他最爱的数据工作。对克里斯坦森来说，这绝对是一个禁忌。

"当我们给那些以数据为导向的人上课时，我们会谴责他们是事后诸葛亮，因为他们永远都得不到关于未来的数据。"克里斯坦森说。他还半开玩笑地说，他打算去世以后问问上帝，为什么他只提供给人们过去的数据。他引用了一家商学院办公室中具有讽刺意味的一句话，直接抨击了MBA项目。"我要为自己辩护，我们有一整套课程来讲述颠覆过程和需要做的工作。"

盛田昭夫离开索尼后，索尼业务开始走下坡路，部分原因在于它开始过于依赖那些职业经理人，通过数据和分析来帮助他们在产品研发上做决定。说句公道话，公司创立者更容易有激进的想法，因为他们是公司的至高权威者，有权冒任何风险。那些接任者必须花费比前辈更多的精力来证明其行为的合理性。最佳证明方式是有理有据。乔布斯第一次离开苹果时，CEO约翰·斯卡利就曾发现，他必须承担比乔布斯更多的责任。

"作为创始人，你可以为所欲为，而作为被聘用的经理人，你则永远不能那样做。"斯卡利回忆说。

像库克这样的经理人往往极度关注利润，而乔布斯则漠然视之。在克里斯坦森看来，正是由于乔布斯轻视利润才使苹果成为例外。"苹果并未把利润作为主要动机，而是具有全然不同的目的。"克里斯坦森在乔布斯辞职期间说道，"很多大公司都摆出一副'我们把顾客放在第一位'的架势，但实际上很少有公司能够真正做到这一点。在面临压力之际，如果大型上市公司的CEO要在最大限度地为客户谋利和最大限度地增加销售业绩之间做选择的话……大多数CEO会选择业绩。"

对于克里斯坦森来说，苹果有两个选择。它可以开放自己的操作系统并对外授权专利技术，从而促进革新进程，极大地增强苹果在行业中的核心地位。或者，它可以研发出新的颠覆性产品，从而防止自己走进"创新者的窘境"。"拯救苹果，"他说，"或许可以通过找到一系列令人兴奋的新产品这种方式得以实现，但这些产品的专有性能必须是市场迫切需求的。"

在公开场合，蒂姆·库克表现得十分坚定。"我们的始终不变的目标就是要制造出最好的产品。"库克一遍又一遍地说着，"我们不是为了某个价位采用某种设计，也不是为了特定安排采用某种设计，更不是专门要形成一个系列或者必须要生产出一定数量的手机。我们只为做到最好。"

现在他必须证明这一点。

12

供
应
链
上
的
工
人

2012年5月一个初夏的傍晚，结束一天的工作后，成群结队的工人如潮水般地从龙华的富士康工厂涌出。北门外有一个小型超市，可供工人消费。小吃摊从凌晨4点一直开到半夜，出售面条、蜂蜜蛋糕以及切好的西瓜和哈密瓜。街对面有服装店、手机店，甚至女士内衣店。在快餐厅"百事微笑"，人们花十几元钱就可以买到一杯饮料、一包炸薯条和一份炸鸡三明治。

很快，街上就挤满了人。事实上附近的所有人都在富士康工作。这个社区叫作清湖东村，是工人们在几个小时的休息时间里可以放松身心、娱乐自我的唯一去处。离这里最近的大城市是深圳，虽然只相距十几千米，但是必须换乘好几次公交车才能到那里。在这里，情侣们手挽着手悠闲地漫步，朋友们凑在小摊前享用美食，空气中弥漫着青春活力的气息。很多人都换下工厂制服，穿上清凉的T恤、短裤和短裙，享受温暖而潮湿的傍晚。

龙华位于郊区，但对大多数来自乡村的工人来说，这是他们所见过的最繁华的地方，这里有高高耸立的宿舍楼、美丽的霓虹灯和巨大的工厂。这些稚气未脱的面孔看上去都很脆弱。大部分工人都未满25岁。最小的只有16岁，刚刚达到中国的法定工作年龄。与曾经在这里工作的孙丹勇一样，很多人都背井离乡，第一次独自生活。街上的人们边说边笑，就像在读高中或者大学的同龄人一样。

夜幕降临，更多的年轻男女从四面八方涌现，他们身穿富士康的标志Polo衫和深色裤子。富士康的工厂在昼夜不停地运作，每隔几个小时就有成群的工人从工厂大门进出。最后一班工人正准备上晚班，其中有一位漂亮的年轻女子，她有着齐肩长发，牙上戴着牙套。

小艾（化名）看起来像是一个十五六岁的孩子，但其实已经23岁了。她在龙华工作已满5年，是富士康的老员工。她随着人群慢慢地朝北门走去，为了排解压力，鼓励自己，她会哼唱一首老歌，声音小到只有自己才能听到。她试着在歌声中找回曾经的自己，即便又回到那一堆机器中工作，也仍能感受到幼时的自由和洒脱。

《纽约时报》指责苹果剥削富士康的廉价劳动力4个月之后，工厂的工作及生活环境确实有所改善，但是工人的生活仍然和以前一样枯燥无味。他们起床以后就去工作，每天重复着相同的内容，然后下班回家。

对工人来说，最大的痛苦在于工厂对加班的限制。关于薪酬和加班时长的问题非常复杂。尽管富士康曾承诺要制定一套薪酬福利待遇制度，防止由于缩减加班时间导致工人收入减少，但受通货膨胀影响，虽然工人的收入有了相应提高，但依然无法平衡以前加班所得的差额。富士康发展壮大以后，龙华的生活成本也提高了。仅仅两年时间，很多公寓的租金已是原来的5倍之多。

富士康的工人尽最大努力赚钱，这是他们改善生活质量的绝佳机会。工作与生活之间或许应该达到平衡，但是如果没有稳定的经济来源，平衡也就无从谈起。

其实，工人的困境是两家公司强大而可怕的统治力量共同造成的。

中国当时正在激烈的经济和产业变革中苦苦挣扎。据政府统计，到 2012 年年末，将有 2.626 亿居民（约 20% 的人口），从农村转移到城市追求更好的生活。他们发现自己正处在一对矛盾之中，一边是旧式的计划经济体系，另一边则是他们在市场经济中的雄心。

"现在的情况并不是中国特有的……但是我们可能要比其他国家经受更多痛苦。"中国政法大学的社会学教授马皑说道。他列出 3 个原因：中华文化自古强调集体利益高于个人利益，中国社会往往注重关系胜于法规，以及富人与穷人之间的巨大鸿沟。苹果和富士康极大地推进了中国产业革命的进程，但是更加深层次的变革则需要更多时间。

小艾每天到达工厂大门的时候，都会看到一些等待进入工厂的大卡车，她则在员工入口刷门卡进入。走入工作大楼以后，她还要在签到区再次刷卡才能进入车间。每个刷卡处都有保安监督，他们身穿制服，严密监视每一位工人。有时他们会检查工人包里装的东西。工人可以把手机带进车间，但是 2007 年曾有一段时间，富士康禁止工人带入任何手机和便携式媒体播放器，以防制作的产品被偷拍。

不论到哪里，小艾都会带着她的手机，那是她与外界交流的最主要途径。

小艾刚应聘到富士康时，被安排在流水线上。但没过一个月，她就被调到原型制作部门，他们的模型被送往工厂流水线，批量生产出手机、电脑和其他产品的外壳。这项工作不只是装配元件那么简单，要求工人具备更高的能力，所以薪水也高一些。工人要先用几种固态和液态材料的混合物手工制造初始模板，之后由机器完成其他步骤。车间里到处都是灰尘。工厂给工人提供了深蓝色的长袖连身裤和口罩，但他们的眼睛和手却没有任何保护措施。这个部门有 4 位女性，只有小艾和另外一位制作模型，因为其余两位担心材料中的一些化学物质会导致不孕。完成这项工作要求工人必须高度集中注意力，但工厂并未提供相关培训。部门里的每个人都不得不通过实践获取经验。每当工作困难得令人沮丧时，小艾就默默地为自己打气。

"你能行的。"她对自己说，"一步一步来。"

看着自己已经完成的一个复杂模型，小艾鼓励自己：既然能做好那个模型，那么，就一定能够完成手头的这个。

尽管富士康将客户的订单分散在不同的生产线上以保护客户的商业机密，但小艾所在的部门却为所有客户制作模型。每天，她和她的同事都会为富士康的诸多客户制作电脑、手机和显示器的部件，或者打印机外壳。诺基亚、摩托罗拉、宏基、戴尔、苹果等，都在富士康的客户名单上。大多数时候，他们甚至不知道自己在给哪个客户做模型，因为那些产品的外壳都太相似了。

只有苹果例外。在为苹果制造产品时，小艾和其他人都知道，因为他们的小组领导会交代，让他们工作时要格外认真。哪怕是最细微的错误都不能容忍，比如把边角磨得太圆或者太尖，或者材料上有一个很小的划痕。工人必须反复抛光，直到他们能看到自己的倒影。一次车间指派小艾为 iPhone 背面的苹果标识做模型时，她花了一整天的时间才做好，把钢板模型打磨得平滑而光亮。

　　小艾出生在中国东部一个偏远的乡村，在家里的4个孩子中排行老三。她的家境比当地很多家庭都好得多——她的父亲开了一家小商店——但她的童年却并不幸福。于是她在还未读完高中时就外出打工了，曾打算赚够钱就重新回校读书。

　　她最初的一份工作是在北京一家快递服务公司担任接线员。每周无休息日，每月工资为600元。她加入富士康以后，生活似乎好转了。虽然工资没什么变化，偶尔还要向朋友借钱维持生计，但是她有了更多的休息时间。不过这种欣慰之感很快就消失了。

　　小艾在富士康集体宿舍居住的那一年非常痛苦，她与8~10位女性住在同一间宿舍里，大家的作息时间不一致，而且没有任何私人空间。浴室和厕所也是共用的，每次使用都要排队。

　　后来，富士康新建了一批宿舍，每间只安排4~6位工人。但是申请入住新宿舍的人很多，而且小艾再也不愿每时每刻都挤在那么多人中间，于是在富士康给她加薪以后，便在外面租了一间公寓。公寓中有一间客厅、一间卧室、一间厨房和一间浴室，月租为500元。不找室友分摊房租确实有些奢侈，但这间公寓是她的庇护圣地，花这些钱也不为过。

　　她的房子就像一扇能够望穿她过去、现在和未来追求的窗户。她最宝贵的东西是一台清华同方的笔记本电脑。几年前，她省吃俭用，用辛苦工作攒下的4 700元买了这台电脑。她在商店与老板讨价还价了4个小时，才说服他便宜700元。她买的第一件家具是一张单人床，只花了80元。床对面是一张浅黄色带书架的书桌，上面摆着她母亲的照片。小艾自始至终都很敬爱自己的母亲，因为她的父亲一直在外工作，是母亲一手把自己和两个姐妹、一个哥哥拉扯大的。小艾在富士康安定下来以后，曾邀请母亲来和她一起住，但是母亲觉得在大城市生活不自在，况且还要照看孙子、孙女，便没有去。不过，小艾一拿到工资就会给家里汇钱。

很多年来，小艾一直梦想成为一位室内装潢设计师。她喜欢画画，家里墙上挂着很多她的作品。书桌旁是她最引以为豪的一件作品，那是她临摹的一幅网上的连环漫画，与一句格言有异曲同工之妙。漫画把人的一生比喻为在跷跷板上由低处向高处走，每迈出一步都会失去平衡、颤颤巍巍。当他快要到达高处时，却发现自己走上了下坡路，因为体重改变了最初的平衡。小艾从中得到的启发是，让自己最开心、最稳定的事情是找到平衡点。漫画后面的说明让她重获希望：你可以始终待在人生跷跷板的高处，只要你的家人和朋友在另一端支持你。

房间的另一角挂着三幅以电吉他为主题的画像，每幅画上都写有香港摇滚乐队Beyond的歌词。他们写了很多关于贫穷、种族歧视和其他社会问题的歌曲，曲调激扬有力，歌词振奋人心，在中国年轻打工族中间尤为流行。在一幅画中，她把一首歌的歌名和另一首歌的歌词写在一起，"岁月无声。至死不屈的精神将伴我一生"。

对她来说，这些歌词是一种提醒。

"只要我走的路是自己选择的，即便失去所有，我也不会后悔。"她解释说，"我会从头再来。"

富士康提供了一些技术项目培训和大专教育培训，能够帮助工人更好地完成工作，但小艾对那些项目都不感兴趣。她想学习社会学。有一段时间她觉得自己哪里都不想去。她的书架上摆满了各种帮助她备战大学入学考试的书籍，但是主管警告过她，如果她的精力因学业分散，她就会失去这份工作。

她知道自己在富士康工作永远都无法获得稳定的收入，但是她没有大学文凭，甚至连高中毕业证都没有，出去将很难找到与现在收入相当的工作。她的资历也将不复存在，必须重新从最底层做起。

富士康尽其所能使工人的日常生活环境看上去更像一个社区。龙华园区里有宿舍、餐厅、消防队、医院，还有一座很大的游泳池。企业生活区内则有饭馆、ATM 取款机、商店和网吧。

富士康每周为工人免费发放《富士康人》企业内刊，旨在传达社区发生的重大事件，将富士康塑造为一个人家庭的形象。2012 年 6 月的一期报纸在首版报道了富士康举办的运动会。与中国学校运动会的规模和形式类似，这次有 3 000 名富士康工人参加了田径比赛，在跑步和跳远等项目上一决高下，希望能从公司为获奖者准备的 80 000 元奖金中分一杯羹。"这场为期 3 天的运动会不仅给运动员提供了宝贵的机会，也为富士康热爱运动的人呈现了一场视觉盛宴。"报道如是说。

另一篇文章则赞颂了富士康聘用残疾人士的做法。他们在招聘会上录用了一个 22 岁的"小个子姑娘"。她在中国西南部的成都分厂工作，有时做影印，有时管理仓库。她小时候脊柱受过伤，影响了发育，身高只有 1.3 米。报道中引用了她的原话："我把简历投递给其他很多公司，但我在富士康展位前停下了脚步，因为我觉得那些面试官看上去很友好。"报道还花费大量笔墨说明她的薪资待遇和其他员工一样，富士康还给她提供了两份工作，"让她不那么无聊，也帮助她交到更多朋友"。

在这一页面下方刊登了成都分厂厂长平哥（化名）的简介，文章赞颂了他勤恳认真的工作态度和对同事的无私关爱。文章称，工厂开始运营时还未完全建好，他便用自己的钱给工人买安全帽，还亲自护送生病的工人去医院看病。平哥常常挤出时间为工人组织休闲娱乐活动，比如唱卡拉OK和徒步旅行。简介说，他午饭常吃方便面，有时工作得太投入甚至会忘记吃饭。

报纸的另一版面则讲述了富士康"员工关爱中心"的一位成员为工人表演魔术以缓解工作压力，报纸还提供了建议专栏。父亲节来临前，专栏建议工人为父亲购买手机、手表、笔记本电脑或者相机作为礼物。关于夏天鞋子有异味的问题，专栏则建议工人把樟脑丸磨成粉末，均匀地撒在鞋内。

最受欢迎的是占据半个版面的征婚交友版块，单身工人可以提交个人简介和照片寻找未来伴侣。"有时候我很活泼，有时候却很安静。我相信命运，我希望能交到全国各地的朋友。"一位昵称为"呼啦啦"的20岁女生写道。她的理想男友类型是"成熟、稳重、孝顺并且胸怀大志"。一位自称"猫吃鱼"的31岁男士认为自己是个成熟、稳重且有抱负的人。"我希望能够建立一个甜蜜美满的幸福之家。"他说。他希望自己未来的妻子心地善良、孝敬长辈。

然而，不论富士康的企业内刊如何努力去塑造工厂的美好形象，工人们没过多久就发现这些全都是表面现象。小艾刚到富士康时，每周都盼望读到新一期的报纸，但是现在她再也不读了，因为报纸"总是写富士康有多完美，工人有多听话，待遇有多好。从来不谈真正的工作情况"。

那时，苹果和富士康都处于迅速增长期。鸿海持续位居《财富》中国台湾大型企业年度排行榜首位。2011年，公司报告显示其收入高达1 175亿美元，超过它的很多客户，比如苹果、索尼和微软。在同一时期，苹果年度报告称其利润达到260亿美元，总收入提高了66%，达到1 080亿美元。

中国市场蒸蒸日上，一大批中产阶层的人都对苹果的产品情有独钟。苹果在中国区的收入是上一年的4倍，达到130亿美元。

摩根士丹利的分析师凯蒂·休伯蒂在苹果的季度收益电话会议上询问公司在中国的业务情况，库克非常热心地提供详细信息。

"中国的发展速度快得惊人。"他热情洋溢地说道，"我一生中从未见过哪个国家在一段时间内有那么多人跃入中产阶层，争相购买苹果的产品。我认为那个地方蕴藏着巨大的发展机遇，苹果在所有国家的总收入排行榜上，中国排在第二位……在那里，一切皆有可能。"

其实，中国的情况远没有那么乐观。2010年，中国的GDP增长率为9.8%，产值达到58 800亿美元（约合388 274元）[①]，超过日本成为世界第二大经济体，仅次于美国。但是中国存在着巨大的贫富差距。根据政府报告，2011年，中国城镇居民人均收入为23 979元[②]，而农村居民人均纯收入仅为6 977元。大约1.5亿中国人每天仅依靠不足7元钱生活。iPhone的初始零售价为5 000元，iPad的初始零售价为3 000元，

[①] 根据中华人民共和国中央政府网站发布的《中华人民共和国国家统计局公告》〔2012年第1号〕数据显示，我国2010年GDP总量为401 513亿元，比上年增长10.4%。网址为http://www.gov.cn/zwgk/2012-01/10/content_2041140.htm.——编者注

[②] 根据中华人民共和国国家统计局网站发布的《中华人民共和国2011年国民经济和社会发展统计公报》数据显示，2011年城镇居民人均可支配收入为21 810元。网址为http://www.stats.gov.cn/tjsj/tjgb/ndtjgb/qgndtjgb/201202/t20120222_30026.html.——编者注

这个价格即便对于城市中产阶层来说，也是一笔不小的开销。一些在学校表现优异的年轻人的父母会送给他们iPhone或者iPad作为奖励，而大多数人则通过削减日常开销攒钱买这两款设备。

对于工厂工人来说，这些奢侈品是他们无法企及的。小艾和其他工人只能眼睁睁地看着自己制作的产品进入码头的集装箱，被送到世界各地的消费者手中，对工人来说，那些人的生活只存在梦中。

对于小艾来说，Beyond乐队的歌让她获得了一种别样的慰藉。她公寓的书桌上摆着一个随身听，经常用来听黄家驹唱的《海阔天空》，她在上下班的路上有时也会哼唱这首歌。

黄家驹创作并录制好这首歌之后不久，便在演出时从舞台上摔下，就此告别人世。之后几十年，他的去世赋予了这首歌一种坚不可摧的力量。对于小艾来说，黄家驹的英年早逝是对所有人的一种警醒，因为没有人知道自己还剩下多少时间。下班回家后，小艾一边打扫卫生，一边高唱《海阔天空》。夜里，她戴上耳机听着这首歌入睡，让自己紧紧地被歌词围绕。小艾热爱这首歌的精神。挂在墙上的另一张海报上是黄家驹写的另外一句歌词：

"未来路漫长未知，那又怎样。"

小艾相信自己会找到出路。她又开始攒钱了。她每月能挣4 000元，不含加班费，每年的收入是5万多元，相当于美国硬件工程师的平均月收入。如果是普通的流水线工人而不是模具师的话，每月最多只能挣3 000元，而且是包含加班费在内的。重新攒钱以后，她可以去整牙，不用再担心人们嘲笑她的牙套。也就是在这个时候，她买了那台珍贵的电脑和那把木吉他。

现在，她下班回家后做的第一件事就是打开电脑。冲个澡洗净一身的尘垢后，她开始查看信息和新闻，然后去吃饭。那台电脑是她与外界唯一的交流通道。小艾还坚持每天练习吉他。她最近学习的一首歌是陈楚生的《有没有人曾告诉你》，讲述的是在城市中奋力追求梦想的年轻人。小艾并没有完全放弃回学校读书的念头，但是她短期的目标是离开富士康，创办一家有机农场，为那些和她处境一样的年轻工人提供工作。选择有机农业是因为她认为中国的财富精英可能会对健康食品有需求，他们不愿让自己的孩子吃被污染的食物。

她还自学了如何维护员工权利。当有同事因公受伤时，她就鼓励他们索取赔偿。她最崇拜的人是潘毅，潘毅是香港理工大学的社会学教授，也是"大学师生监察无良企业行动"[①]的创始人。1995 年至 1996年间，潘毅在一个工厂的生产线上亲身体验了 8 个月后，发文揭露全球资本主义、国家社会主义和家庭父权主义如何共谋剥削年轻农村女性：先把她们送入工厂工作几年，而后拉回家结婚生子。潘毅不仅愤怒地指责那些年轻打工女性面临的种种压迫，还热情高涨地指出，一场无声的社会革命即将到来，工人们将奋起反抗他们低下的社会地位。

小艾的经历印证了潘毅在书中对那些"打工妹"的描述。但是小艾决心要掌控自己的命运。为了自由和独立，她每年春节都不回家。

"如果我放弃了梦想，我的人生就会变得毫无意义。"小艾在 5 月一个温暖的傍晚说道。她刚刚下班，穿着一身漂亮的黑白波点连衣裙，坐在百事微笑店里享用橙汁。尽管她总抱怨双手被工作搞得很糟糕，但别人很难看出什么异样。她从不化妆，不过她的指甲修剪得很讲究，

---

① 于 2005 年成立的学生民间组织，参与者是香港中文大学及香港浸会大学部分学生，旨在组织香港大学师生志愿者以到跨国公司的内地代工厂做独立调查、向公众公布调查结果的方式，唤起消费者对企业不良行为的关注，迫使企业改善现状。——编者注

小指上还戴着一枚闪亮的戒指。

晚饭后，她在小镇上漫步，经过一群年轻的小伙子，他们正围在一家小电器店的橱窗外面看里面播放的电视节目。他们目不转睛地盯着屏幕，眼睛里全是空虚和无聊。

"他们根本就没有人生目标。"小艾瞥了他们一眼，这样说道，"他们把钱都花在了那些没有意义的事情上。"

小艾理解他们毫无目标的心态，因为她曾经也是如此。对此，她深表同情。

13

专利角斗：苹果 VS 三星

苹果和三星的案件审判安排在 2012 年 6 月 30 日，在圣何塞举行。开庭前的几个星期，法院一直鼓励双方调解。

"我们就不能在这里解决问题吗？"高慧兰在 6 月的一次听证会上问道，并建议双方找一位调解员。"无论如何，我都会送你们一盒巧克力。"

当然，如果双方为了决一胜负，把命运交到陪审团手中的话，都会蒙受巨大损失。但是离开庭的日子越来越近，战争不可避免地要拉开帷幕。就像国家要征兵备战一样，苹果和三星各自调来了一大批律师。审判日临近之时，大约有 80 位律师提交了出庭通知。其中有一些代表其他技术公司出席，包括摩托罗拉、美国高通和英特尔。双方之间的案件涉及 16 项专利、6 项商标、5 项关于产品设计和外观的申诉和关于 37 款产品的反垄断指控。

不过，案件的中心问题非常简单：三星究竟有没有抄袭 iPhone 和 iPad 的设计？

尽管这次纠纷只是苹果与安卓设备制造商在全球范围内无数诉讼案件之中的一个，但它却是第一个走上法庭的案件。ABI 研究所调研发现，苹果与三星的智能手机占据了全球市场份额的 55%，其利润更是占到了整个市场利润的 90% 以上。陪审团的裁决会对这个行业的竞争产生深远影响，特别是其他国家的法院和司法机构将会严格遵循这个流程进行裁决。在这样一场大风险、高赌注的战争中，从某种意义上来说，最终结果将会对各方都产生决定性作用，获胜的一方将会在后续的磋商中获得巨大的优势。

关注这个案件的除了记者之外，还包括专利专家、监管员、反垄断诉讼人员、政策制定者、标准制定组织以及其他与专利利益相关的公司。甚至连法律史学家也在关注这场伟大的战争，他们认为这个案子的重要性可与托马斯·爱迪生声明自己拥有白炽灯泡这款革新性产品的发明权相提并论。与苹果的情况相似，世界上第一个灯泡并不是爱迪生发明的。他成功研发出第一个进入市场领域的灯泡，但是先前已有人获得灯泡发明的专利，很难说谁才是发明灯泡的第一人。不过，经历10年的法律纠纷以后，其他众多专利持有人都以失败告终，最终，爱迪生成为赢家，并获得了整个市场的控制权。

"创新对经济具有非常广泛的影响。"美国印第安纳大学法学教授李·沙佛说道，"智能手机已经成为各大公司通过注册专利竞相争取的一块技术领域。"沙佛指出爱迪生的胜利减缓了竞争进程，在很长一段时间内，普通家庭都无法负担灯泡的价格。

在德国，专利诉讼顾问弗罗里安·缪勒在一家叫作FOSS Patents的全球知名专利博客网站上详细记录了苹果和安卓阵营的专利案件，也是迄今为止最全面的记录之一。FOSS的英文全称为"Free and Open Source Software"，即"免费开源软件"。在投身于知识产权和竞争案件之前，缪勒曾致力于德国与美国公司之间的授权与合作咨询事业。他写过很多文章解析全世界各类审判案件的最新进展，并给出最全面的解读。

缪勒认为苹果与三星之间的战争是对专利体系的一次重大考验。三星可以举例说明，在iPhone出现之前，已经有其他手机采用矩形机身和圆滑边角的设计，但在缪勒看来，iPhone无疑重新定义了用户与设备交互的方式。

"如果专利体系无法保护苹果，那么这将不仅仅导致诉讼当事人苹果的失败，我认为这将同样是整个专利系统的终极失败。"他在慕尼黑的家中说道，"如果它连苹果这样毫无争议的创新者、游戏规则的改变者、革新者和颠覆者都保护不了，那它还能保护谁呢？"

这场激烈的战争也登上了荧屏，三星在广告中公然表示苹果设备不如三星。在一则广告中，"苹果粉丝"露宿在得克萨斯州奥斯汀的一家商店前，等待最新款iPhone——应该是iPhone 4S——发售。他们看到视频中来自伦敦的某个人从箱子中拿出他的新手机，其中一人叹息道："看起来跟去年的手机没什么两样！"另一位赶时髦的朋友炫耀自己的三星Galaxy SII时，向他们展示了免费的全程语音导航功能，那些苹果客户只能"羡慕嫉妒恨"了。

"我们被三星玩儿了！"有人说道。广告以一则标语结束："你们等待的下一款重大产品就在你们面前。"

这则针锋相对的广告在超级碗（Super Bowl，美国橄榄球年度大赛）比赛期间首次播出，因其对苹果毫无掩饰的敌意而闻名。如果说人们曾经疑虑过三星究竟有没有准备好与其最大的客户之一展开对抗的话，那么现在已经一目了然了。三星企图利用苹果的声望做宣传，这一点显而易见，不过观众非常欣赏三星敢于对傲慢的苹果品牌展开攻击的行为。那些无所顾忌的广告一点点破坏着苹果杰出的品牌形象。

然而在审判之前，苹果似乎得到了公众更高的呼声，以至于当三星发布Galaxy SIII模型机时，一些批评家指出这款手机是由三星的律师设计的，只是为了显示出和苹果的不同，以防引起苹果的愤怒。

"我们在智能手机设计方面的转变是我们'五年计划'的一部分，而不是临时决策。"三星的一位经理说道。

三星的首席设计师李民赫，曾因成功设计出Galaxy系列而被冠名为设计界的"迈达斯"（希腊神话中的人物，能点物成金），亲自出面回应了路透社关于苹果控告三星公然抄袭其产品设计的问题。

"我画了上千幅草稿图，做了上百个产品模型。难道这还表示我一直以来都在作秀，假装在设计吗？"他反问道，"作为一名设计师，我们都是讲求尊严的……这款产品就是我设计的。"

竞争双方都试图在审判中占据优势地位，其间的矛盾不断激化并爆发。苹果要求获得25亿美元的损害赔偿，并请求法院下令阻止三星销售任何侵犯其专利权的设备。苹果声称三星应当寻找更多方法来区分两者的产品，比如采用非矩形外观的设计，或者选择一种更"凌乱的外观"。

三星不仅质问苹果声称的专利权的有效性，还宣称iPhone和iPad在实际使用中盗用了三星的移动通信技术。三星愿意向苹果授权这项技术，但它要求对每部iPhone收取售价的2.4%，而不是现在的0.5美分。

评判此类案件时，在很多国家都由精通专利法的法官做出裁决，而美国则不同，做决定的是由10位普通市民组成的陪审团。这类复杂案件通常鲜有人懂且涉及枯燥无味的技术问题，能够连贯而有力地讲述故事至关重要。为了让自己的叙述尽可能地清晰易懂，双方都需要获得许可，将案件的基本构件作为证据。

双方都提交了大量动议和反动议。三星请求两家公司都用中性术语"索赔方"作为指称，尽管实际上三星是被告，而苹果是原告。它还希望在对苹果进行反诉时能够坐到原告席上。

"双方在案件中不论坐哪里都应受到同等待遇……"该动议无休止地说道，"这样才能减少由于苹果始终靠近陪审团而对三星造成的偏见。"

座席位置对于律师来说是个大问题，因为有时这确实会造成很大影响。一些法庭对于座席没有明确规定，审判人员便倾向于为座席靠近陪审团的一方辩护。

美国地方法官高慧兰同意了三星将双方称为"索赔方"的请求，但否认了审判人员会依据座席做判断的说法。

与双方对陪审团指示的措辞所提出的动议相比，这些请求就显得微不足道了。在双方共同提交的长达361页的文件中，苹果称三星的动议"冗长且令人费解"，而三星则要求在那些苹果还未证实的申诉中加入"指控"一词。三星还先后提交了700个问题，共40页纸，希望陪审团在裁决时予以解答。而苹果只提出了49个问题。

双方的策略显而易见。苹果希望简化问题，着眼大局；三星则想要陪审团对各个细节问题予以裁决。

在审判日即将来临之际，双方都疯狂地与第一证人沟通。律师站在对方律师的角度，向他们提出一切能够想到的问题。"这是什么？"他们会一边问，一边展示幻灯片或文件。"为什么你现在说的与10周前的证词相矛盾？请就此给出解释。"双方都为上诉做好了准备。

高法官在判案时不偏不倚。她曾是一名知识产权律师，2010年由奥巴马亲自任命，对细节有非同寻常的分析及推理能力。高法官对双方都很严格，她的每一项判决都会以过去的案例和程序规则作为支撑，并能在一定程度上体现出实用主义追求。三星请求告知陪审团史蒂夫·乔布斯曾宣誓要展开"热核战争"，遭到了她的否决。她也禁止苹果在陪审团面前以任何形式暗示三星在美国有逃税行为。

从一开始，高慧兰就对陪审团表示同情，他们要连续数周出席法庭，并要在证据的海洋中仔细筛选，且每天只能获得 40 美元的报酬。后来高慧兰给他们每天增加了 10 美元，不过与那些每小时收入几百美元的律师和专家相比，还是太微薄了。

"我认为这对陪审团来说就是一种残酷的惩罚，所以我不愿意那么做。"她对律师说道，并要求他们把索赔条款缩减到一个可以掌控的范围。她还对审判的时长给出限制。各方提交的证据不得超过 125 个。双方各有 25 个小时的时间来陈述案件。

对于一个波及全球的复杂案件而言，这点时间并不够用。三星的律师曾迫切希望能让陪审团深入了解问题的复杂性，而现在也被逼到了墙角。一旦由陪审团裁决，他们只有两个选择：要么减少证人和证据，将重心放在案件的关键内容上；要么快速呈现所有证据，同时接受这样一个事实：快进式的陈述可能会让陪审团崩溃。

时间一分一秒地过去，移动通信的未来仍然一片渺茫。

2012 年 6 月 30 日，一个温暖的夏日，审判在罗伯特·佩克曼联邦大厦法院展开。在那座土褐色的官僚式样的 5 层建筑前，一大批记者和律师排起漫漫长队。包括 74 位受召前来的预备陪审员在内，每个人都要接受金属探测器检测，他们必须摘下手表和皮带，并交出一切电子设备，其中有大量iPhone和Galaxy手机。审判庭要比高法官平常出入的法庭大很多，但仍然不足以容纳在外面排队的所有人。第一批记者早上7点就来到了法院，他们坐在仅有的几个记者席位上，其他人则被带入另一个装有直播显示屏的房间。

法官宣布开庭前，首先公开讨论了几个重大问题。在审判之前的大量动议中，三星已经就乔布斯照片的使用提出过反对意见，苹果在开庭辩护所使用的5张幻灯片中"无缘无故"地使用了史蒂夫·乔布斯的照片。高法官驳回了这一异议，而现在三星的律师坚持再次提出这一问题，并要求法官解释为何会有一张以美国专利商标局为背景的史蒂夫·乔布斯的照片。照片中，这位仙逝的首席执行官如同位居专利之塔顶端的圣人，这令三星难以忍受。

"这绝对会引起偏见，法官大人。"三星团队态度强硬的领头律师查尔斯·范霍恩说道，"他们放了一张他在专利局的照片。你知道那会影响陪审团，让他们产生偏见，把这场官司变成一场人气竞赛。"

范霍恩是昆鹰律师事务所（Quinn Emanuel Urquhart & Sullivan）在专利权方面的顶级律师，曾成功为谷歌和思科辩护，同事们都叫他查理。2010年，他和他的团队击败了苹果的两家法律公司，被《美国律师》（*American Lawyer*）杂志评为"年度知识产权诉讼部门"。在法学院就读时，范霍恩曾打算退学，因为他不想给别人打工。但接触到诉讼以后，他改变了主意。

"除了专业运动项目以外，你还能在哪里与对手、法官或者陪审团大干一架呢？"

范霍恩在过去一年异常繁忙，他接手了7个案子，已经精疲力竭。他还患有坐骨神经痛，遭受着极大的病痛折磨。他必须坐在没有靠背的凳子上，并定期注射可的松（用于缓解肿胀的激素），但是他拒绝因为这些因素放慢脚步。法庭中的大多数人都不知道他身患疾病。

走廊的另一边是苹果的首席律师哈罗德·麦克尔希尼，他体形庞大，银白色的头发精心梳理过，看上去非常和善，既不显得太过精明又不过于圆滑。在空闲时间，他喜欢去像乌兹别克斯坦这样遥远的国度重走丝绸之路。他毫无幽默细胞，并且要求严苛，这在他的莫里森·弗尔斯特律师事务所（Morrison Foerster）中是出了名的。关于麦克尔希尼，有一个广为流传的故事。他刚从业时的一个周五下午，一位初级律师在电梯中与他相遇，便想找点话题，就问他周末有什么安排，麦克尔希尼则回答道："关你屁事！"

他说话时的神情是如此严肃，以至于那位可怜的律师不太确定他是不是在开玩笑。

麦克尔希尼在诉讼方面有着敏锐的专业头脑和丰富的实践经验，不过在法庭上他却显得异常风度翩翩。与电视剧中的警探科伦波一样，麦克尔希尼也摆出了一副茫然的神态，声称那只是专利局的一张照片而已，苹果根本无从干涉他们要放什么照片。

"把史蒂夫·乔布斯的照片放在那里的并不是我们。"

法官立即驳回了三星的异议。

法官刚开始研究乔布斯的影响时，法庭就着手组建陪审团。这些候选陪审员是硅谷的一个典型缩影。他们中的部分人与苹果或者谷歌曾有联系，很多人曾阅读过艾萨克森写的《史蒂夫·乔布斯传》。当律师询问他们都使用什么样的手机和平板电脑时，一位候选陪审员——谷歌员工——说出了好几款苹果和三星的手机及平板电脑，还提到了亚马逊的Kindle阅读器，以及巴恩斯·诺伯书店的Nook阅读器。

"你们带动了经济增长。"高法官对他说，引起一片笑声。

回答律师的问题时，5位候选陪审员透露他们都拥有自己的专利。一位最终未被选为陪审员的男性工程师在物理学、机器人学和半导体制造领域的125个专利中被提名。当法官询问这些候选人对此案件是否有所了解时，大多数人都举手示意。同样惊人的还有候选陪审员的国际化性质。他们之中至少有8位不是在美国出生的，好几位都拥有高级学位和技术背景，有一位是已退休的圣何塞居民，在硬盘驱动方面有至少35年的工作经验。

下午3点左右，双方选择了他们的陪审团——一个由7位男士和3位女士组成的电子组，包括一位社会工作者、一位工程师、一位自行车商店经理和一位年轻的游戏爱好者。那位硬盘驱动专家被任命为首席陪审员。其中一位女士在知道自己休假期间领不到工资后便立即退出了，于是这场审判只有9位陪审员。有两位来自菲律宾，一位是印度籍美国人。只有三位拥有智能手机。大多数只有LG或三星制造的基本款手机。只有一位用的是苹果手机。那位游戏爱好者根本就没有手机。

那天晚上，陪审员宣誓就职各自回家以后，三星的律师约翰·奎恩请求法官再做一个改动。

"法官大人，楼下的电梯外面有一个标语写着'苹果vs三星'，也应该说是'三星vs苹果'。"奎恩说道。

对于外行人来说，这个请求听上去非常荒谬。但是对三星团队而言，这会对案件走势造成关键影响。

法官同意了。标语很快得到修正。在后面的审判中，案件均被称为"苹果vs三星、三星vs苹果"。

开庭陈述在第二天上午进行。"你们只能说证据中已有的信息以及证人将要证明的信息。不得争论、不得推论、不得质疑法律。如果你们违背了其中一项，我将会在你们开庭陈述时叫停，请你们终止为案件辩护。"高法官严令警告道，"请不要越线。"

麦克尔希尼首先讲述了苹果研发iPhone时经受的种种风险，并指出三星抄袭iPhone的行为是多么无耻。

"证据将显示三星可以有两个选择：它可以接受iPhone的挑战，创造出自己的产品，创新自己的设计，在市场上体面地把苹果打败。或者它也可以抄袭苹果。"他说，"众所周知，抄袭要比创新容易得多。"麦克尔希尼承诺会出示机密文件加以证明。

他结束发言后，威凯平和而德律师事务所（WilmerHale）的比尔·李接着针对三星的反诉为苹果辩护。和麦克尔希尼一样，李看上去也是平易近人、彬彬有礼，很难发现他其实是一个极度睿智、锲而不舍之人。他是美国知识产权方面最有威望的律师之一，从业近40年，在无数案子中取得胜利。他在"博通—高通"一案中对证人的严密盘查俨然成为一段传奇。大学时期的他曾是一名运动员，现在他每个月仍坚持跑步125英里（约201千米）。即便在这次审判期间，他仍待在帕洛奥图，以便每天清晨都可以跑步锻炼。

李强调说三星在老旧技术方面的专利对苹果设备的作用微乎其微。这些专利中有一部分是标准要素，这类专利应当对所有人开放，合作条款应公正合理、一视同仁。李称三星违背了上述要求。

范霍恩对三星的辩护直截了当——苹果的专利缺乏有效性，他说，因为有很多例证显示，在iPhone和iPad之前就已出现过类似的设计和特征。

"证据要表明的是技术在发展，智能手机的技术也在发展，随着这些手机变得越来越精密、越来越复杂，你能做的也就越多。"他说，"不只是三星，整个行业都在朝着这个方向发展。"

范霍恩承认iPhone是一款极具启发性的产品。"但是，受到一件好产品的启发并尝试生产出更好的产品……被称为竞争。这不是抄袭，也不是侵权。市场上的每个人都那么做。"他说，继而又补充道，三星投资350亿美元研发自己的智能手机。"三星不是抄袭者，也不是制造山寨货的后来人。"

为了引起陪审员的兴趣，苹果在一开场便唤来公司的3位高级官员。蒂姆·库克不在证人之列，但几乎没人注意到他缺席。三星的董事长李也没打算露面。两位执行官都没有直接参与案件。不过，苹果决定打破神圣的保密誓言，在法庭中透露其内部运行机制，这令所有观众都兴奋不已。

第一位证人是克里斯托弗·斯特林格，他是苹果的资深工业设计师，在苹果工作的时间和乔纳森·艾夫差不多。他替自己的老板为公司作证。艾夫当时正在伦敦参加皇家艺术学院的创造工业展会，一同出席的还有剑桥公爵夫人、首相以及其他名流。

斯特林格和法庭中的其他人完全不同。他穿着浅色西服套装，头发长长的，像个摇滚明星，胡子精心修剪过。他的外观符合人们对一位时尚设计师的所有要求。有人把他比作维戈·莫特森在《指环王》（*The Lord of the Rings*）中扮演的阿拉贡一角。如果苹果的意图就是令人们眼花缭乱的话，那么它成功做到了。甚至在斯特林格发言之前，他的外貌就已经将公司炫酷的传奇颠覆者形象诠释得淋漓尽致了。事实上，这是这位设计师的首次亮相，他也是苹果的一件产品，是经过精心打磨的，以塑造出一种看上去自然而然、毫无修饰的优雅感。

那些对法庭司空见惯的记者被他迷得神魂颠倒。他的套装是象牙色还是米黄色？是棉质的还是亚麻的？还有那胡子是怎么打理出来的？

斯特林格轻轻地走到证人席就座，他那精心打造的完美仪表立即证实了苹果案件的核心问题：三星当然迫切想要抄袭我们了。

他说的话同样动人心魄。他说苹果的产品是艾夫在工业设计室中的餐桌旁构想出来的。"那是让我们感到舒适的地方，那是最具有家庭气息的地方。"他说道，提及苹果的设计重心。斯特林格生于澳大利亚，曾在英国接受过教育，带有些许澳大利亚、英国或两者兼有的口音。这令他更加温文尔雅

斯特林格的证词主要围绕团队如何设计出 iPhone 而展开，其重心是要强调苹果在创造这款市场上独一无二的设备时承受了多大的风险。不过，尽管他承认史蒂夫·乔布斯最初对 iPhone 的未来表示担忧，但是他仍忍不住热情赞美他们的辛勤工作换来了多么奇妙的产品。

"它很简单，是我们最美的设计。"他说，语气听上去和艾夫甚为相似。"我们有时并不会立即认可它的价值。它需要我们花时间和精力去证实，可能还要在细节方面下功夫。但是，一旦意识到它的价值，我们就知道会取得这样的结果。"

被问到三星的 Galaxy 设备时，斯特林格的言辞毫不委婉。

"我们被欺骗了，这显而易见……这是赤裸裸的冒犯。"

苹果的下一位证人是市场主管菲尔·席勒，他进一步证明了 iPhone 和 iPad 是革新性产品。尽管他之前经常出席苹果的产品发布会，但这次坐在证人席上，他看上去却没有那么自在。他穿着一身不太合体的

深色西服套装。苹果的执行官上班时从不穿这么正式的衣服。

如果说他缺少斯特林格那种个人魅力的话，那么他的热情完全可以弥补。他透露了苹果在iPod获得成功后如何找到另外一个开发种类的秘密，陪审团则一丝不苟地认真倾听。

"人们开始询问，如果你们的iPod可以获得巨大成功，那么你们还能做些什么呢？制造一台相机？生产一辆汽车？这些想法都太疯狂了。"席勒回忆道，"我们通过iPod意识到，如果有什么东西可以改变你随时享受娱乐的方式——看电影、拍照、听歌——那么，这个东西一定是手机。"

席勒说苹果投资了超过11亿美元为iPhone和iPad做广告，以促其成功，当他看到三星竟然利用他们的革新设计生产出雷同的产品时，他感到非常震惊。

"当你模仿或是抄袭一家公司产品的设计时，"他说，"实际上你是利用了我们为开拓市场所进行的一切投资，偷走了我们为客户创造的一切利益。"

苹果的总结证词由移动软件总裁斯科特·福斯托呈献。他看上去非常轻松，讲述了工程师们秘密研发iPhone操作系统的过程。为了配合该项目的代码"紫色项目"（Project Purple），他们工作所在的大楼被称为"紫舍"（Purple Dorm）。

"我们封闭了整整一层楼来开展这个项目。"他说道，"我们的门上设有证件识别器，还有摄像头。如果想要进入我们的实验室，必须要进行4次身份识别。"

苹果粉丝都对苹果在封闭空间研发新设备的做法有所耳闻，但这次听到福斯托亲自证实并讲述细节，他们还是感到兴奋不已。

"大家一天到晚都待在那里。晚上也在那里搞研发，周末也在那里。你知道吗？那儿闻上去就像比萨店一样。"他说，"实际上，我们在紫舍的大门上挂有一条写着'角斗俱乐部'（Fight Club）的标语。电影中角斗俱乐部的第一条规定是你不能谈论任何跟角斗俱乐部有关的内容，而紫舍的第一条规定则是你在这些门之外不得谈论任何有关紫色项目的内容。"

福斯托面带微笑、自信满满，一边讲话一边直视每一位陪审员的眼睛。他曾经好几次出庭作证，所以这次在证人席上他也没有感到任何的不自在。对一些记者来说，他显得太过熟练，但是他们欣然接受了他提供的所有信息。

在反问阶段，三星试图质疑苹果创新的纯粹性，便引入几封苹果执行官之间发送的邮件，他们在设计iPhone和iPad时提到了竞争对手的产品设计。但是没有一封能够打败苹果最具毁灭性的证据：三星移动业务主管申宗均曾于2010年2月发送给设计师一封关于移动通信的内部邮件，就在这家韩国企业发布Galaxy S之前。

"这一次我们关注的重点是诺基亚，努力的方向是文件夹、图标、滑条。"申写道，他指的是手机的用户界面，"但是与苹果的iPhone这个意料之外的对手相比，还是有天壤之别的。这是一个设计危机。"

当苹果的律师比尔·李就这则内部通知质问美国三星电信的移动战略总裁贾斯汀·丹尼森时，后者轻描淡写，坚持说这种夸大的言辞是自我批评，是公司文化的一部分。"三星不希望自己对过去的成就沾沾自喜，"他说，"你听过很多夸张的言论。"

"那么你能提供任何文件证明三星曾对诺基亚也说过类似的话吗？"比尔·李反问道。

"我不知道我如何才能找到那些文件。"

"答案是你找不到。"比尔·李反击道，"三星唯一一次提到'设计危机'一词，就在 2007 年提及苹果推出 iPhone 的时候。"

在后面的证词中，苹果进行了第二次进攻，提到另外一封三星的内部邮件。邮件中提及谷歌施压重新设计 Galaxy 设备，以便它们不会与 iPhone 和 iPad 过于相似。"谷歌要求 P3 的设计要与 iPad 有明显区别。"邮件中如是说。P3 是第一代 Galaxy 平板电脑的代号。

三星辩护称大多数将 iPhone 与 Galaxy 做对比的文件只是一种常规竞争分析。苹果结束发言后，轮到三星召唤证人了。三星打电话给首尔的一位资深设计师，让她证明自己并没有抄袭 iPhone 和 iPad 主界面上独特的图标。借助一位口译人员，王继云声情并茂地讲述了她与自己的团队是如何为了完成设计夜以继日地工作的。

"我每天晚上大概只睡 2~3 个小时。"王说道，又补充说自己连给婴儿喂奶的时间都没有。她说着，泪水从两颊滚落。

这位设计师从功能的角度解释了为何三星的应用图标与苹果的一样都采用方形设计。"我们不能把它设计成水平状的或是垂直状的，因为对触屏来说，那样的设计要么会造成空间不足，要么会造成空间过剩。"她说。后来她又补充道，电话图标中的电话图像之所以朝左倾斜，是因为人们就是这样打电话的。

她还解释了三星选择一朵花作为相册应用的图标的原因。与苹果的图标相似完全出于巧合。王坚称是三星电视的一张备选花朵壁纸带给了他们灵感。

"当人们想到一张图或看一张图时，他们大多会联想到一种水平的景观，很可能是一座山或是一条河……当我们近看时，总体而言，人们多半会想到花这样的事物。"

三星还请了几位专家证人来证明苹果并没有发明那些它指控三星抄袭的技术和特征，比如橡皮筋功能。他们还就苹果指称两者产品相似性太高，足以迷惑消费者的说法进行反驳。

陪审团专心致志地倾听、做记录，并不时点头示意。谈到技术问题时，有几位陪审员开始打瞌睡。高法官好几次暂停审判，给陪审员 5 分钟的休息时间来活动一下筋骨。

审判期间，柯南·奥布莱恩的深夜脱口秀强烈讽刺了三星，称之为"山寨者"。录像中，一位"三星执行官"发起诉讼，以证明他们公司的产品与苹果的产品有多么不同。

"自打我们进入个人电子空间开始，三星就一直在研发与苹果完全不同的产品，这一点你们都能看到。"他一边说着，一边展示几乎一模一样的手机和平板电脑设备。"我们的 Galaxy 手机的边缘颜色更灰一些，看到了吗？再看看我们的 Galaxy 平板电脑？一点都不接近。"

他换上一身深色套装，戴上眼镜，俨然是史蒂夫·乔布斯的风格。这位虚构的"三星托"继续说道："三星的原创性同样能够体现在我们的家电设计上，不论是我们的新款微波炉、真空吸尘器还是带滚轮的智能洗衣机。不相信我吗？那就到我们的零售店来吧，你可以与'三星智能人'讨论我们更多的产品。"

接下来，这位演员切换到英国口音，扮成三星版本的乔纳森·艾夫爵士，解释公司如何保持创新性。

"这确实非常简单。我们一直遵从三星创始人斯蒂芬·乔布斯（Stefan Jobes）的愿景。"他以此收尾，屏幕上显示出三星与苹果标志的混合体，下面文字写道"三苹果——稍微非同凡想"。

　　三星被逼入困境。三星的智能手机和平板电脑几乎和苹果的一模一样，面对这样一个无法回避的事实，这家韩国公司的法律团队苦苦思考该如何向陪审团讲述一段连贯的故事。开庭辩论期间，三星的首席律师承认他的客户确实从苹果卓越的设计中"获得灵感"，并且这种灵感激发了三星的竞争心理与创造才华。现在看来，不论三星的律师付出多大努力，各种证据都表明这种灵感最终直接变成了剽窃。三星曾指控苹果抄袭了其部分手机内部移动技术，但这个指控早已淹没在苹果强有力的故事之中了。

　　三星的绝望显露无遗。它的律师接二连三地与高法官发生冲突。在审判之前，三星请求展示几组图像以证明在iPhone推出之前就已经有类似的设计存在，还有苹果的一位工业设计师画的一幅iPhone 4模样的手机概念图，背面有索尼的标志。三星本想用它们证明苹果的设计并不是原创，但高法官否决了这项请求。她的理由是：三星之前立案时并未公布或依托这些文件。有些文件甚至与案件毫不相关。

　　开庭陈述之前，三星的首席律师约翰·奎因再次尝试获许播放这些幻灯片。"法官大人，我从业至今36年，从未像今天这样乞求过法院。"他恳求道，"进行审判的意义在哪里？意义在哪里？"

　　"奎因先生，"高回应道，"请不要让我给你处分！"

　　尽管奎因的这次尝试失败了，但也至少为后面可能出现的不利裁决申诉做了铺垫。但是三星并不准备放弃幻灯片这个证据。那天下午，三星把那些图像公布给各大媒体，将这个案件公开化。

　　"毫无疑问，这些未被包含在内的证据可以证明三星并没有抄袭苹果的设计。"附加评论中写道，称苹果的设计抄袭了索尼，因此并不是原创。"公正的基础在于陪审团应该依据所有证据进行裁决。"

法官勃然大怒。

"打电话给奎因先生，我今天要见他一面。"她看到三星公布的新闻稿后对三星的律师说道，"我想知道是谁发布的，是谁授权的，是谁起草的。"

然而，奎因当时正在参加美国电影艺术与科学学院的重大聚会，他是该学院的总法律顾问。法官得知此事后非常愤怒，让奎因的同事转告他第二天上午之前把事情的经过写成报告提交给她。

高法官担心三星的肆意之举会对审判造成不利影响，便挨个询问陪审员，确保他们之中没人看过那则新闻。苹果请求对三星控诉苹果及其律师试图误导陪审团的行为进行制裁，但被驳回了。

同一天上午，三星又一次惹怒了法官，他们未经高法官同意，就神不知鬼不觉地带进来五位候选证人、两位口译和三位内部律师观看法庭的情况。其中一位甚至还受命拍照，这是不符合法律规定的。

"发生了什么？"高问道。三星的律师再次被叫起，他们解释说只是想让这些证人熟悉美国的法庭布局。但是这违反了现有的规定。很显然他们清楚自己已越界，便到华盛顿特区的一位联邦法官那里获得了参观许可，而不是请求获得高法官批准。

这件事令高法官更加愤怒。"我不允许任何无关的事情分散我们的注意力，我们要公正、高效地审判这个案件。"

进入审判的第三周，人们开始感到疲惫。一些陪审员担心他们还要跟老板继续请假。律师也精疲力竭，他们每天几乎都是 24 小时昼夜不停地工作，睡眠时间少得可怜，每餐也只有备战室里储存的意大利面、鱼肉和牛肉。他们在圣何塞待的时间太长了，餐品已经没什么选择了。他们偶尔会偷溜出去到费尔蒙特的烧烤餐厅饱餐一顿，在那里他们可能会非常尴尬地遇到对方律师。

　　法官给每个人的日程都安排得很紧张。审判期间，两家公司的律师团队除了要安排好证人和负责的律师以外，还要准备好证据以及诉讼案情摘要。每天傍晚，双方要检查对方的证据并交换意见，而后通宵达旦书写案情摘要，因为第二天早上 8 点就要提交。接着法官的工作人员各就各位，这样高法官就可以在 9 点准时开庭，宣布对各个问题的裁定结果。

　　苹果和三星的律师都很担心他们是否有足够的时间为自己的案件充分辩护。三星的律师在对苹果证人进行的反问环节中花费了太多时间，已经没有时间去为自己的案子辩护了。双方都提醒证人要"争分夺秒"，让他们直击主题。律师不停地问一些"是或否"类型的问题。证词中充满了各种各样的术语。三星通过法庭的大屏幕播放了几位韩国执行官录好的证词录像，配有语音翻译，听着令人头皮发麻。有时陪审员看上去昏昏欲睡，高法官忍不住问他们是否需要喝咖啡。

　　当三星威胁说如果苹果不缩减证人名单的话，它就提交一份 140 页的异议书时，高法官情绪失控了。

　　"请不要这样对我……求求你们……我认输了。"她解释说，自己的员工为了能够及时回复所有动议，每天的生活非常紧张。"与你们这些律师军团相比，下层社会团队应对的事情应该有一个人性化的限制。"

　　整个审判过程中，高法官反复表达让双方达成和解的希望，这样一来，所有人都不用花费大量时间、精力等案子结束了。但审判最后，她承认自己或许有一种"病态的乐观心理"。

　　审判一路坎坷地进入第 4 周，陪审团也感到是时候该做出权衡了。不过，陪审团首先必须忍受住煎熬，读完 109 页的指示，上面完整地记录了双方数周以来争论过的问题。

高法官鼓励陪审团做好准备，迎接考验。

"阅读指示的过程中，我需要每个人都神志清醒，包括我自己。"她说道，"因此我们将会……偶尔站起来，以保证血液畅通。"

在最后陈述环节，苹果的麦克尔希尼最后一次把三星定义为"抄袭者"。他再次罗列出所有显示三星试图通过抄袭iPhone和iPad的特征来与苹果抗衡的证据。他还特别强调一个事实，即三星在韩国的执行官中没有一位亲自到场做证。

"三星不尊重审判流程。"他说，"他们只送来了律师，而不是证人。三星并没有传唤它最重要的几位设计师和开发者，尽管我们知道他们都健健康康地待在圣何塞。"麦克尔希尼的陈述并不绝对公平。三星想要通知他们，不过没有时间这么做。

三星的律师范霍恩再次抨击了苹果的反竞争行为。"苹果提起这个案子的真正原因是他们不想在市场上竞争，而是希望通过法庭获得一种竞争优势。"他说，指控苹果"试图阻止它最大的也是最有力的竞争对手进入游戏之中"。

消费者有权在众多伟大的产品中自行选择，他辩称，并告诉陪审员他们的选择会改变全球竞争市场的未来。

"这个国家是希望有几家竞争对手进行激烈的竞争，还是希望由一个专利兵工厂武装起来的巨型企业一统天下？"最后他还用iPhone的发展历程举例说明。"你们猜怎么着？每一款智能手机都有矩形外观、圆滑边角，并且手机正面90%都被屏幕覆盖。"他说，"出现相似手机并不违法，技术就是这样演进的，而苹果在此针对屏幕周围 10%的区域向三星索要 20 亿美元的损害赔偿。按照苹果的说法，它拥有这些专利，它有权对圆角、大屏的矩形手机实行垄断。这真是令人感到不可思议。"

在一段抗辩中，苹果的律师比尔·李让陪审团最后一次陷入沉思。

"律师群体中流传着这样一句话。如果你有事实证据，就准备好事实进行辩护。如果你没有，那么就尽管攻击你的对方客户，攻击他们的证人，攻击他们的律师。这就是三星在做的事情。"

对于此类复杂案件而言，陪审团花费数天或者数周来做决策并不少见。但这次却不同。审判第 3 周的周五，只用了 21 个小时，9 位陪审员就通知法警他们已达成一致意见。裁决来得太快了，双方的律师都毫无准备，一位律师穿着 Polo 衫和牛仔裤就来到了现场。

"首先请告诉我，陪审团是否达成一致裁决？"法官问首席陪审员维尔文·霍根。

"是的，法官大人。"

20 页的判决书用了半个小时才读完。书记员宣布每一个决定时，三星的律师们都低头看看判决书，情绪非常低落。出席审判的三星代表也始终低着头做记录。他们中有两个人似乎正通过网络向外传送结果，对象很可能是三星的首尔总部。

该说的都说完了，该做的也都做完了，这场判决对苹果而言是个巨大的胜利，它获得了超过 10 亿美元的损害赔偿金。并不是所有的 Galaxy 手机和平板电脑都侵犯了专利权，但大部分陪审员都更支持苹果。三星一无所获。陪审团认为三星的专利权并未受到侵犯。一位在座的三星执行官对判决感到非常失望，有记者请他做评论时，他没有理会，愤然从其身边走过。在盘后交易中，苹果的股票市值每股上涨了 11.73 美元，飙升至 675 美元。

库克得意扬扬地给员工发送了一封邮件。"今天对苹果和各地的创新者而言都是个重要的日子。"他写道，"价值观念获得了胜利，我希望全世界都能听到这个消息。"

尽管用时很短，但做出裁决并非易事。陪审团认为苹果更具说服力，特别是看到三星内部比对 iPhone 与 Galaxy 的报告和通信之后，他们的想法更加坚定。三星播放的韩国执行官的采访视频同样给陪审团留下了不好的印象。

"我感觉他们有些傲慢。"陪审员曼纽尔·伊拉甘说道，"或许那是他们的文化所致，但给我的感觉是他们并不想出现在法庭上。"

陪审团有条不紊地审阅着法官发给他们的指示。判决书长达 20页，内容也错综复杂，但是小组在共同度过的这几日紧密联系起来，能够高效地分配职责。霍根被他们称为"韦尔"，因为他自己曾经拥有专利并且对这一流程最为了解，便被所有人一致推选为首席陪审员。审判期间，霍根经常要提前半个小时到达，以便审阅各项专利和证据。大卫·邓恩是自行车商店经理，负责把多种设备整理出来以便审讯时使用。他对这些设备的使用得心应手，能够迅速展示审讯时所需的任何功能。AT&T 的产品经理彼得·卡瑟伍德负责票数统计和损害赔偿金计算。伊拉甘是一位系统工程师，他负责向那些外行人解释专业术语及概念。

霍根后来解释了他在第一天审议后是如何在看电视时获得启发的。

"我在思考专利问题，就想到'如果这是我的专利，我能为它辩护吗？'一旦我给出了肯定答案，它就改变了我看待事物的方式。"

霍根还坚持认为他们应当不予理会苹果未受专利保护的外观设计诉讼。这是政府的工作，不是陪审团的职责。

"我们并不是匆忙而为之。我们都非常严肃地对待这件事。"他说，"我们不只是走进房间，把卡片丢进帽子那么简单。"

专家的证词大多没人重视。陪审团总结说，这些专家每小时收入数百美元，他们只是被雇来替客户传话的人。在证词陈述期间，伊拉甘私下对双方的专家证词做了一则记录："胡说一通。"

在慕尼黑，专利权专家弗洛里安·缪勒（Florian Mueller）辗转反侧。德国时间凌晨 1 点，判决公布。他用自己的 Galaxy Note 手机查阅邮件，发现一则来自圣何塞的消息提醒，他立即从床上跳下去更新博客。他倒了一杯圣培露矿泉水，穿上运动短裤和 T 恤衫，在电脑前坐了下来。他先浏览了推特的信息，并阅读了法院传到网上的判决书，而后开始在自己的博客上写分析。

"这个判决本身并不是一场热核战争，但是它的后续影响会很大，我们将看到的不只是无休止的争辩。更重要的是，苹果将会针对三星执行更多设计专利和实用（硬件和软件）专利"。缪勒推测说，"人们将没有理由怀疑三星和谷歌曾经'抄袭'过，并且今后仍将继续'抄袭'，而不是完全自主创新。法院需要划定界限，并为创新者提供一定保护。"

对缪勒来说，这个判决并不是什么大新闻。他曾预计苹果会获得一大笔赔偿金，但是这个赔偿数目对于拥有巨额资金的三星而言微不足道。更重要的问题是，这个判决是否会帮助苹果获得对三星的禁令。禁令所牵涉的利益最终将达到几十亿甚至上百亿美元。战争仍然会来临。

苹果通过电子邮件向几位记者表明态度，缪勒发送出最后一则推特信息："几年后，圣何塞的判决有可能——我再重复一遍，是有可能——会被人们铭记，成为把安卓送入螺旋式下跌的转折点。"

然后他上床睡觉了。

14

iPhone 5 的地图灾难

判决发布几天后，韩国经历了近 10 年内最猛烈的风暴袭击。台风"布拉万"以每小时 114 英里（约 183 千米）的速度席卷朝鲜半岛。学校关闭了，航班取消了，海岸城市也被清空。这场风暴造成至少 15 人死亡，对整个国家造成的经济损失高达 3.5 亿美元。

然而，台风并没有阻挡董事会会长李健熙的脚步，他在周二早上 6：20 出现在三星总部。他从黑色的迈巴赫轿车中走出时，天才蒙蒙亮。在几个贴身保镖的护卫下，李进入三座玻璃大楼的大厅。三星独特的建筑在闪闪发光的摩天大厦之中非常显眼。大楼的设计灵感来自拼图，选择这样的设计是为了激发创造力。

三星集团的总部位于一座 44 层楼高的建筑中，里面有 个巨大的公司餐厅和两个日托服务中心。那天上午李到达公司时，整个大楼空无一人。他经过接待桌走进电梯。坐电梯到顶楼的过程中，他可以从一个小型液晶显示屏上看到当天的新闻。

判决结果抵达太平洋彼岸已有 4 天时间了。李已经知道结果了，但是那些受到打击的执行官们还无法面对他讲述事情的原委。

外面，风暴还在黎明前的黑暗中猛烈穿行，三星的电子部主管与李会长见面讨论这个糟糕透顶的判决。足足有两分钟，他一言未发。

"Jal hara。"他最后说道。尽力而为。

李的每一个音节都意义深刻。这是一个渴望得到关注的人。他曾将价值 5 000 万美元的存货付之一炬，只是为了让表现不佳的员工有所觉悟。

他现在已经 70 岁高龄，原本黑色的头发已经变得灰白。虽然他也忍受过挫败和耻辱的煎熬，但他仍然拥有强烈的意愿去统治市场。对他而言，与苹果的战斗是三星命运的一部分，他深信自己的公司能够大获全胜。

如果一场能够置人于死地的台风都不能让这位年迈的会长放慢脚步的话，那么他也不会因 9 位美国陪审员的观点而退却。

苹果的律师并没有得意忘形。他们从费尔蒙特迁出，清理备战室中的文件、备忘录和幻灯片时，都非常注意自己的情绪，不让自己太过兴奋。他们还有很多工作要做。加利福尼亚审判只是第一轮。他们仍然需要从法庭得到禁令，阻止三星的产品流入美国市场，他们知道，三星也将会继续战斗。即便如此，这个法律团队还是感到极大的慰藉。他们为了备战审判而度过的那些紧张的日子——无眠的夜晚，日出时仍坐在电脑前起草另外一份诉讼摘要——至少现在看来是获得了回报。

"我无法说清自己为这个案子付出了多少精力。"一位苹果的律师对朋友说道。

在莫里森·弗尔斯特律师事务所，获胜的律师为自己准备了一个小型庆功宴，其实只是一个有香槟喝的聚餐活动。对他们很多人来说，比尔·李发来的一封感谢信比任何美酒都要甜美。判决公布之前，李曾给参与案子的每个人写过一封邮件，包括那些不属于他公司的人。邮件的大体意思是，无论结果如何，他们都应该感到自豪，因为他们表现真诚，并且已经为维护苹果的利益尽力而为了。

然而，这个判决仍然有被市场现实打破的危险。表面上的胜利正变得无关紧要。案件中提到的手机和平板电脑只涉及三星的旧机型，因此新产品将不会立即受到该判决的影响。苹果胜出会吸引更多消费者去购买iPhone和iPad吗？答案很有可能是否定的。

苹果赢得胜利所付出的代价远不止付给律师的费用。当乔布斯宣布要进行一场热核战争时，他希望把三星塑造为山寨者的形象。尽管乔布斯生前没能看到判决书，他仍然获得了成功。但是除了苹果之外，很少有人关心这一点。如果说对外界有什么影响的话，那也只是苹果对三星的攻击进一步巩固了这家韩国公司作为有力竞争对手的地位，并且还为三星做了免费广告。三星通过Galaxy成功塑造了品牌形象，并运用强大的品牌力量去销售新型原创设备，比如智能手机和平板电脑的混合体"平板手机"。在西方国家，它颇受那些喜欢大屏幕而又不愿同时携带手机和平板电脑出行的用户的欢迎。

全球的分析师都试图推测这项判决的真正影响。一些行业观察家担心苹果的巨大成功会导致大型公司更加积极地保护自己，从而将小型竞争对手挤出市场。据估计，单就智能手机这个领域，2010~2012年花费在专利诉讼和专利购买方面的费用就高达200亿美元。苹果和三星双方都花费了上千万美元的法律费用。

"当专利权律师变成摇滚明星，"苹果前法律总顾问南希·海宁（Nancy Heinen）说道，"整个行业的发展方向开始令人担忧。"

苹果的胜利同样引来了对于其动机的过多关注。假若这家公司手边有能够改变游戏规则的产品，那么它为什么还要花费那么多的时间、金钱和精力去保护它的旧技术呢？有没有可能苹果根本没有其他新技术了？史蒂夫·乔布斯以义无反顾闻名于世。但是这家公司现在可能已经输不起了。

UBS（瑞士联合银行集团）的分析师史蒂夫·米卢诺维奇认为，这场胜利将会成为苹果的噩梦。"真正的威胁不在于竞争对手在苹果自己的游戏中把苹果打败，而在于它改变了游戏规则。"他在一则研究笔记中写道，"如果竞争对手不得不跳出固有思维模式的话，那么苹果被超越的可能性或者对手创造出新类别的可能性将变大。"

从乔布斯去世至今，苹果展现出来的创造力暗淡无光。Siri迄今为止拥有广阔的发展前景，但与苹果天花乱坠的市场宣传相比，它不尽如人意的表现严重降低了其可信度。Siri惨淡出场一年后，最多也只能算作是苹果的一个次要功能。

苹果以前也曾跌落谷底——比现在这次要深得多——后来回到正轨，并最终超越了所有人的期望，用实际行动证明了它比从前更有活力，获得的利润更多。但是这一次如果它想要步入正轨的话，还需要做出另外一个非凡的举动——再次进行革新，重塑游戏颠覆者的声誉。

苹果正在筹划新的战略，这一次是在空中进行的。几个月以来，一队飞机和直升机在世界各地上空盘旋——悉尼歌剧院、伦敦大本钟、旧金山的泛美金字塔，以及从欧洲、亚洲再到美国的众多地点。飞机飞得很低，每一架都安装了摄像头，能够捕捉到下方的地貌特征。

苹果这个帝国正在画世界地图。数年来，谷歌地图曾经是iPhone和iPad上的默认软件。而现在苹果正默默地开发自己的地图应用来取代谷歌地图。在移动市场的主导权大战中，掌控这一特征至关重要。

如果苹果可以将自己的地图技术更深入地融入它的设备之中，提升用户体验，那么这一步将成为获胜的关键。例如，在更加精密的地图的基础之上，苹果的日历功能便能通知用户何时应预留更多出行时间来应对交通拥堵。

谷歌日益成为苹果的有力竞争对手，苹果不愿过多依赖自己的敌人。2008 年讨论更新地图应用协议时，双方矛盾升级。苹果希望谷歌能够提供它在安卓版本中的功能，比如全程音控导航和离线看街景照片，苹果还很担忧谷歌从这款应用中获取苹果用户的数据。地理位置信息极其重要，因为市场营销人员在做广告时可以更好地定位目标客户。苹果把这些信息拱手相让给谷歌，其实是在为自己的竞争对手养兵蓄粮。

苹果为iPhone 5 更新iOS 移动操作系统时，双方合作正式破裂。尽管双方合作已一年有余，苹果还是决定用自己的地图应用代替谷歌地图。它还收购了几家公司，其中包括瑞典的3D绘图公司"C3 技术"（C3 Technologies）。

苹果计划在 2012 年夏天的全球开发者大会上公布这款新应用，但博客和新闻媒体提前获知该消息并将之广泛传播，使苹果失去了优先公布这条重大消息的机会。第一个迹象是一年前研究人员发现iPhone在收集信息数据并将其传送给苹果公司。苹果收购了几家绘图公司以及苹果与谷歌之间日渐深化的矛盾也在报道之中。

那年 6 月，全球开发者大会开幕后，任何关于地图应用的神秘感都消失殆尽——这不是一个好兆头，因为苹果需要捍卫自己辉煌的荣誉。在推出 Siri 之后，苹果需要一切都完美呈现，不容一点差错。库克和他的团队必须用一段关于古老魔法的视频来打动观众。

然而，主题演讲开始之际，人们就清楚地意识到有东西缺失了。在一段介绍中，苹果打算让Siri讲冷笑话开场。

"你们好，欢迎来到全球开发者大会。我是Siri，你们的虚拟助理。"那个熟悉的机器人声音说道，它是由大屏幕上的iPhone发出的。"我被叫来给大家暖场，这很容易，因为今天的最高气温将达到75华氏度（约24摄氏度）。"

击鼓声响起。

"我们现在位于旧金山硅谷的ATM中。如果在座的开发者需要投资者为你的应用提供赞助的话，我在附近为你们找到了396家投资公司"。

击鼓声再次响起。

很快，Siri开始抨击苹果的竞争对手。

"嘿，你们中有人跟冰激凌三明治或者果冻软糖合作过吗？"Siri问道，它说的是谷歌为安卓操作系统所起的名字。"是谁给起的这些代号？冰激凌和果冻吗？"

击鼓声第三次响起。

"言归正传，我对三星的新产品感到兴奋不已。不是手机，是电冰箱。真是棒极了！"

对苹果而言，这个开场白太不和谐了，因为该公司一贯以冷漠、高傲著称。过去，苹果总是置身竞争之外，而现在它却用Siri肆意抨击竞争对手。这些玩笑令听者心痛不已，因为这说明苹果帝国内部的绝望感日益增强。另外，只要是用过iPhone的人都知道Siri不会开玩笑——就连个蹩脚的笑话也不会说。苹果却坚持假装它可以。

斯科特·福斯托走上舞台，热情洋溢，仍然显得不够自然，有种故意而为之的感觉。

"好的……让我们谈谈iOS。"他说道,"截至3月底,我们已经售出3.75亿台iOS设备了,这简直令人难以置信。"

福斯托展开双臂来说明这项成就的重要程度。谈到iPhone和iPad的市场需求时,他似乎受到了极大的鼓舞。作为移动操作系统的主管,福斯托享受了iPhone和iPad的成功带来的大多数荣誉。移动设备带来的收益令苹果昔日的支柱产业Mac电脑相形见绌。

福斯托最终将话题转移到了地图应用上。

"我们构建了一个全新的绘图方案,它美极了。"福斯托一边说着,一边炫耀公司是如何独立完成制图的。他展示了如何轻而易举地查询各种商业信息,以及如何看到哪里发生了交通拥堵。福斯托对地图的3D展示功能尤其自豪,苹果把这种特征称为"Flyover"(低空飞行)。

"我们飞遍了世界各大主要城市。"他一边说着,一边向用户展示悉尼歌剧院的近景,旋转还可以看到周围的景色。"这太奇妙了!"

过度的热情,过多强加的溢美之词,对竞争的愚蠢抨击——所有这些都显示出苹果内部的不安全感。

3个月后,苹果发布最新款手机,其防卫心理更加明显。舞台上的旋转基座上放着一束玫瑰花,一小束聚光灯照在iPhone 5上。

"这绝对是一个宝贝。"席勒吹捧说,"这是我们迄今为止制造出来的最美的产品,绝对是绝无仅有的。"

记者们都争相探头去看这款新产品,他便将其展现在大屏幕上,让他们看得更清楚。

"制造一款尺寸更大的产品确实很容易。每个人都在那么做。"

观众知道他是在讽刺三星Galaxy Note手机。这种抨击式的言语再次传达出苹果内部日渐增强的脆弱感。如果三星只是一家生产低级产品的差劲公司的话，为什么苹果还要提它呢？席勒继续着他的演说。

"做更大的手机并不是挑战所在，"他说道，"挑战在于把它变得更好、更小巧。"

这位市场主管充满爱意地描述着iPhone 5的种种特征——外壳全部由玻璃和铝制成；是世界上最轻薄的智能手机，厚度仅为7.6毫米，比4S薄了18%；重量仅为112克，比4S轻了20%；屏幕尺寸从3英寸增大为4英寸，屏幕上可以多放一排应用；显示像素为1 136×640；宽度可以让大多数人在手持手机时还可以用同一只手的拇指控制屏幕；长度可以让用户看到更多内容；处理器的速度是之前的两倍；可以兼容LTE无线网络，该网络的速度是传统3G网络的10倍。和从前一样，席勒显示出极大的热情，但是他冗长而毫无停顿的说明听上去就像是销售员在拉客人一样。

之后播放了一段乔纳森·艾夫的视频，讲述了这款新手机的研发过程，他的情感充沛，就好像这部手机是个圣物一样。

"我们之前从未生产过如此精致而完美的产品。"艾夫解释了生产过程的复杂性。铝圈表面要先用机器切割，而后打磨抛光；边框上对称的斜边被称为切角，由金刚石切割而成，以达到"如镜面一般的光泽度"。

尽管执行官们都努力想要把发布会搞得活泼一点，但他们的演说大多是介绍产品的技术特征，明显缺少了乔布斯当年惯用的神秘感。一家曾报道过索尼的日本新闻记者对苹果的这场演说感到震惊，它只顾对没人关心的细节夸夸其谈，与其他电子生产商举办的产品发布会完全没什么两样。那种神秘感已经离苹果远去了。

苹果之前从不谈论技术细节。它步入4G网络已经为时较晚，而且还要提供近场通信（near field communications）服务。这是一种新兴技术，用户只要把设备放在一起就能够实现数据传输或进行交易。顾客购买苹果的产品是因为它们似乎具有魔法。苹果的竞争对手都通过制造更薄、更轻或者分辨率更高的手机来相互赶超，苹果则专注于手机的外观、质感以及用户体验，这一点从那些引人入胜的宣传语中就能看出，它们能让顾客立即产生情感反应。初代iPod的广告语是：将1 000首音乐装进口袋。初代iPhone的广告语是：口袋中的网络。iPad的广告语是：有魔法的革新性产品。

iPhone 5的宣传标语是："有史以来改变最大的iPhone。"除非苹果明确告诉人们屏幕的尺寸变大了，否则单凭那些演讲，人们是无法看出任何实质性改变的。这则宣传语毫无创意。

关注技术特征就说明苹果要与它的竞争对手展开无聊的比较。包括三星在内的其中几家公司都自行研发了很多核心技术。评论家们之后将对iPhone 5和三星最新机型做逐一对比。尽管总体而言，他们的评论还是比较正面的，但是他们指出与Galaxy SIII相比，iPhone 5的电池寿命要短很多，内存也不够大。大多数人都不明白或者不关心那些细微的变化。他们现在随身携带的手机已经能够满足他们的一切要求了，所以这些功能方面的最新进展看上去没什么实际意义，还很无聊。

截至9月，苹果在智能手机市场的占有率从年初最高的23%跌至14.6%。相比之下，三星的市场份额则达到331.3%，是两年前的3倍。分析师曾经担心苹果的屏幕供应商将无法满足市场需求，但现在看来恰恰相反。苹果的市场需求太低了，它不得不将订单减半。

光辉正在慢慢褪去。

苹果再也经不起任何错误了。但是iPhone 5面市几天后，悲剧再次上演。

人们一直对预装在iPhone 5中的新地图应用满怀期待，但该应用发布后，收到了糟糕的反馈。福斯托和他的团队一心专注于地图系统的美观，而忽视了软件本身缺陷太多、无法使用的事实：道路缺失，商店与地标标志混乱。到处都是错误，比Siri还要糟糕。苹果地图成为顾客和网友在脸书、推特和其他网站上嘲讽和抱怨的对象。它把柏林标为"北柏林"，把"都柏林"的游客带到了一个根本不存在的"机场"；把伦敦标为"安大略伦敦"而不是"英国伦敦"；在华盛顿，该地图找不到杜勒斯国际机场或者肯尼迪艺术中心；亚洲和澳大利亚之间的海洋被错误地标为北冰洋；格陵兰岛被淹没在印度洋的海浪之中。苹果的一位执行官开会迟到半个小时，竟然是因为该应用给他指错了路，把他带到了另外一个地方。这些错误都太离谱了，美国以讽刺、幽默著称的《疯狂杂志》（Mad）把苹果地图列入"2012年最愚蠢的20个人物、事件和东西"的名单。

苹果地图的不精准程度实在令人讶异，因为现在的绘图技术已经相当完备了。地图坐标都可以在权威数据库中找到，其他公司也都早已解决了很多重大问题。苹果做出如此失败的应用确实让人困惑不已。

"这么强大的公司能把一个软件做得这么糟糕也实属不易。"德国导航软件制造商Navigon的前任执行官马库斯·希尔金说道。希尔金曾帮助经营地图创业公司Skobbler，其应用使用的部分数据与苹果相同。他推测苹果可能希望通过缩减数据大小或者减少该应用使用的数据量来提高性能，由此导致了部分问题。如果苹果单纯使用从iPhone用户那里传来的GPS信息来绘制地图，同样会造成一些问题，因为手机地理位置信息可能会比较混乱，也不一定可信。为了避免以上问题，大多数地图软件开发商都要进行"街道匹配"[①]（street matching），在此过程中他们要将实际信息与自己绘制的地图相比照。如果人们行走的位置在地图上没有任何显示的话，他们就要去调查是否在绘图时遗漏了一条街道。

如果苹果开发一个更为简单的应用的话，可能就不会遇到那么多问题了。但是福斯托和他的团队迫切想要取代谷歌地图，他们的野心或许太大了点。开发这样一个复杂的移动应用极其困难。这个过程需要大量人员相互协作，还要进行无休止的测试，会让人精疲力竭，特别是要从各个源头收集数据，而后与实际情况进行比照和匹配。谷歌在全球范围内有大批工作人员从事地图绘制工作。一些小型初创企业则由众多志愿者花费数月标示地点，进行准确度测试。而在苹果，福斯托手下专注于绘图工作的不足100人。和Siri一样，该项目也是秘密进行的，苹果有意缩小团队规模。苹果也没有充分测试软件的可靠性。

苹果的傲慢与神秘再一次打败了常识。发布该软件前就有人向苹果反映过这些问题，而苹果则全然不顾，仍然如期发布。一直在测试这款地图应用的开发者们曾提交过很多错误报告，并指出地图的不可靠性。一位开发者收到的回复是，他提出的问题"他们已经非常清楚

---

① 又被称为地图匹配。

了"。但是似乎没人要解决这些问题。问题是为什么？谁能在知道软件存在问题的情况下仍然认为可以发布？福斯托不可能不知道，不过有没有可能福斯托没有告诉库克呢？是不是库克也知道这些问题但仍然决定发布呢？或者是不是库克自己都不清楚软件是否可用就予以批准了呢？这些再度说明苹果的工艺流程正在慢慢垮塌。

发布地图应用后几个小时，各种抱怨就开始了。第二天，质疑与愤怒的风暴愈演愈烈，苹果的领导层已然进入损失控制模式。库克希望福斯托以库克的名义发表一封致歉信，但是iOS主管不同意。在与其他执行官召开的远程电话会议上，他对库克说，苹果应对地图问题的态度应和当年应对iPhone 4天线问题的态度保持一致——不予致歉。如果非要给大众写信致歉的话，也应该是以苹果的名义而不是以库克本人的名义。乔布斯鼓励大众持有异议，因为他认为这种激烈的争论可以帮助公司做出更好的决策，但是库克讨厌公开表态。

地图应用推出两天后，库克发布个人致歉信。

致我们的顾客：

苹果致力于研发世界顶级的产品，以期为我们的顾客带来最好的体验。然而上周新发布的地图应用辜负了大众对我们的期望。由此让我们的顾客感到失望，我们深感抱歉，我们会竭尽所能去完善苹果地图。

我们发布第一版iOS系统时就推出了地图功能。随着时间的推移，我们希望为客户提供更好的地图应用，包括路线规划指示、语音导航、flyover（全视角）功能以及向量地图（vector-based）等特征。为了实现这一目标，我们必须从零开始创造一个崭新的地图版本。

现在已有超过 1 亿台 iOS 设备在使用新版苹果地图，并且每天都有新用户加入我们。仅仅一周时间，iOS 用户在这款新版地图应用上就已搜索近 5 亿个地点。我们的客户使用这款地图应用的次数越多，它就会越完善，同时我们欢迎并感谢你们发来的全部反馈。

在我们完善这款地图应用的过程中，你们也可以试用一些类似的应用，比如从苹果商店中下载 Bing、MapQuest 和 Waze 这种地图应用，或者到谷歌或诺基亚的网站上使用它们的地图，在你的主屏幕上为它们的网络版应用添加一个图标。

苹果所做的一切都是为了制造出世界上最好的产品。我们知道那也是你们的期望，我们会马不停蹄地专心研发，直到让苹果地图也达到以往产品的超高水准。

> 蒂姆·库克
>
> 苹果 CEO

苹果竟然让用户去使用竞争对手的应用，这种做法史无前例。尽管库克极力表现出一种对众多顾客已开始使用苹果地图感到欢愉的情绪，但这封信实际上间接承认了软件的问题有多大。他们在短时间内绝不可能解决这些问题。

苹果极少如此痛悔过。出现问题时，乔布斯通常选择无视，即便他明显是犯错的那一方。当年人们为 iPhone 4 的天线问题抱怨不休时，关于公关策略的讨论大都集中在苹果回应问题的态度上，引用乔布斯的资深公关大师里吉斯·麦肯纳的话说，就是苹果怎么能够不"夹着尾巴"道歉。那种态度强化了苹果傲慢自大的形象。库克希望改变这种形象，并把这次致歉视为做出改变的大好时机。

福斯托一直拒绝道歉，这令库克无法原谅。1个月后，他要求这位移动软件主管离开苹果。

福斯托离职的消息宛如一枚重磅炸弹，令人震惊不已。就连iOS小组最资深的成员也是在这一消息公布之前没多久才知道福斯托被炒的。事实上，地图灾难只是一个导火索，他离开苹果还有很多深层原因。作为乔布斯管理团队的一员，这么多年来，库克对福斯托的所作所为全都看在眼里：有所成绩时他就全部归为自己的功劳，一旦出现问题则不断责备别人。库克接任后，他也一直在抱怨苹果再也没有"决策者"了。乔布斯去世以后，福斯托就失去了保护伞。

公司内外很多人心里所想的问题是，福斯托离职对苹果来说意味着什么。除了艾夫之外，福斯托被公认为是和乔布斯的视野与创造精神最趋同的人。他是一位智慧过人、颇有才干的软件工程师，苹果不能因为他总是无法与他人友好相处就失去这样一位天才，它承担不起这样的损失。还有人认为福斯托最终也会成为CEO。

然而，如果库克无法控制福斯托，无法把他的能力引入正轨，那么就必须让他走。"对于创新来说，合作至关重要。"库克在一次采访中说道，"我们因为同样的价值观而聚集在一起。我们想要做正确的事。我们想要诚实坦然、直截了当。我们承认我们做错了，我们有勇气去改变。公司里不能有政治因素。我鄙视政治。公司里容不得政治。"

库克任命iTunes主管埃迪·库埃负责Siri和苹果地图，任命Mac软件主管克雷格·费德里吉负责iOS。他们两人都具有良好的团队合作精神。在 iTunes 和 iCloud 团队中加入 Siri 和地图也符合逻辑。所有云端服务现在都被纳入统一管理了。

乔纳森·艾夫管理的团队负责设计人与设备互动的方式。这个决定从各个角度来看都是很有意义的。在福斯托的管理下，苹果一直在追求"拟物风格"（skeuomorphism），这是一种视觉设计形式，强调设计应保留其所象征的传统实物工具的外观特征。比如，日历应用保留了台历常用的人造皮革拼接设计，iBook 中的书籍看上去就好像摆在木质书架上一样。苹果软件对纹理和阴影的应用非常普遍。尽管这种设计风格最初是由乔布斯提出的，但后来人们都认为福斯托的团队把这种风格滥用了。有声杂志应用看上去就像一台磁带录音机，游戏中心喷上了娱乐城常用的原木色和绿色。这些元素现在看来显得既无关紧要又俗气不堪，它们本应与设备本身优雅而低调的设计相符合。

能够胜任更新软件外观和体验工作的只有负责苹果产品外观设计的人了。设计人与苹果设备的互动方式是艾夫工作的一种自然外延。这位首席设计师多年来一直毛遂自荐，希望掌管这个小组，但乔布斯始终没有同意。相比之下，库克更愿意向下分担职责。

约翰·布劳伊特是另外一位"受害者"。这位零售总裁自 2012 年 4 月加入苹果后，对苹果商店进行了全面改组。为了增加利润，他不断缩减开支——解雇部分商店员工，减少员工工作时间。他还专注于销售目标的实现，并以迪克森集团公司式的布局理念重新规划商店布局，要求增加货架上摆放的商品数量。对苹果来说，设立商店是为了让新技术触手可及，招募员工是为了让他们提供丽思卡尔顿酒店（Ritz-Carlton，世界级豪华酒店）级别的服务，而不用顾虑是否有所收益，布劳伊特的做法在这里显然不受欢迎。特别是裁员一事，引起了极大的骚动，执行官不得不向自己的员工承认："我们搞砸了。"

布劳伊特上任 6 个月后便被辞退。在有关管理层人事变动的新闻稿中，他离职的消息就像一条简明扼要的脚注一样不显眼。

"我只是不适合他们的运营方式。"布劳伊特后来说道，"对我来说，一个公司拒绝你不是因为你的能力有问题，而是因为你不适合它，这真让人震惊。"

库克接任后 1 年零 2 个月，终于着手重组领导层，但其中也有失策。Siri 的问题也许不能归咎于库克，但是他怎么能眼睁睁地看着地图应用重蹈覆辙呢？

另外，为什么库克一开始要选择布劳伊特负责零售业务呢？布劳伊特在苹果试图使用的策略都源自他在迪克森和特斯科公司的经验。那些零售商的公司文化与苹果有天壤之别。库克为何相信他能胜任，这对很多人来说都是个谜。

这一次，库克的管理风格愈加清晰了。只要执行官们表现出色，库克就会下放权力、给予嘉奖。但是一旦他们犯了错误，就会受到严厉处罚。这种方式会让人们不愿冒险，从而也就遏制了创新。

所有这些情况让人们不禁产生疑问：库克是掌控苹果未来的最佳人选吗？

苹果正不遗余力地研究领导动力学。

乔布斯去世之前曾创建苹果大学，这是一个内部智囊团兼管理培训中心。

耶鲁大学管理学院前任院长乔尔·波多尔尼担任中心主管。另外一个核心人物是理查德·特德洛，他是哈佛大学德高望重的教授，专门研究过历史上一些最伟大的商业革新者，比如安德鲁·卡耐基和亨利·福特。

波多尔尼精挑细选的组员可以与任何一位执行官自由对话，他们曾组织过案例学习，比如公司应如何制订自己的零售策略。培训课程还包括苹果之外的案例，从A&P食品连锁店的失败和破产到曼哈顿中央公园的设计过程，无所不包。他们还不时邀请客座教授给苹果的执行官们做演讲。

其中一位是哈佛大学教授塔姆·穆坤达。他曾是一位政治科学家，后成功转型为管理学专家，专门研究在公司受到重压时领导所扮演的角色。他到达库比蒂诺时，库克正为苹果地图的惨败发愁。

曾师从克莱顿·克里斯坦森的穆坤达提出过一条理论，即领导不能简单按照"好"与"坏"来分类，更为重要的是他们是否经过了"过滤"。经过"过滤"的领导是通过层层选拔晋升的，他们已经融入了公司文化，经过了严格的内部评选。而未经过滤或者极端的领导则是那些在特殊情况下突然接手领导工作或突然被提拔为领导的人。由于他们是局外人，他们做事情的方式往往就会有所不同。他们任职领导对公司而言，要么会获得巨大的成功，要么会遭受惨烈的失败，很少有界于这两种结果之间的情况。

受过过滤的领导更能保证成功，但相对而言，他们都是可以相互替代的，因为他们经历了同样的选拔流程；而未受过滤的领导则更具风险性，尽管大多数会失败，但有时候换回的巨大收益甚至会超乎想象。

乔布斯并不能算作一个典型的未受过滤的领导，因为他领导的公司就是他本人创建的。但是他离开公司的那几年让他几乎没有可能成为苹果CEO的候选人。如果苹果当时没有濒临破产，公司也不会给他第二次机会。拯救这家公司需要一个既能完全理解公司文化，又能从崭新角度思考的人，一个有胆识去冒险的人。

库克是典型的受过苹果乃至所有美国公司过滤的领导人物。库克在IBM这家标志性的美国公司开启了自己的事业道路，获得MBA学位后在苹果工作15年，仔细研究过乔布斯的每一个举措。苹果看待世界的方式已经完全为库克所吸纳。而且他还精通物流学。他从不假装自己是一位革新者或者愿景家。他的天赋让他深入到了供应链的内部，而不是用来展望未来。

苹果的两位CEO就是穆坤达理论的典型代表。穆坤达教授认为，乔布斯选择库克作为自己的继任人而不是拿他人做赌注是正确的做法。选择未受过滤的领导风险太大了。鉴于未受过滤的领导的失败率极高，苹果连续两任未受过滤的领导都获得成功的可能性极低。库克或许不能像他的前任那样轻而易举地就取得惊人的丰功伟绩，但他具备高超的管理能力，可以在乔布斯创造的优势基础上继续进步。更重要的是，库克可以转变公司运作机制，让它围绕着一个体系运转，而不是以某个个体为中心。

穆坤达相信，如果公司由一位受过过滤的领导掌控的话，那么苹果将不可避免地发展成为一家截然不同的公司。显而易见，在这个行业内，可供重新定义的产品越来越少了，库克不可能创新出更多颠覆游戏规则的产品。他生来就不是冒险的料。可问题是，那种稳定性高、创新力不那么强的运营方式可以被库克、董事会和苹果的股东接受吗？

库克时常引用乔布斯的话，忠告大家不要沉迷于过去。同时，库克又强调说，苹果的文化永远都不会改变。

"苹果是个独一无二的公司，它独一无二的文化是无可复制的。我深深地信仰我们的文化，我不会容许任何人以任何形式破坏它。"他在2012年2月举办的高盛投资公司会议上对投资者如是说，"多年来，史蒂夫反复告诉我们，公司应该围绕伟大的产品运转。我们应该集中精力去做好少数几件事，而不是把精力浪费在众多我们并不擅长的事情上面。我们在进入某个市场之前，首先应当确定能够在这个领域为社会带来巨大贡献。"

然而，面对安卓在移动市场愈加激烈的竞争，苹果要想继续繁荣，或许真的需要改变自己的文化。库克必须心甘情愿地与苹果的过去道别。

对穆坤达来说，这是"商业物理学"中一个非常简单的现象。

"在任何环境、任何市场中都有能够拖垮一个公司的各种力量。"穆坤达说道。他所说的力量是指公司的自满情绪或者竞争对手带来的业绩压力。"苹果长期以来的做法都与商业物理学的规律背道而驰。他们创造了一个高度优化的机器。"

但这种策略的问题在于，一旦消费者不再关注苹果实现了最优化的领域，比如设计，那么他们就可能会关注这个公司不太擅长的方面。

穆坤达认为，根本问题在于库克希望自己成为哪一类领导。如果库克想要专注于利益，巩固苹果在业界的领军地位，他只需要选对人去经营Mac电脑、iPhone和iPad的新产品即可。如果他希望苹果继续创新之路，那么他就需要引进那些雄心勃勃、颇有胆识、未经过滤的新领导。

"苹果可以成为一家还不错的普通公司，也可以成为一家无比非凡的公司。"穆坤达说，"但是它不可能两者兼得。"

无论选择哪一种，库克都需要依据自己的优势、劣势及愿景组建一支崭新的管理团队。现在他带领的团队在很大程度上说仍然是乔布斯的团队，是围绕乔布斯的个性组建起来的。他们在另一位领导的管理下仍能取得成功的可能性很小。

穆坤达说："这个团队成就了今日的苹果，但已经无法再实现日后的抱负了。"

有人称，这是自乔布斯把苹果从破产边缘拯救回来以后公司所面临的最大挑战。苹果揭开 iPhone 和 iPad 的神秘面纱之后，它向众多竞争对手指明了乔布斯多次提到的"后个人电脑时代"。在这个时代中，传统电脑将会被智能手机、平板电脑和其他相关设备替代。现在所有人都在朝着同一个方向努力。行动力最明显的是谷歌。同时亚马逊也是一个胸怀大志的公司，它也在朝着目标努力，并且拥有强大的粉丝和资源与苹果抗衡。脸书更了解人们喜欢的那种连接方式。苹果先前的对手微软在这场竞技中也活力十足，推出了 Windows Phone 操作系统。行动研究公司（Research In Motion）和索尼等也没有放弃。它们中有很多都由未经过滤的领导执掌。亚马逊网站有杰夫·贝佐斯，脸书有马克·扎克伯格，谷歌有拉里·佩奇，而苹果则有自诩为"存货国度的阿提拉王"的库克。

世界各地的人们仍然记得史蒂夫·乔布斯，但是一提到蒂姆·库克，却会让普通顾客一脸茫然。

"库克是谁？"

对大多数公司而言，成为一个家喻户晓的人物与 CEO 的能力并不相关。而苹果却是一个特例。尽管库克和他的团队都睿智机敏，但他们仍然深陷"天才陷阱"的泥潭无法脱身。他们执掌公司一年之后，人们对苹果的狂热崇拜依然是因为一个逝去的人物。如果苹果想要继续前行，其领导团队就必须用一个令人震惊的创新性产品或者另外一种创造性力量来打破那种崇拜。就目前的情况来看，库克要么是不愿执行，要么是无力执行。他就是一个谜，没人能读懂。

在苹果，个性最突出的非Siri莫属：运气不佳、困惑不已、灵魂空洞。

15

供应商的无奈抗争

iPhone 5 上市两天后，在中国北方城市太原发生了一场骚乱。

该事件有力地说明了全球经济的密切相关性。在美国的加利福尼亚州，苹果下了上百万订单来满足市场需求。在中国的太原，富士康接到订单后下令各工厂经理加速生产。工厂经理则找到负责生产线的主管，告诉他们要让工人加大工作强度。本就异常沉重的压力突然变成一根根无限下压的长钉，令人难以忍受。工人们受够了，便起身反抗。在那之前，曾发生过几起跳楼事件。而现在，富士康的工人要让全世界都听到他们的声音。

成群结队的工人——据估计，总人数高达 2000——卸下大门、砸烂窗户、砸毁汽车。防暴警察赶来平息。数十人受伤并被送往医院治疗。生产线停工整整一天。

苹果的执行官坐在库比蒂诺的办公室中，全然不知他们的新订单会把供应链上的工人们推向爆发点。他们只知道这是两年以来 iPhone 首次推出新设计，只知道他们的目标客户正日渐增加，只知道这款手机的预计销量将打破纪录。他们无法看到大洋彼岸数十万名年轻男女为了实现这些计划所承受的痛苦。他们眼中只有数字，那些清晰有序地罗列在他们电脑上的数字。

富士康领导层把这次骚乱归结为个人纠纷失控，但工人们则将其归咎为保安人员。这些保安人员曾与一位男工人在宿舍发生冲突，还把他拖到一辆小型客车中殴打。同省的其他工人知道事情的原委后愤怒不已。在那种高压环境下，矛盾激化了。更多工人加入到骚乱之中。当天值班的大约200位保安很快便被制服了。

"这里的保安就像流氓一样。"一位工人在园区大门外对记者说道，"我们并没有不守规矩，我们只想知道为什么要那么做。他们从来不解释，我们根本没办法与他们交流。"

骚乱事件过后，安保人员戴着头盔，拿着塑料盾巡查园区。工厂恢复生产后，广播循环播放，喝令工人遵守秩序。工厂入口处的保安高度警觉。再小的骚乱都会被迅速制止。等待进入园区的工人如果聊天声音太大，也会受到保安的训斥。保安还会朝那些与记者交谈的工人叫嚷。

"别说了！"

"快点儿！"

苹果和富士康还未能从骚乱中平复过来，另一场事故就发生了，这一次是在负责生产iPhone 5的郑州工厂。工人和质量检验人员全体罢工，他们认为生产要求过高，而相关培训又极不充分。

苹果对质量的要求一贯很高，但这款最新产品的生产过程尤其困难，因为它的设计太独特了。之前两款手机——iPhone 4和4S——的背面是玻璃，边框是不锈钢。而这一次，背板和边框都是铝制的，和苹果笔记本电脑所用材质一样。设计师喜欢这种材料，因为它看上去更富光泽，并且比玻璃和钢更轻。问题在于，铝具有极佳的延展性，需要不断打磨。

富士康希望能够在一定程度上克服该难题。这个不可能完成的任务就由经理下传给质检员，最后传至生产线工人。为了保证生产线不断运转，工厂要求很多工人放弃国庆节假期的休息时间。10 月初，工人们的压力达到顶点。

之后郑州究竟发生了什么无从得知。总部位于纽约的劳工权益保护组织"中国劳工观察"（China Labor Watch）最先对这次罢工做了报道。它指出，因为苹果的顾客抱怨手机上有划痕，苹果便下令让富士康提高质量管理标准。质检员到生产线上监察时，开始指责产品不合格，几位工人奋起反抗并动手打了质检员。质检员感到既愤怒又崩溃，便鼓动工人进行罢工。

"工人们正处在极大的压力之下。"工厂工人小王（化名）在新浪微博上写道，"富士康和它的客户却仍然坚持执行严苛的质量标准。我们必须独自面对生产中遇到的所有困难。"小王的微博昵称是"叶福岛"，真名公开以后，他便不再与记者交流了。

中国劳工观察组织和小王都认为参加罢工的多达 3 000~4 000 人，iPhone 5 的所有生产线一整天都陷入瘫痪。然而据媒体得知，仅有 100 位质检员参与罢工，罢工时长仅为 1 小时，起因是其中一位质检员遭到了工人殴打。

另外一家当地媒体采访过富士康员工后，推测直接参与罢工的工人有数百位。一篇报道称罢工持续了两天，并非一天。

富士康给出至少两种不同的解释。在一则声明中，这家企业坚称："任何关于工人罢工的报道都不属实。"

富士康发文称，该事件其实只是两个小纠纷。"富士康工厂的任何一条生产线从未停工，生产仍照常进行。"声明还补充道，工厂在节假日给工人发放 3 倍薪水。

富士康的一位发言人单独告诉《证券日报》，当天大约有 400 位工人"缺勤"两小时。

不论事实到底如何，如此短的时间内连续出现两起颇受争议的事件，对苹果和富士康的影响都非常恶劣。继之前的跳楼事件和滥用劳工的丑闻之后，这次骚乱事件再次让公众看到新款iPhone和iPad光鲜背后的阴暗。

骚动和罢工预示着苹果和富士康的合作共生关系出现破裂。

对于处在深刻社会变革之中、雇佣人数超过100万的大型生产商来说，发生劳工骚动是不可避免的。没有独立工会的存在，工人只能通过自发组织罢工或抗议来表达自己的不满情绪。富士康的骚动事件受到媒体的特别关注，只是因为它与苹果有着千丝万缕的联系。在亚洲，像富士康那样能够经受住如此严格审查的生产商少之又少。

不过，如果说苹果让富士康受到了不必要的关注的话，那么反过来也是一样。两个合作了近15年的伙伴正慢慢成为彼此的牵绊。苹果和富士康之间的矛盾日益加剧，在发生过罢工的工厂之中尤为明显。这些矛盾严重威胁到苹果的供应链，以及它的未来。

郑州园区一直是富士康与苹果合作最成功的代表。富士康总裁郭台铭是个活力四射的人，他创建了郑州生产园区，将这里作为上千万台iPhone的生产基地，这足以证明了富士康对中国的巨大影响。长久以来，河南省在人们心中一直是个社会治安不够好的地方。郭台铭向当地政府承诺要重塑该省形象，于是获得了政府的支持。

"所有人都说我不可能改变河南，认为那里没有任何高科技背景。"郭台铭对政府官员说道，"这都无所谓。我会生产出世界上最好的

iPhone，从而改变人们的看法！"

在占地接近 2 平方英里（约 5.2 平方千米）的封闭式园区中，有接近 30 000 名员工。这是富士康在中国大陆最大的园区。这里曾是一块贫瘠的农业用地，被称为"大枣之乡"。据说这里最古老的枣树有上千年的历史，可以追溯到宋朝。当地政府以迅雷不及掩耳之势把那些枣树迁移出去，并重新安排了负责照看枣树的农民，而后为工人建造宿舍楼，打造出"新郑综合保税区"。

富士康仅用了 100 天就建好了园区。园区于 2010 年投入使用，两年之内便达到每天 20 万部 iPhone 5 的生产量。农民纷纷放下铁锹，与工厂签订合同。富士康提供的基本工资为每月 1 800 元人民币——对于深圳的工人来说可能不够，但在郑州则超出当地最低工资水平的 70%。在不加班的情况下，一位农民 2~3 个月的工资就抵得上以前 1 年的收入。

富士康园区周围很快便建起了商铺、娱乐城和饭馆，以满足工厂工人的需求。从这里驱车 10 分钟即可到达机场，附近还新建了高铁，向北延伸 500 英里可与北京相连。河南省计划发展成为中国重要的交通枢纽：可以说是中国的芝加哥。

虽然富士康几乎为所有世界顶级电子品牌制造产品，但苹果的业务是最重要的。双方最初开始合作时，都没有什么好怕的。回想 1998 年，苹果濒临破产，仓库和工厂里堆积着大量存货。当时的富士康则是一家毫无经验的小公司。其后，苹果关闭了美国的工厂，在其他地方制造产品，不仅质量不打折扣，价格还低得多。

苹果飞黄腾达之际，也是富士康声名大噪之时。在短短 7 年的时间内，富士康在《财富》杂志发布的"世界 500 强"的排名中跃升 328

个名次，从 2005 年的第 371 名升至 2012 年的第 43 名。该公司 2012 年的总营收超过 1 300 亿美元——接近台湾全省国民生产总值的 1/3。据分析师估计，富士康 40% 的收入来自苹果。其利润已超过所有竞争对手的总和——纬创、广达、英业达、和硕以及仁宝。

然而，如果两家公司同时功成名就，那么它们也有可能会同时步履维艰。2012 年 9 月，苹果的季度收益报告很不尽如人意，两者利益的相互交织性更加明显。iPhone 5 上市后的销量远超出分析师的预测，但 iPad 的销量却未达到预期。人们在担心苹果业绩的同时也开始担心富士康，尽管同一季度富士康的收益报告仍显示出很强的增长态势。

过去几年，苹果的收入和利润呈 2~3 倍地增长，而现在却降低到了 20%~30% 的增长率。对其他行业、其他公司而言，这种增长速度比较可观，但对于苹果来说，增长率的下跌足以说明苹果业务的衰落，两家公司之间的合作也将受到影响。一旦苹果走向低迷，两家公司之间互利互惠的合作前提就瓦解了。这是苹果的一大软肋。

多年来，郭台铭对苹果提出的每一项要求都言听计从。郭在产品成本、质量和交货日期方面都听从苹果的安排。为了按时交付太平洋彼岸下达的产品订单，富士康招募、培训了数十万名新员工，并在郑州和其他地方投资兴建公司。与苹果的合作使富士康受到更加严密的审查，公司便对记者敞开大门，试图在业务方面更加透明。出现关于工作环境的问题后，富士康便增加工人的工资，减少工人加班时间，还逐一解决了工人抱怨的其他问题。

过去几年，即便苹果的营业利润率已超过了 30%，郭台铭仍心甘情愿地接受 1.5% 的利润率。尽管差异巨大，苹果的业务对富士康而言依然至关重要。

和苹果一样，富士康也站在发展的岔路口上。这家公司创建至今已有近 40 年的时间，各项业务都趋于成熟。该公司为世界上所有知名品牌生产电子产品，现在已没有发展空间了。要想继续发展，郭必须改革富士康，减少它对苹果的依赖。改革必须尽快进行。郭已经年过60，他曾许诺在 70 岁退休。

郭台铭在美国并不为人所知，但在亚洲则是一位杰出的人物，其雄心壮志与个人魅力就如同史蒂夫·乔布斯一样。中国台湾很多企业家都出身名门，郭台铭则不同，他是完全依靠自己白手起家的。

20 世纪 70 年代中期创办公司之后，郭台铭凭借胆识和毅力在美国拓展业务。20 世纪 80 年代初期，郭到美国考察访问各大公司，用 11个月的时间走遍了 32 个州。尽管预算紧张，他去每一座城市时仍会租用一辆林肯城市轿车，以便给人留下时尚、潇洒的印象。他预想自己有一天会功成名就，便不断练习用英文写出完美的签名。

他事业的第一个转折点来自北卡罗来纳州罗利市的 IBM，那是库克曾经工作的地方。当时，郭迫切想要保住一批连接器订单，便一直待在 IBM 的大厅中，3 天后终于获得面谈机会。康柏电脑公司在亚洲寻找合作伙伴时，郭台铭以自己的执着与对客户服务的坚定信念打败了很多大公司，最终赢得了合作机会。

"没有人像台铭一样。"康柏业务主管佩奇回忆说，"他就好像是在说：'如果你让我扩大工厂规模，我会投入成本，并且如果订单未超出我们的生产能力，你无须向我们支付任何费用。'"

佩奇第一次访问台湾时，郭台铭铺上红地毯迎接他。飞机门一打开，他就看到郭台铭和一位报关员站在前面恭候大驾。他们不用经过关口，直接从贵宾通道出去，外面则有专车等待。其他生产商的CEO一般就露个面，然后让部下处理一切事宜。然而，每次佩奇到台湾时，郭台铭都亲自接待。富士康总裁提供的是五星级服务。只要能让潜在客户满意，什么样的要求都不为过。

库克转战苹果之后，雇用富士康为其生产电脑设备，郭台铭表现出了同样的热情与动力。他与苹果各执行官的关系都非常密切，他再婚时，库克和乔纳森·艾夫都飞到台北出席他的婚礼。苹果的执行官们称他为"台铭叔叔"。

在富士康内部，郭台铭则是个令人望而生畏的人物。看似和蔼的外表之下是咄咄逼人的将相之风，他要求经理们在严格执行合同标准的前提下，尽可能挤出更多利润。据说，与郭台铭开会和与库克开会一样，叫人苦不堪言。郭会不留情面地质问和怒骂下属，他总是公开责骂，认为这样可以起到以儆效尤的效果。和库克不同，郭台铭还喜欢展示自己，他更愿意发言而不是倾听。

"郭无法忍受对着空气说话。"一位富士康前任执行官对一家台湾杂志社说道，"他面前必须坐满人才行，他不会好声好气地说话，而是要责骂他们，这样他才能获得灵感。"

有一次开会时，他叫起一位执行官，问道："8种屏幕分别是什么？按照正确的顺序罗列出来。"

"手机、平板电脑、笔记本电脑、一体机、便携式电视、电视、电子广告牌、LED（发光二极管）大屏幕。"

郭朝他吼道："你为什么要按那个顺序来排列？是按照大小顺序吗？大错特错！应当按照视觉距离来排序。"

郭认为，产品的质量和屏幕类型不取决于设备的大小，而取决于用户使用设备时的视觉距离。比如，对 60 英寸的电视来说，触屏设置就没有意义，因为人们要站在较远的距离之外看屏幕。他的部下都被他从不同角度看问题的能力惊呆了。

郭台铭既是富士康的总裁，又是创始人，对公司拥有绝对的控制权。富士康和苹果一样，在领导人继任方面都面临巨大挑战，但郭台铭手下却没有蒂姆·库克那样的人。据说，郭台铭早上到办公室时，首先要亲自审批 100 份出差申请表。他的很多资深执行官都年事已高，无法接任公司事务，而年轻的经理又无力承担如此大的职责。即便郭台铭希望由家人接手公司，但是他和前妻的两个儿子直到现在也没有表现出经商的兴趣，他们一个从事电影行业，另一个则在金融行业。他和现任妻子所生的一儿一女还在上幼儿园。

富士康的一位前任顾问指出，继任一事对亚洲企业来说尤其困难，因为这里的文化主张服从和认同。执行官一般都会试着去融入公司，而不希望太出风头。

"我真正担心的是，"这位顾问说道，"他们在合作生产之下究竟有没有能力创造出新的东西来。"

郭在退休之前必须为鸿海找到一条崭新的发展道路。他必须找到一种方法，把苹果衰退对其产生的影响降至最低。

一些分析师和行业内部人士推测，郭台铭最终将从合约生产转移到一个利润更大的行业中去。这位总裁已经对移动应用和云计算技术表现出强烈的兴趣，并雇用了上千位软件工程师。他投资 8.4 亿美元收购了夏普最大的 LED 显示屏制造工厂，获得了 37.6% 的股份，开始生产平板电视并直接销售给合作伙伴，比如 RadioShack[①] 中国店、美国的 Vizio[②] 和中国台湾的 "中华电讯"。该公司计划未来能够生产出所有部件，而不是简单的组装。据说富士康正在考虑创建自己的零部件品牌，销售可与 iPhone 和 iPad 等设备相匹配的部件。2012 年年底，富士康收购了美国高清相机制造商 GoPro 价值 2 亿美元的股份。

为了实现一站式商店的理想，富士康还重新规划了亚洲地区的分销服务与零售业务。在供应链另一端，郭台铭还投资了一些高收益型组件业务，比如显示器制造商——台湾奇美电子。

一些观察员深信郭台铭私下希望创建自己的电子产品品牌。即便他出面否认，也无法停止人们的推测。这么多年来，他一直为苹果和其他高科技公司提供服务，看着这些公司获得巨大的利润，自己微薄的利润就好比大蛋糕上的面包屑一样，少得可怜。即便他想要留住自己的工厂和工人制造出的巨大利润，谁又能责备他呢？

无论郭接下来走哪一步，苹果都不再能理所当然地享受富士康的服务了。苹果几乎完全依赖工厂和廉价劳动力，这让它处于弱势地位。多年来，富士康让自己充分融入苹果的运营之中，成为它不可或缺的一部分。生产了无数的 iPhone 和 iPad 之后，郭台铭也吸收了苹果的完美主义与独特魅力，并将其融入自己的公司文化中。富士康的任何一个对手几乎都无法按照苹果要求的规模、质量和速度来大批量生产那些设备。现在，力量均衡发生了转变，富士康掌握了主动权，可以向

---

① RadioShack：美国消费电子产品专业零售商。——编者注
② Vizio：美国高清电视机品牌。——编者注

苹果施压，要求提高价格。郭台铭的团队有权自行选择零件供应商之后，这家公司就拥有了自己的附属公司并可从中获利。与苹果下属的公司合作时，富士康会非常强势地索要折扣。

蒂姆·库克曾宣称，对待其世界范围内的供应商，必须要强势，必须要不讲道理。富士康如此透彻地把握了这条理念，有人会觉得不可思议吗？

不过真正的问题更加严峻。

苹果的供应链已不再处于苹果的完全掌控之中。

苹果没有自己的工厂，且大多数工厂隶属于富士康。

苹果没有自己的工人。富士康有上百万名工人，可以 24 小时奋战在生产第一线。

苹果失去了主动权。富士康不再乐意接受它的条款。

台铭叔叔一去不复返了。在很大程度上，苹果的未来正处于台铭将军的掌控之中。

苹果意识到了这一危险，正试图降低对富士康的依赖。苹果开始努力与更多生产商展开合作。据台湾工业出版物《数字商业时代》（由一位商人创办，与合约生产商有密切关系）报道，苹果打算与一家叫作和硕的台湾公司合作，该生产商将负责制造 60%~70% 的 iPad 和一小部分 iPhone。

除了和硕以外，苹果还一直与富士康的一个主要竞争对手在合作，即中国知名的汽车及可充电电池制造商比亚迪。苹果先是让比亚迪为其生产 iPhone 电池，后来又希望这家中国公司能够承担起更多生产任务。业内推测，苹果希望把它们变成继富士康之后的主要终端装配商。

为了避免其他公司像富士康那样对苹果影响太大，苹果也开始将少量业务外包。

替换长期合作的供应商并不容易。苹果拥有设备的知识产权，但生产设备的专业技术却属于供应商。合作的结果是，富士康及和硕掌握了宝贵的经验并用来为其他客户生产产品，而苹果还得继续培训其他的供应商。

相关的一个案例是苹果与台湾瑞轩科技公司的合作。该公司为苹果生产台式电脑显示屏。几年前，苹果打算与瑞轩终止合作，将业务转给为其生产iMac一体机的台湾公司广达。然而，苹果很快就发现，广达工人制造的产品在质量方面达不到与瑞轩同等的标准。苹果希望瑞轩能够与广达分享其在制作显示器的过程中获得的经验，由此来解决问题。但是当苹果试图将一组广达的工作人员带入瑞轩的生产线时，却遭到拒绝。无论苹果怎样威胁或者请求，都无济于事。他们甚至提出戴上眼罩，这样他们就不会看到生产线上正在制作的其他客户的产品了。结果仍然遭到了拒绝。

苹果宣称显示屏的知识产权归他们所有，所以他们有权带任何人进入工厂参观。瑞轩以保密为由予以反对。最后，苹果不得不与瑞轩续签数月合同。

这种行为——试图强迫曾经肆意丢弃的合作伙伴予以合作——只是强化了苹果狂妄自大的形象。不止富士康一家对这个粗鲁的加州公司感到不满。苹果的坏名声一传十、十传百，甚至影响到了它与很多供应商之间的关系。

业内广泛流传着与苹果合作的恐怖故事。很快，一种熟悉的模式便出现了。苹果首先利用大宗订单的承诺吸引供应商，供应商接手业务后，苹果便对其所有细节进行调查，从专业技术知识到财务与成本结构。接着，审计小组进入工厂，一一检查工厂的基础设施、生产能力、工人规模和其他细节问题。审计人员中通常会有一些曾在业内工作过的人员。而后，采购小组会利用那些信息来为苹果争取更有利的价格和条款。

价格谈判从未停止。乔布斯在位时，这种谈判大概每季度进行一次，而库克接管后则为每月一次。合作伙伴甚至无法从中获益，因为它们必须承诺保密，不得对外宣称苹果是它们的客户。苹果那些忠心耿耿的业务人员渐渐变得残忍无情，这正符合库克培训的目的。

甚至在签订了合同以后，苹果仍要严密监察生产进度，每隔 1~2 个月，苹果就会要求工厂预测每日生产定额。业务小组人员会露宿在供应商厂区外，以保证工厂按时完成任务。一旦出现问题，他们便会气得暴跳如雷，甚至会惊吓到一些工人。和硕有一次出现事故后，一位从美国过来的苹果经理气愤地把笔记本扔在桌子上。看到这一幕的工人在接下来的几天都在谈论这件事。有些员工，包括富士康的经理在内，因为无法忍受毫无情面的责骂，纷纷辞职。

即便成为苹果最喜欢的供应商，也不能保证会不断接到订单，因为苹果可能会突然找到另外一家报价更低的供应商，或者开始使用另一种新技术。一个非常具有警示性的例子就是台湾触屏制造商宸鸿集团（TPK）。很长时间以来，该公司一直为 iPhone 和 iPad 生产屏幕，并逐步成为全球领先的触屏制造商。2011 年，凭借 TPK 精湛的技术，苹果的产品销量比上一年翻了一番，销售额高达 49 亿美元。后来，苹果开始专注于更加轻薄的屏幕，便与夏普、LG 显示器（LG Display）公司和东芝移动显示器（Toshiba Mobile Display）公司展开合作。TPK 收到的订单量突然减少。

在日本，甚至流传着更为悲惨的故事。故事的主人公是一家叫作 Shicoh 的公司，它指责苹果导致它走向破产。这家小公司位于东京郊区，专门为智能相机制作小型聚焦驱动器。苹果的业务团队曾示意让该公司新建一个干净的车间，购置一些新设备，为 iPhone 4S 的生产做准备。这家公司当时是苹果最喜欢的一家供应商，它把苹果的这一指示视为下一笔大宗订单的保证，便遵照指示建工厂、买设备，甚至公开发售证券，筹集额外资金来做进一步改善。但是没过多久，苹果突然决定不跟他们合作了，认为他们的财务报表达不到苹果的标准。之后，这家企业就倒闭了。苹果与另外一家叫作 Alpine 的公司签订了合同。该公司一直在秘密为苹果制造一个先进的自动化生产车间，在那期间，苹果甚至还在与 Shicoh 公司商谈。

与苹果合作的回报曾经是相当高的，这让苹果的一切残酷做法都显得情有可原。不过，一旦销量减少，苹果开始小量外包业务，供应商就开始思考自己是否应该停止合作。

"以前，如果我们不是苹果的供应商，市场上就不会有人关注我们，而如今这个身份却很不受待见。"一位日本电子部件供应商对日本商业杂志《钻石周刊》（Diamond Weekly）说道。该杂志曾用 3 个月的时间对日本的苹果供应商展开调研。报道列出了 27 家合作公司，指出日本技术行业严重依赖苹果的业务。

"供应商究竟是应该继续承担与苹果合作的风险，还是应该在发觉自己对苹果过度依赖时就迅速抽身，这一问题并没有定论。"文章总结道，"但是苹果对日本制造商的影响太大了。供应商今后应对这个商业巨头的方式将决定它们的存亡。"

台湾供应商也有同样的感受。"合作获得的收益并不能掩盖苹果总是在吃肉而供应商只能喝汤的事实。"有人在台湾商贸月刊《评论时间》中写道。这位作者认为台湾的供应商应该继续好好珍惜苹果，但同时也应注意寻找更好的客户。

鉴于苹果的影响力逐渐减弱，与苹果合作过的供应商执行官同意与记者见面，地点是台北信义区的一家宾馆大厅，附近有著名的台北101大楼。在苹果的光辉岁月中，也就是乔布斯担任总裁的时候，这位执行官绝不会与记者交谈。

某个天气闷热的周一上午，这位男士身穿一套深色西装到达约定地点。在贵宾室安坐并点了咖啡之后，他向记者表明了采访的规定——不像西方人那么直白，但仍然清楚地要求对方保证不公开他本人及公司信息。

开始交谈后，他坦然了许多。他解释说苹果把供应商分为3个等级。像富士康这样的一等合作伙伴拥有更多话语权，而二等或三等供应商则可能要为很小的回报承担巨大的风险。

"为80%的市场服务当然要好得多。"他说，继而又补充道，苹果的质量标准简直高得离谱，还经常干预他们的业务。"苹果可以指定出入工厂的人员。"

和亚洲其他供应商一样，他也抱怨了苹果的要求，还指出苹果的经理们说的脏话很伤人。为那样一丁点儿回报而受尽侮辱、承受高压，根本不值得。

在 2012 年最后的几个星期中，苹果的业务进一步呈现衰退迹象，供应商承受的风险也迅速增大。在智能手机市场中，苹果所占的市场份额增长缓慢，而三星的市场份额则飞速提高，部分得益于它在美国花费 4 亿美元展开了具有挑衅性的市场战争。更糟糕的是，iPhone 5 的需求量明显没有达到预期，供应商的噩梦也随之降临。苹果告知其 LCD（液晶显示器）屏幕制造商要将订单减去大半。夏普本就深陷电视行业的竞争泥潭，一直在苦苦挣扎，以求一丝生存的希望，如今已彻底垮塌。这家日本显示屏公司曾专为苹果建造了一家生产工厂，现在那家工厂却变成了闲散之物。

夏普深陷绝望。工厂的维护费为每月 1 亿美元，他们根本无法承担这样的高成本。公司执行官询问苹果，他们是否可以转而开始为下一代 iPhone 生产屏幕，却得到了否定的答复。不仅如此，苹果还要求夏普关闭那家专为生产 iPhone 而建造的工厂，以防破产时这些资产影响其他业务。"我们之前并未意识到以苹果为中心开展业务的副作用有多大。"夏普的一位执行官悲叹道，"就好像我们咬了一口有毒的苹果。"

在那之前，这家公司一直坚定地站在苹果的阵营中。除了生产 iPhone 屏幕以外，该公司还与富士康共同拥有一家 LCD 屏幕工厂。然而，2013 年 3 月，夏普接受了三星以 1.11 亿美元购买其 3% 股份的提议，并不顾郭台铭的强烈反对，同意为三星供应屏幕。

随着新一代 iPhone 的生产迅速展开，几个月后，来自苹果的订单恢复正常，但是这些都把夏普置于一个微妙的情境下。夏普很可能已经让自己身处全球三大经济体的战火之中了。

富士康也未能避免苹果产品滞销带来的影响。那年春天，富士康工厂不再招聘新人，扩建郑州工厂的计划也被推迟。2013 年上半年，投资者和分析师都看不出富士康的增长来源，其股票市值下跌接近 20%。

在 6 月份召开的长达 8 小时的股东大会上，郭台铭公布了重振公司的计划，他将撤销那些没有价值的部门，并巩固研发、软件和知识产权领域。他还就公司业绩不佳一事表示歉意。

"请给我一点时间。"他说，"我每天工作 16 个小时，周末也在加班，只是为了制订计划促进公司未来的发展。我不会让你们失望的。好日子不远了。"

从苹果的角度来说，郭的讲话引发了一个重大问题的思考：在这位将军的计划中，苹果处于什么位置？

16

被削弱的神秘帝国

首席陪审员没有停止发言。苹果—三星判决书下发几周后，维尔文·霍根接受了至少 5 家新闻媒体的采访，详细叙述了陪审团达成这项 10 亿美元判决的过程。

霍根告诉路透社，他和其他陪审员想要确保赔偿金额既能让三星感到痛苦，又不会让它觉得不合理。他向《圣何塞水星报》(*San Jose Mercury*) 透露，该判决实际上是对所有山寨企业的一次重大警告。他对科技博客网站 Verge 则表明，能够成为陪审员是极大的荣幸——这是他事业的巅峰。

"甚至可以说是我人生的巅峰。"他补充道。

在大部分备受瞩目的审判结束后，陪审员都不愿公开发言，而是希望回到自己安静的生活中，判决结果足以说明问题。但是霍根喜欢站在聚光灯下，他甚至与科技博客 Gizmodo 的读者开展了激烈的网上讨论，花费数小时耐心回答他们提出的问题，也默默忍受着他们的谩骂和讽刺。很多参与者明显是被判决结果激怒了，表示陪审团根本无法理解案件的复杂性。他们指责霍根和其他陪审员没有抓住机会废除专利法中有争议的部分。有人甚至把该判决称为"史诗级失败"。为什么苹果试图想要为有着矩形机身、圆滑边角的手机外观申请专利，陪审员却没有让他们付费呢？他们怎么可能读过法官的指示，怎么可能真正关注过证据呢？他们真的知道这个案件有多重要吗？尽管参与者都刻意避免使用"贿赂"一词，但好几个人都在追问霍根，陪审团到底收了苹果多少钱。

"一分钱都没收。"霍根回答道。

这位首席陪审员仍然保持着一贯的镇静。他指出，陪审团没有义务去判断专利法的合理性。他和其他陪审员曾宣誓要遵守法律，并且他们一直都信守承诺。如果Gizmodo的读者相信法律系统有漏洞，那么他们应当努力去改变法律。他那种丝毫不为所动的沉着态度激怒了读者。读者认为，霍根自己也曾是一名电子工程师且拥有一项专利，他怎么还能说自己会公平公正、不偏不倚呢？难道他没假装把自己当成权威吗？难道这次裁决不是本质上就有问题吗，特别是对这么大的一个案子下判决？

"你为什么不能诚实一点呢？"另一位读者写道，"为什么不能告诉我们你真实的想法呢？"

为了找出他支持苹果的蛛丝马迹，还有几个人问霍根有没有用过iPhone。他回答说没有，并指出所有陪审员都没有苹果设备。这一说法激起了更多人怀疑。"这不是太反常了吗？"有人问道，"给这个案子下定论的陪审员都来自硅谷，却没有一个人拥有iPhone，怎么可能呢？"

"你说的很多话我都不相信。"一位怀疑者写道，"我认为苹果找到了补偿陪审团的方式，但也可能是我想多了。不过，要让我相信没有一位陪审员拥有iPhone，绝对不可能。"

盘问一轮接着一轮。因为霍根在一条回复中拼错了一个单词，那些"检察官"就又猛扑上来。

"如果你连英语都说不好的话，"有人写道，"或许你不是最佳人选……"

与网络评论一贯松散的风格相比，Gizmodo网站上的讨论都显得异常惊人。他们反复讨论霍根写错字的种种含义，但是很多人连一个语法正确的段落都组织不起来。他们都是匿名用户，可以肆意、冷酷无情地抨击。他们之中没有一位出席过审判或是听过证词和证据，没有一位展示出对专利法有任何专业的理解。

真正的问题是，为什么霍根要让自己遭受公众的鞭笞呢？难道他没有预料到结果有多坏吗？他是不是将网络论坛视为一个为自己和其他陪审员辩护的机会了呢？或许这位首席陪审员只是把解释这个10亿美元案件判决的过程视为自己的职责？他在网上的很多评论都显示出对"善意第一原则"的信仰，深刻到几乎是天真的信仰。他解释说自己和其他陪审员同事完全明白该案件的重要性，他们都认真听取证据，严格遵守法律，竭尽全力做出他们认为是公平、公正的判决。正如他所说的那样：

"我们陪审团是客观地站在裁决之外的。"

几个小时过去了，人们越来越生气。他们指责霍根就是个大傻子、大骗子，是个十足的傀儡，并把他和其他陪审员比作纳粹战犯，质问他犯下如此大错后作何感想，问他是喜欢快克还是喜欢更传统的可卡因，问他是单纯支持苹果还是也反对三星，问他晚上怎么能睡着，问他维尔文是个什么样的名字，等等。他们还表达了对苹果的不满，痛斥苹果的傲慢自大，指责它才是真正窃取创新的那一方，还悲痛欲绝地指出每个人都在拍苹果的马屁。他们怀疑陪审团做出如此判决是因为他们反韩亲美，还问了霍根好几次到底拿了苹果多少钱，以及苹果现在为了让他否认收钱一事又给了他多少钱。他们完全无视他的否认，只是一味对他说："得了，难道真的指望有人相信你没收钱吗？"此外，如果苹果可以申请外观专利，那么这是不是意味着它也可以对橙子申请专利，起诉那些卖橙子的人？霍根有没有意识到他就是个无名小卒，就是个非常差劲的人？他知不知道他所说的每一个词都有可能摧毁判决结果？

直到那一刻，这位首席陪审员才选择沉默。但为时已晚。

在对全民开放的Gizmodo网站上，尽管参与者言辞恶劣，但人们无法忽视公众对霍根公正性的质疑。三星的法律团队仔细研究了他对媒体说的话，提交动议称陪审员处理不当，请求重新审判。律师们发现霍根对专利法有几处误解。霍根在回答采访问题时，曾错误地认为设计专利是基于设备的外观和使用感受，一台设备必须与以往的产品完全不同才不会侵犯实用专利。律师称，他做的其他评论则可以视为支持专利所有人的证据，比如苹果。

"在这个国家，"霍根对彭博电视台说，"知识产权应当受到保护。"

最有力的控诉是有关霍根个人历史的一个事件，他在陪审团人员甄选过程中只字未提此事。在审判后的采访中，霍根提到他曾经在希捷科技（Seagate Technology）公司工作，该公司现在部分归三星所有。霍根离开后，希捷起诉他违反了合同，最终迫使他宣告破产。三星律师在请求新一轮审判的动议中声称，这位首席陪审员故意不提及任何关于希捷纠纷的事情——以及它与三星的联系——因为他想当选陪审员。

"霍根闭口不提希捷一案关乎偏见问题，三星本可以提出疑义。"这家韩国公司在提交的文件中写道。

霍根辩护说自己没提这件事是因为他只需告知法院他过去10年内曾参与过的诉讼事件。

"如果我被问到一个没有期限限制、可以自由回答的问题，那我肯定会说出那件事的。"他对彭博社的记者说，"我愿意到法官大人面前告诉她，我本无意担任陪审员，更不用说隐瞒一件可以得到谅解的事情了。"

苹果称霍根与希捷20年前的纠纷和如今的案件"毫不相关"。如果当时三星存有任何疑虑，其律师应该在选择陪审团时就提出这些问题。媒体则指出，并没有安排时间供霍根回答是否曾参与诉讼。论战继续升温。

霍根的过去只是三星向法院提出的问题之一。苹果或许已经赢得了10亿美元的赔偿，但三星仍然在努力将损失降低或清零。更为重要的是，关于临时禁令的关键纠纷仍未解决。核心问题在于，苹果是否能够得到临时禁令，禁止26款侵犯其专利的三星设备流入美国市场。

直到12月6日，苹果才申请临时禁令，当时距宣判结束已有半个月的时间。那天下午，双方律师重聚在圣何塞法院中。记者再次出现在法庭后排。双方要讨论的除了禁令外，还有三星上诉一事。

开庭后的前几个小时，双方律师一直在争论赔偿费用的问题。双方你一言我一语，整个法庭弥漫着阵阵硝烟。苹果的律师提到"无意义索赔"，三星的律师则坚持称苹果的说法"完全是异想天开""令人震惊""荒谬之极"。一场关于10亿美元的争论莫名其妙地变得枯燥无味起来。当双方律师提议他们可能需要提交更多文件时，高法官很失望。她知道，无论判决结果如何，都避免不了上诉。他们就不能乖乖接受判决吗？

"我当时希望，"法官说道，"把你们送到联邦巡回法院去，这样大家都高兴。"

讨论到苹果的禁令请求时，高法官想要知道，如果苹果已经不再使用旧款 iPhone 和 iPad 的设计，那么三星使用一种相似的设计对苹果会造成什么损害。

苹果的律师拿汽车行业做类比。如果雪佛兰生产一款与 1967 年福特野马跑车相似的车型，那么只要福特不再生产那款汽车，这种做法就可以接受了吗？同样的道理，如果允许三星销售与 iPhone 3G 或 3GS 外观相似的手机，将会削弱苹果设计的独特性。

当苹果律师说完自己的案例时，已经过去 3 个小时了。

"我希望 2013 年来临之前，这个案子能够了结。"明显疲惫不堪的法官说道，让三星给予回应。

三星的律师辩称禁令将使三星陷入困境，因为零售商会因此而不敢销售 Galaxy 设备。

审讯接近尾声时，这位恼怒的法官问道："这个案子何年何月才能解决？有没有一个截止日期？"

整个法庭爆发出一阵哄笑。但是高法官并不是在开玩笑。

"对三星来说，这些纯属经济问题。"苹果的律师哈罗德·麦克尔希尼说道，他指责三星一直是边算计、边出牌，绞尽脑汁地避免处罚。"他们每天都在算计自己还有多远越界，以此来做决定。"

他认为这些赔偿费只是"手背上挨一巴掌"，对三星而言，是非常轻微的处罚。苹果期望的不止那些。法院必须阻止三星继续抄袭苹果的产品设计。

"我说得直白一点。如果我们就赔偿费方面展开新一轮审判，但是没有颁发禁令，那么我就不知道我们怎么才能找到解决方法了。"麦克尔希尼说道。

三星的律师查尔斯·范霍恩再次争辩说苹果是在试图通过法庭消除市场竞争。"三星愿意谈判，"他说，"但现在的法庭仍是由苹果主导。"

麦克尔希尼抗议道，苹果早就同意与三星的执行官面谈，但是由于三星单方面的原因，对话从未展开。

法官鼓励双方另辟蹊径，找到解决办法。

"是时候实现世界和平了。"法官说，"这对顾客来说是好事，对整个行业而言，也是好事。"

审判最后 10 分钟，曾在审判过程中与法官发生争执的三星律师约翰·奎恩首次发言，提出陪审团行为不当。他声称，维尔文·霍根故意欺骗大家。

"法官大人，这个案件能让我们对这位首席陪审员有什么了解？"律师问道，"那就是，这位陪审员只是想要被选入陪审团。"

高法官问三星，为何在选择陪审团时不去调查霍根与希捷的关系。奎恩回答说，如果他们知道那件纠纷的话，肯定会提出疑问，但事实是他们并不知道。他请求法官把霍恩和其他陪审员召回法庭问话。

"法官大人，"奎恩说道，"法院如果不对这个问题进行审讯的话，将被视为滥用自由裁量权。"

苹果的一位律师站起来发言。

"请尽量说得简短些。"高法官提醒他。

威廉·李反驳说霍根没有欺骗任何人。"说他是骗子简直太离谱了。他们口口声声地说……当上陪审员是他这辈子的目标。"

威廉指出霍根与希捷发生法律纠纷是在 1993 年，而三星则是在

2011年审判开始前几个月才收购了希捷10%的股份。为什么这位首席陪审员会对三星有不满情绪呢？

"法官大人，最荒谬的地方在于，他们声称霍根先生对19年前的一个事件撒了谎，认为他心中积怨足有19年。"李说道，"这根本说不通。"

法官并未表态。她对各位律师表示感谢，并许诺将尽快公布裁决结果。

11天后，高法官拒绝了三星进行新一轮审判的请求。她驳回了关于陪审团行为不当的说法，指出三星未能提供证据表明霍根故意隐瞒他与希捷的案件或者参与到任何不当行为之中。她还表示，霍根曾在陪审团人员甄选过程中声明自己在希捷工作过，三星在审判期间也曾有充分的时间询问此事。

"三星起初不去询问或者调查霍根的背景，后来却决定展开调查，原因很简单。"法官在判令中写道，"因为三星发现陪审团没有站在他们那边，并且三星要支付一大笔赔偿金。"

但是法官同样驳回了苹果对三星发放产品禁令的申请。她认为没有必要那么做，因为三星已经停止了大多数争议产品的销售，并且也已经更换相关软件，以避免侵犯苹果的专利权。

该判决对苹果来说可谓当头棒喝。正如法官所说，那些苹果想要禁止的产品已经过时了。但其实禁令能让苹果更加底气十足地力压三星，激发三星在新产品的研发过程中做出实质性改变。全世界的法庭都在密切关注，所以如果高法官能够站在苹果这边，那么其他案件的裁定也将利于苹果。

10亿美元对三星来说不过是九牛一毛。2012年年末，仅在电子产品这一个领域，三星的现金收入就达到了350亿美元。这场战争从来都与金钱无关。战争的真正目的是抢占市场份额，以及保护iPhone和iPad的竞争优势。

不过，裁决至少促使苹果与HTC在11月签署了一份长达10年的授权协议。尽管条款是内部机密文件，但专家认为这家台湾智能手机生产商是在重重压力之下才与苹果达成了协议，因为它曾像三星一样，被指控侵犯专利。与三星不同的是，HTC无力进行长时间的战斗，也无法承担败诉后的巨额赔偿金。

在某种意义上，苹果和三星之间必须要达成协议。但基于什么条件呢？

双方曾在高法官面前争论，没有安排面谈究竟是哪一方的错。之后第二周，他们就在首尔会晤，并决定在1月举办另一次会谈。大洋两岸不断发来提案和反对案，但是谈话后一点进展都没有。

三星没有理由结束战斗。苹果仍要在世界的每一个角落给三星以致命打击。这家iPhone制造商曾在欧洲和澳大利亚获得初步胜利，法院曾禁止三星销售部分产品。但是后来部分禁令被缩小了适用范围，甚至遭到推翻。三星则很快制订应对方案，从而避免侵犯苹果专利。苹果和三星之间的另一个案件与圣何塞审判差不多发生在同一个时期，美国国际贸易委员会的一位法官关于4项专利做出了对苹果有利的判决。该判决本应产生巨大影响，因为国贸委有权禁止美国境内的销售或进口行为，但是直到数月后，该判决才在委员会获得全体通过并生效。

即使是在加利福尼亚一案中，在上诉法院裁决以前，判令都未对三星产生任何实质性影响。该公司不需要立即支付赔偿金，并于12月避免了禁令之灾。

正如三星的执行官向李会长保证的那样，公司正在奋力反击。2012 年秋季，三星在东京和荷兰的审判中获得胜利，判决称三星并未侵犯苹果的专利权。同时，一家匿名团体——很可能是三星——向美国专利商标局提出申请，重新审查苹果部分专利的有效性。该部门回应称苹果的"橡皮筋"专利无效——正是三星在加利福尼亚审判中被认定侵权的一项专利。该专利在上诉过程中仍然有效，但专利商标局的回应让苹果的案件多了几分不确定性。三星的策略很明显。它要在公众心中埋下怀疑的种子，让他们去质疑苹果。

三星自始至终都在用更多移动行业的专利武装自己，而后与苹果对抗。2012 年年底，三星超越诺基亚、爱立信、阿尔卡特·朗讯和高通等业内开拓者，成为最大的移动专利持有者。苹果甚至没能挤进前十。

几个月后，法官又让三星获得了另一个优势。由于之前陪审团计算出错，法官从苹果获得的 10 亿美元赔偿金中扣除了 4.505 亿美元。法庭将进行新一轮审判，对 14 款三星设备造成的损失金额加以评定。苹果可能获得比之前还要高的赔偿金额，但是无论怎样，苹果宣布胜诉都为时过早。三星反复强调陪审团并不知道它付出了多大的努力，苹果不值得获得如此大的成功，每字每句都铿锵有力、掷地有声。

苹果没能——至少是在那之前——保护自己的创新成果，对该公司而言，可谓是一剂苦药。苹果研发出 iPhone 之际，史蒂夫·乔布斯就已经为每一个部件申请了专利。他坚信法律系统会保护那些专利。但是面对三星这样强大而富有的对手，甚至在花费了数百万美元的法务费、顾问费，以及执行官们无数个小时的情况下，苹果还是没能保护好它的创新成果。

苹果对高法官驳回禁令申请一事提出上诉，但是判决结果几个月后才能出来。

乔布斯曾经想要开展"热核战争"，库克接任后仍未放弃这一威胁策略。但结果如何呢？律师们仍在提交动议，来来回回争论不休，三星的手机和平板电脑仍然在美国赚了数十亿美元。2012年年底，三星在全球智能手机市场的占有率接近40%，而苹果仅占有25%。一年前，两家公司曾是并驾齐驱之态势。

苹果在法庭上还公开了很多研发秘密。或许没有一个是实质性信息，但这无疑削弱了苹果的神秘色彩。

即便苹果能够获得禁令，也不见得能对三星产生影响。三星计划生产的产品一定会有意避免侵犯苹果专利。有人猜测那些产品将不如苹果的产品，但也不一定。

三星在裁决中失利，但乔布斯的战略同样未能赢得战争。

17

化解焦虑危机

法庭之外，苹果享受着聚光灯下的欢愉。该公司被认为是美国的骄傲——该美誉源自 2013 年 2 月，美国前总统奥巴马在年度国情咨文讲话中称赞了苹果。

　　2013 年，蒂姆·库克作为米歇尔·奥巴马的贵宾受邀出席典礼。1982 年，里根总统邀请了一位叫作莱尼·斯库特尼克的男士，他曾在客机坠入波托马克河后营救了一位乘客。从那以后，这便成了一个传统，受邀人从罗莎·帕克斯[①]到萨米·索沙[②]，都被称为"斯库特尼克们"。尽管一些人认为这个传统只是一场政治表演，但是那些贵宾确实能够传达每一位总统眼中的美国所代表的是什么。

　　作为技术领域的拥护者，奥巴马此前也曾邀请过该行业的其他人。去年，乔布斯的遗孀劳伦和 Instagram（照片墙）的创始人之一麦克·克里格都在贵宾名单之上。奥巴马曾说过美国将大力支持那些有志成为下一个史蒂夫·乔布斯的冒险家和创业人。这一年除了库克以外，还有 20 多位贵宾，其中包括：一位少年发明家，他发明出一种低价检测胰腺癌的方法；一位来自康涅狄格州牛顿市桑迪胡克小学的一年级教师，

---

①　罗莎·帕克斯（Rosa Parks），美国黑人民权行动主义者，为现代民权运动之母。——编者注

②　萨米·索沙（Sammy Sosa），美国前职棒大联盟选手，主要担任外野手。——编者注

2012年11月，这个学校曾发生过一起大规模杀人案件；一对同性恋伴侣，她们为同性军人伴侣获得平等权利而斗争。

库克坐在第一夫人后面，身穿传统黑色西服套装，系着领带，非常瞩目。少年发明家杰克·安佐卡请求为库克拍照。安佐卡把照片传到网上，并配文称："用iPhone给库克先生拍的照片。无价之宝！"

演说进行到一半时，奥巴马总统说到美国的制造行业。"之前十几年，我们一直在裁员，而过去的3年，制造业为我国创造了约50万个就业岗位。卡特皮勒（Caterpillar）公司将生产环节从日本转移回来，福特从墨西哥移回，英特尔之前把工厂设在中国等国家，现在则在美国开办了最先进的工厂。"他说道，"今年，苹果也将重新在美国生产Mac电脑。"

总统说着，抬头望向库克。摄像机镜头掠过米歇尔·奥巴马，她身穿黑色与紫红色相接的礼服，看起来光彩夺目。她也看着这位苹果总裁。库克微笑着，流露出一种坚定的气息。

苹果的一位前任执行官从电视上看到演说后感到非常吃惊。库克身上丝毫没有乔布斯那种傲慢自大的颠覆者形象。尽管乔布斯与政府官员也有往来，但是这位执行官确信，乔布斯绝不会参加这种活动。他没有时间出席这种浮华的场合。

然而，对苹果而言，让美国总统以如此高调的方式宣布此事，无疑是绝妙之策，特别是考虑到这一步在很大程度上是要表明苹果的公关姿态。库克已经向媒体透露过，他打算将部分产品的制造移回美国。

"我们已为此事准备了很长时间，我们很快就能实现这个目标。"他在前一年12月的一次采访中对《彭博商业周刊》的记者说，"我们原本可以只做组装，那样很快就能实施。但是我们想要做一些更大的事情，所以范围就比较广。"

现实却远没有那么宏大。苹果仅投资了 1 亿美元，与其 1 370 亿美元的现金储备相比，显得微不足道。苹果甚至并未打算自己组装Mac电脑。媒体相信，富士康将负责苹果在美国的制造业务，因为这家中国制造商曾暗示要在美国制造更多产品。事实上，据报道，苹果把该业务交给了新加坡的伟创力（Flextronics）公司。传言说富士康认为这个业务量太小了，不值得去做。尽管总统对苹果高度认可，但事实却是，苹果之星正在坠落。史蒂夫·乔布斯去世一年后，他心爱的公司遭到了来自各个方面的挑战和围攻。这并不仅仅是因为它缺少那些能够改变游戏规则的绚丽夺目的新设备。当然，这令很多人怀疑，苹果是否已经失去神奇的魔力，这家如同神一般存在的公司是否已沦落为一个午夜故事。苹果所面临的挑战不仅仅在于其狂妄自大、热衷于控制以及努力重塑品牌的行为受到了密切关注，或是苹果对富士康工厂及其劳动力的依赖性存在潜在风险，或是那个显而易见的事实——高法官驳回禁令申请后，苹果与三星的战争陷入僵局，安卓正在一点点获得市场控制权。

对于一个以改变世界为终极目标的公司而言，上述任何一方面的阻碍都足以让其战栗。而这一切在同时发生，它们联合而成的强大力量正在把苹果一点点拖垮。

坏消息继续扑面而来。苹果推出那款糟糕的地图应用之后几个月，谷歌专门为iPhone设计了一款更高级的新应用。谷歌的全新应用具有路线规划及导航功能，覆盖了全球超过 100 万个公共交通站点。该软件发布不到 48 个小时，下载量就已达到 1 000 万次。尽管谷歌地图应用完善了iPhone的功能，但是所有称赞谷歌巨大成就的报道只是进一步放大了苹果地图应用的失败。

3月中旬，美国曼哈顿的地方法官传召蒂姆·库克出庭，为司法部仍在调查的电子书反垄断一案做长达4小时的证词。政府律师极力赞成库克出庭做证，指出这位CEO能够提供苹果进入电子书市场的相关信息，包括他与乔布斯的对话。但是苹果一直反对该动议，声称库克能够分享的信息不过是重复其他11位苹果执行官已经说过的证词而已。法官同意司法部的说法，要了解已逝世的乔布斯的想法，必须有其他人参与进来。审判定在6月。

2013年3月15日，也就是法官要求库克出庭做证一天后，地球另一端爆发危机，苹果被迫进入"损失控制模式"。中国中央电视台（CCTV）指责苹果不尊重中国消费者，而中国市场对苹果的未来具有极其重大的意义。

"国际消费者权益日"当天，CCTV在两小时黄金时段的节目中指出，调查报告显示，苹果将中国消费者视为二等客户对待。节目表示苹果的行为违犯了中国法律，因为中国相关法律规定产品保修期为两年，而苹果的保修期仅为一年。节目还表示，顾客遇到问题时，苹果会给他们更换翻修过的手机，而不是像在其他国家那样更换全新的手机。

一年一度的"3·15晚会"以现场直播、多媒体、舞台制作为特色。晚会结束时播放了一首歌曲，是Journey乐队的《不要停止相信》（"Don't Stop Believing"）。

> 人生充满问题，不要轻言放弃
>
> 让我们保护自己的权益
>
> 保持微笑，相信明天会更好
>
> 让我们用微笑修复人生

"3·15晚会"已有20年的历史，专门用来曝光不当商业行为、维护消费者权益。尽管节目中也提到了中国本土的一些企业，但国外企业更受关注，特别是这个愈加富足的市场在世界渐渐占据了举足轻重的地位。过去，惠普、麦当劳和法国零售商家乐福都曾受到过监察。对企业而言，这档节目的影响力太大了，很多企业为了避免被提名，甚至提前去解决那些已经被揭露的问题。

晚会结束后，苹果的中国粉丝在网上对报道冷嘲热讽，批评该节目试图通过抨击苹果吸引大众注意力，从而避免他们去关注诸如环境污染等更为严重的问题，以及国内企业更恶劣的违法行为。网民同样批评了那些在微博上为该节目帮腔、指控苹果的名人。

尽管支持苹果的声音不断涌出，但是由于其他媒体加入CCTV一同抨击苹果，这场论战便一波未平，一波又起。《人民日报》也刊登了几篇文章和评论，其中一篇题为《打掉苹果"无与伦比"的傲慢》。

文章声称苹果已经丧失了最初的诚信。这篇文章的作者是一位资深编辑，知道大多数中国人都很崇拜史蒂夫·乔布斯，因为他有可贵的创新精神与开拓热情。文章指出，苹果所怠慢的正是把它推向现今地位的一群人。

"资本的逐利本性也让这枚'苹果'变得疯狂。"作者写道，"中国的消费者在面对那些西方的所谓名企要大牌时，经常会有一种无力感。"

更多批评接踵而至。中国国家工商行政管理总局要求对苹果"加强监视"。其他电视节目紧跟步伐，播放了它们的记者在苹果办公室遭到拒绝的片段。其中一段视频中，CCTV-2财经频道的一位女记者正与苹果上海分部的人员交涉。

一位男士用手遮住摄像头，让她停止拍摄。

"如果你想采访的话，必须预约。"

"找谁预约？"

"都是线上操作。你可以发送一封邮件。"

"要是我收不到回复呢？"

"如果我们需要采访，我们会联系你的。"

另一位员工出现后，这位女记者又尝试了一次。

"我们应该和谁预约？"

"你们必须自己联系想要采访的人。"

"我知道。但如果没人回复邮件呢？"

"如果我们需要采访，我们会联系你的。"

"所以我们就要等着你们主动联系了？"

画外音告诉观众，财经频道仍在等待苹果的回应。

一些分析师和博主认为这一系列抨击令人匪夷所思。无论如何，这些消极的报道对苹果而言确实是个问题。

长期关注中国的人认为他们知道苹果成为众矢之的的原因。该公司并未投入足够的时间与政府建立良好关系，也并未为造福中国及其人民做出努力。苹果历来倾向于用同一种方法在全世界各地销售产品，并没有针对不同国家改变经营方式。直到近几年，苹果才调整了那种姿态，在主要海外市场的广告宣传方面增加了一些订制元素。在中国，苹果将中国的网络服务融入iPhone之中，改善了拼音输入系统，用户可以用罗马字母拼出汉字。但是与其他全球企业相比，这些努力还是太微不足道了。比如在世界各地的苹果应用商店中，苹果预先设定了几个价格层级供开发者选择，这也就决定了他们的应用在各个国家的价格。这种定价方式无法根据市场定价，灵活性极差。

这就是苹果遭遇难题的第一大原因。苹果在中国执行的一年保修期是与美国标准政策相符的。顾客如要将保修期延至两年，需要支付99美元。苹果并未考虑中国的相关规定。在中国，人们总是期望外国公司要比国内公司表现更出色。而苹果提供的服务竟然不如国内企业，对中国顾客而言可谓是双重背叛。

显而易见，苹果越界了。每一个季度，苹果都会公开他们在中国市场的详细业务情况。报告也包括中国的香港和台湾地区的经营情况，但主要是中国大陆地区。几个月之前，库克曾谈到公司前一季度在该地区的iPhone销量实现二位数增长，季度收入提高了60%，达到73亿美元。他还向分析师透露，苹果在中国有11家门店，上一年仅有6家。

"那是我们的第二大市场。"库克说道，"那里显然蕴藏着无限可能。"

这些熠熠生辉的报告在美国反响热烈，尤其是在苹果的股东之中。但是在中国，没人想要知道一家外国公司从这个国家赚走了多少钱。苹果的金库中每多入1元，就意味着本土公司少赚1元。中国技术领军品牌，比如华为、联想和中兴，都有志在移动通信领域取得全球领先地位。确保苹果在中国市场不过于强大符合它们的利益。

"在中国政府看来，苹果期望降低自己的威望。"市场策略专家大卫·沃尔夫说道，他研究中国市场已有二十多年了。他认为，迄今为止，苹果和中国的利益都是一致的，但未来却越来越难一致了。"我们中的任何人都可能遇到麻烦，消费者权益日就是最明显的信号……如果这只是某些利益方在捣乱的话，那么之后情况就不会愈演愈烈。"

为了化解危机，苹果能做的事情只有一件。4月1日，库克在一封中文公开信中表达了对中国消费者的歉意。在信中，他承诺将美国的售后服务进一步透明化，并概述了修订后的保修政策，表示损坏的或有瑕疵的手机可以更换为全新手机，而不是翻新机。保修期将从换货当日起延续一年。

"我们意识到，由于在此过程中对外沟通不足，导致外界认为苹果态度傲慢，不在意或不重视消费者的反馈。"他写道，"由此给消费者带来的任何顾虑或误会，我们表示诚挚的歉意。"

在致歉信结尾，库克向所有提出宝贵意见的人致以感谢。"我们始终对中国怀有无比的敬意，中国的消费者始终是我们心中的重中之重。"

一些博主认为这次道歉不过是个象征性的表示，不过这封深刻悔悟的致歉信却获得了舆论的认可。苹果的形象一夜之间改变了，至少是在那一段时间。

"与其他美国公司相比，苹果的回应值得尊重。"《人民日报》旗下报刊《环球时报》发文称。外交部同样赞扬苹果"认真地"回应了消费者的需求。

尽管苹果在信中尽显谦恭之态，但当美国媒体要求将致歉信翻译为英语时，苹果则恢复了它一贯的傲慢形象，拒绝了这个要求。致歉信仅仅是针对中国顾客的。即便对苹果本身而言，这次拒绝都显得非常愚蠢。致歉信发表在中国的苹果官网上，其阅读量已经超过10亿。难道苹果公关部真的认为他们能够控制这封信的受众？

苹果历来的模式都是一样的，无论是将记者一把推开，还是把自己的合作伙伴压榨得遍体鳞伤，或是在推出新产品前没有进行充分测试，或是意识不到在其他国家和其他文化中微妙的运营差别。

一次又一次的损害都是由苹果自己造成的。

没有什么地方比华尔街更能看出苹果的衰落。

库克接任后，苹果的收益仍然颇为可观，但增速明显减缓了。2012 年 9 月，苹果股票市值达到了 702.41 美元的高峰，2013 年 1 月中旬，股票市值下跌了 30%，仅为 500 美元。后来苹果季度收益报告表示，当季收益增长率为 2003 年以来的最低值，股票市值进一步下跌。在含有节假日的那个季度①，苹果的利润上升了不到 1%，仅达到 131 亿美元。销量仅提高 18%，而去年同期增长率则达到了 73%。

特别是在苹果大幅削减 iPhone 5 零部件订单的消息传出后，华尔街对激烈的竞争和制造业市场更为担忧。苹果已经将 iPhone 和 iPad 卖给了几乎是所有想买苹果产品的人，想要增加销量变得越来越难。同时，市场需求正从高端机型转向低端机型，而苹果并没有低端类产品。在平板电脑方面，亚马逊继苹果之后推出售价为 299 美元的 Kindle Fire，并在一则广告中将其与售价 499 美元的 iPad 做比较。

库克在年度会议上谈到了苹果不尽如人意的股票表现。

"我也不喜欢这种情况。"他说道，"我确定董事会和管理团队都不喜欢。我们现在关注的是长远利益。"库克承诺说公司和以前一样，正在努力研发新产品。

他的话丝毫没有让投资者感到宽慰。一位股东提出问题，他想要知道为什么苹果没有加大与三星和安卓抗争的力度。"过去几个月，我的股票市值下跌了 30%。"他说，"为什么苹果没有拿出巨大资金中的

---

① 美国 10~12 月有诸多节假日，是容易疯狂消费的一个季度。——编者注

一小部分开展全面战争，以保卫那个由我们创造的市场呢？"

库克的回答是：苹果的目标不是生产最多的设备，而是要生产最好的设备。

当天停市时，苹果的股票市值下跌了 1%。

库克无法让公司重筑信心一事引起媒体关注。《赫芬顿邮报》（*Huffington Post*）发表了一篇题为《库克发言 6 次，苹果股票市值下跌 6 次》的文章，引起广泛讨论。文章将苹果股价下跌与库克的公开言论联系在一起。这篇文章有些误导，因为苹果的股价自 9 月就开始走下坡路了。下跌并不总是那么明显。但是这篇文章再次表明苹果在公关战中正处于失利地位。

几个月后，苹果的季度收益报告显示，苹果的利润出现了 10 年以来的首次下降。尤其令人担忧的是，iPhone 占据的市场份额越来越少。很多已经在当季购买过 iPhone 的顾客也购买了上一代 iPhone 4 机型，由于其价格较低，给苹果带来的利润也就较少。

为了安抚投资者，库克宣布，苹果将通过提高股息以及股份回购为股东提供 1 000 亿美元的回报，是他去年所承诺的金额的两倍。消息发布后，苹果的股价短暂回升了 5%，但很快便再次下跌。与 9 月的最高值相比，股价下跌了超过 40%。苹果原本计划实现每股 1 000 美元的交易价或更高，但实际交易价仅为 400 美元左右。

焦虑的根源在于，自 3 年前推出 iPad 以后，没有任何迹象表明苹果能够生产出下一个改变世界的魔幻产品。Siri 是个无用之物，苹果地图则是个彻头彻尾的失败。iPhone 5 也与当初承诺的全新机型、精彩升级相差甚远。Macbook Pro 电脑比以往任何版本都更轻、更薄，屏幕分辨率也更高，但是其定价对大多数顾客来说都太高了。最新款 iPod touch 和 nano 功能更先进，外观颜色也更丰富，但是这块业务对苹果来说越来越微不足道了。iPod 为公司总收入的贡献率仅为 5%。

尽管乔布斯曾发誓绝不会生产小型 iPad，但苹果最终还是在 2012 年 10 月发布了升级版 iPad，推出了 7.9 英寸的 iPad mini。苹果并未引领竞争对手并颠覆市场，因为它拖的时间太久了，很多竞争对手已经捕捉到了那种需求。那时距离三星推出其小型平板电脑已有两年时间。三星在 2010 年首次发布 7 英寸的 Galaxy Tab 时，乔布斯曾嘲弄说该设备是个难以归类的"中间机"——与智能手机相比太大了，与 iPad 相比又太小了，完全没有竞争力。然而，三星、亚马逊和其他公司纷纷证明，乔布斯错了。顾客喜欢便于携带的产品。苹果此次推出同样大小的 iPad，实际上是承认了乔布斯的错误。iPad mini 的出现证明了这样一个事实：现在的苹果是在追逐竞争，而不是主导竞争。

11 月初 iPad mini 上市时，在纽约、东京和首尔的几家最大的苹果商店，顾客仍然需要排队购买。不过在阿姆斯特丹，商店开业两小时后便恢复正常。在香港，店员的数量甚至比顾客还多。苹果在产品推出后的 3 天内共售出 300 万台 iPad 和 iPad mini，但这种火爆的情况迅速消退。

在无数采访和公开谈话中，库克都承诺即将推出伟大的产品。

"勇敢、雄心和信念从来都是永无止境的。我们不仅想要生产出好产品，我们还想要生产出世界上最好的产品——这种愿望一直都如此强烈。"他在 2 月举办的 2013 年高盛投资公司年度会议上对观众说道，"伟大的产品就是我们永恒不变的目标。"

然而他反复强调的话语已经无法提起人们的任何兴致了。传言说，苹果打算生产电视机、联网手表以及小型低价 iPhone，但是苹果没有公布任何产品加以证实。乔布斯去世时，他很可能为后面几年留下了一幅产品路线图。但是 iPhone 5 是他提供构想细节的最后一款产品，而市场风云变幻莫测。

在 4 月的收益电话会议上，库克向分析师透露，新的硬件、软件和服务将在 2013 年秋季及 2014 年全年陆续推出。但是这样的时间跨度太长了，特别是三星和其他竞争对手正在不断向市场注入新产品。苹果是否还有能力继续创新？各种质疑声此起彼伏。

在公司内部，员工士气低落。员工的工资与苹果的股价紧密相关，股价变动也就引起相应的情绪起落。不过新产品缺失也令他们焦躁不安。很多人选择在苹果工作是因为他们想要改变世界。在创造出 iPhone 和 iPad 之后，苹果一直在对它们重复开发，这已无法令员工们兴奋。资深员工开始离开苹果或选择退休。在乔布斯的领导下，他们曾拼了命去工作，这些年来他们一直享有职工优先认股权。当前的价格水平仍然要高于他们的预期。他们无须再努力工作，更何况他们现在根本看不到股票有任何上涨趋势。新员工也没有什么动力留在这里，因为他们来得太晚了，前几年股价急速增长带来的巨大利润，他们一点都没享受到。他们在其他处于上升轨道的公司中，会拥有更好的发展前景，将积累更多财富。

甚至连留下来的那些员工也开始安于现状。乔布斯过去常常把正在度假的执行官匆匆召回，他总是如此，以至于这些执行官都怀疑他是否刻意为之。而库克则不同，他尊重职工的私人时间。时间更灵活了，人们便开始更加随心所欲地外出度假。执行官们购买了度假小屋和昂贵的轿车。埃迪·库埃——狂热的法拉利粉丝——加入了这家意大利跑车制造商的董事会。面向赛车爱好者的国际著名车展蒙特利汽车周举办后，传奇人物克里斯蒂安·冯·柯尼赛克本人驱车来到苹果园区前，展示一款型号为Agera R的柯尼赛克跑车，这款炫酷的跑车价值为250万美元，能够在14.5秒之内从静止状态直接加速到每小时186英里（约299千米）。

艾夫更加频繁地出现在伦敦，他去观看奥林匹克运动会，参加艺术盛会，还被人拍到出席2013年博柏利（Burberry）春夏女装T台秀。他还接手了一个附带项目，同意为莱卡公司设计一款限量版相机，以用于慈善事业。2月，有人看到他在瑞吉酒店大厅展示了相机的初步设计构想图。这位设计师还出现在BBC著名的"蓝色彼得"（Blue Peter）少儿节目中，主持人送给他一枚"蓝色彼得金章"，他则送给主持人一枚更大的由实验室的数控自动铣床制成的铝制勋章。他手下的工业设计师也更加懂得享受生活，他们投资饭店，组织独家旅行等。2013年，其中几位还专门乘直升机和雪地履带车到不列颠哥伦比亚滑雪。

尽管他们收获了快乐，但他们也失去了热情。正如塔姆·穆坤达在商业物理学理论中预测的一样，在多种力量的作用下，苹果正在走向平庸。胜利的陷阱正把它拖垮。没有了乔布斯非同一般的个性来缓解这些压力，对抗不断加剧。库克上任后，新一轮竞赛开始了。一些观察者怀疑这位CEO有意允许对抗，从而看出是谁在出头。辞退福斯托和布劳伊特只是增加了赌注而已。

福斯托离开后，权力都落到了艾夫手中。在《彭博商业周刊》的采访中，库克对他的首席设计师百般称赞。

"我认为世界上没人能比他的品位更好了。我相信他是一个非常特别的人。他是一个善于创造的人。"库克说道，"我喜欢艾夫。"

既然艾夫现在接手并负责软件设计，他对公司的成败也就承担起了更大的责任。但这同时意味着，他可能会破坏乔布斯在产品研发方面精心调试出来的力量均衡态势。

"产品设计远不只是产品的外观那么简单。你必须全面考虑产品的外部特征和内部构造。"苹果前任硬件执行官乔恩·鲁宾斯坦说道，"只有你达到了完美的平衡，你才能设计出真正华丽、惊人的产品。"

如果苹果更注重外观设计而轻视功能改进，那么其产品可能会看上去很完美，但运行起来很差劲。类似iPhone 4天线设计失误的问题无疑会重演。工业设计关乎的是外观的尽善尽美，软件设计侧重的则是产品的功能。这两个领域其实要求的是完全不同的两种思维方式。这也就是为什么极少有设计师既精通工业设计又擅长用户界面设计。艾夫可以说是一个超凡的特例，他知道两者之间的平衡点在哪里，可是与他一起工作的人对此却不甚了解。

几年前，苹果在研发数字媒体电视接收器的远程遥控器时，艾夫和他手下的设计师们坚持认为这款遥控器只需设置6个按键：上键、下键、左键、右键、进入键以及菜单按钮。工程师却争辩说，遥控器应该至少具备播放按键和音量按键，这样用户就可以在观看电视节目时随意调整音量了。如果没有这些功能，他们就必须换用另一个遥控器。然而，工业设计组赢得了争论。尽管苹果后来增加了播放/暂停按键，但第一代苹果电视遥控器并不具备上述任何功能。由于设计组坚持极简主义的设计理念，反而让用户与苹果电视的交互变得更加困难，而不是更容易。

向那些怀疑苹果的人证明自己的唯一方法就是推出一款史无前例的突破性产品。艾夫愈发认真地想要证明自己，他向各位设计师提出警告：不准再玩乐了，是时候回来工作了。

3月，一个寒冷的下午，记者们在纽约排队数小时参加三星Galaxy手机的新品发布会。50万人在YouTube上远程观看盛况。三星准备在无线电城音乐厅（Radio City Music Hall，世界最大的剧场之一，位于美国纽约曼哈顿区）上演一场炫目的舞台秀，由百老汇的资深演员出演。

发布会邀请函并未显示三星即将发布的是哪一款设备。"欢迎前来参观下一代Galaxy。"在黑色小卡片上，三星只用白色字体写了这一句。和苹果一样，三星并未明说下一代设备是什么，而是用文字来挑逗观众，"准备好观看表演"（Ready 4 the Show）[①]。鉴于上一款Galaxy的型号是SIII，人们猜想这一款应该是S4。网民热烈地讨论新一代Galaxy会不会具有"眼动跟踪"功能，这是一种全新的技术，用户可以通过移动眼球实现翻页。

"能受到如此关注的往往是苹果，而不是三星。"科技博客"数位包打听"（All Things Digital）发文指出。所有这些关注令三星的竞争对手紧张不已。LG在时代广场竖起广告牌，调侃三星广告中的"4"，广告牌就放在三星的广告牌下面。

"4个也比不上一个LG Optimus G"。

与此同时，HTC则到派对现场捣乱。HTC的员工来到发布会大厅外，向那些提前到达的人展示公司刚推出的HTC One手机。

苹果也没有置身事外。苹果一向避免被媒体关注，并拒绝一切媒

[①] 广告语"Ready 4 the Show"与"准备好观看表演"（Ready for the Show）同音。——编者注

体采访，坚称自己从不接受采访。但是在三星发布会举办前夕，苹果公关部竟主动联系记者，准许他们电话采访市场主管菲尔·席勒，尽管他并没有新产品可以谈论。以往，苹果会在3月中旬预先展示其下一代操作系统，但这一年苹果甚至连这一步还没准备好。

"我们还在未知领域探索。"苹果的一位新闻发言人承认道。

试图通过一位高层执行官从三星那里抢占关注度只是无力之举。尽管席勒没有什么特别的要说，但是他也尽力而为了。在《华尔街日报》的采访中，他对竞争轻描淡写，逐一列出使用安卓操作系统的手机，比如Galaxy，在哪些方面比不过iPhone。

"安卓一般被作为非智能手机的免费替代品，其用户体验远不及iPhone。"他对两位《华尔街日报》的记者说道，"你从包装盒中拿出一款安卓设备后，需要在9位不同的运营商那里注册账号，才能获得与iOS系统相似的体验。它们也无法达到无缝连接。"

席勒还拿出苹果做的一项调查，展示把安卓手机换成iPhone的用户比把iPhone换成安卓手机的用户多3倍以上。

"对苹果而言最为重要的是，"他说，"人们热爱我们的产品。"

记者就席勒先前说的那个问题问道，如果顾客更喜欢iPhone，那么为什么三星的市场份额越来越大呢？

"我认为市场份额并不是最好的衡量标准。"席勒说道。尽管他很明显地想要避免提及三星，但似乎情不自已。在非正式的访问中，他表示三星和安卓是从低端市场累积销量。"它的用户不是从我们那里得来的，而是从其他人那里得到的。"

记者据理力争。那么为什么你们的收益情况还是不景气呢？他们问道。

席勒不想回答这个问题。

"我们会在收益电话会议上答复这个问题。"

记者继续追问："苹果什么时候推出下一代 iPhone？"

席勒再次避免正面回答，但这一次他却说了一句惊世骇俗的话。

"大多数顾客都喜欢新产品，以及我们前几个月宣布的产品。"他说道，"我认为世界上的大多数人都不会关心下一个产品是什么。"

席勒的这番话显示出毫不掩饰的绝望，令听者大吃一惊。这个公司曾将其无与伦比的号召力作为未来的赌注，它能让整个世界排队等候，密切关注它所创造的下一个惊艳的产品是什么。而现在，苹果的创造源泉已然枯竭，其市场主管竟被迫声称全世界都不关心他们的产品。

18

爱国主义遭质疑

终于，苹果不必再担心所有风头都被三星抢走了。

尽管声势隆重，但事实证明，Galaxy S4 的发布会是一次惨败。整个发布会持续了 1 个小时，以现场乐队演奏告终，整场演出就是个彻彻底底的灾难。演出开场时播放了一段视频，视频中，一个系着领结的小男孩跳着踢踏舞离开家门，上了一辆劳斯莱斯，把这款新手机送到舞台上。从开始到结束，整个节目完全脱离现实。三星太过努力了，或者说还不够努力。典礼大师、百老汇巨星威尔·蔡斯（Will Chase）似乎很想逃离舞台，因为他讲的笑话在那群呆若木鸡的观众面前远没有达到预期效果。三星移动业务部门总裁申宗均踱步走到聚光灯下，得意扬扬地伸出手臂让观众为他呐喊鼓掌，似乎把自己当成了猫王或者史蒂夫·乔布斯。但是当他开口夸耀这款新手机时，他的话听上去既呆板又生硬。

三星怎么会认为演一出夸张的百老汇小品，塑造几个老套的形象，唱几句五音不全的词，就能帮助他们卖出新产品？尽管此次演出是由一位知名导演策划的，但三星首尔的执行官们显然对节目的所有细节做了处理，甚至是最细小的部分，比如演员们要穿哪种袜子。他们对现代美国文化的误解令人难以置信，特别是节目尾声的一个短剧：几位女子去参加单身派对——每个人都拿着一部 Galaxy 手机——她们一边忧虑自己刚涂的指甲油还没干，一边讨论着嫁给某位医生，还向上身赤裸的园丁抛媚眼。

"好了。"蔡斯说道，把她们引下台，"我想你们女孩儿的节目就到此结束吧。"

发布会还没结束，三星就开始受到各方抨击。很多人谴责三星故意贬损女性。

"三星的奇怪宿命，"Verge网站上的一个标题写道，"手机发布会如何从浮华的百老汇演出变成一场性别歧视混战。"

"我一般不轻易动怒，"技术博客的博主莫利·伍德写道，"但是三星对20世纪50年代的女性持有偏见，并且整个无聊冗长的表演里充斥着各种偏见，这令我异常愤怒。他们是在发布一款手机吗？你肯定看不出来。"

不管三星在电视广告方面取得了多大的进展，这次发布会表明，三星若想夺取苹果的偶像级地位，还有很长的路要走。不过，虽然发布会搞得一团糟，但最后也没造成什么影响。Galaxy S4 的销售速度是上一款手机的两倍。第一个月的销量就突破了 1 000 万台，把苹果推向防御态势。

苹果没有新产品与三星的最新设备抗衡，它能做的回应只有一个，那就是通过市场广告表明自己产品的优越性。

"这是 iPhone。这些是其他手机。"

苹果的痛苦正在加剧。尽管蒂姆·库克在国情咨文演说现场坐在贵宾席，但很多人开始质疑苹果的爱国主义。一年前，《纽约时报》出版了一组特辑——苹果经济学，其中提到了苹果对美国经济的影响。该报指责苹果将制造类工作移出美国，并压榨中产阶级。文章中引用的一句话由于过于自命不凡而受到广泛关注。

> "我们没有义务去解决美国的问题。"一位不愿透露姓名的执行官告诉记者，"我们唯一的义务就是竭尽所能制造出最好的产品。"

这篇文章在社会上引起轩然大波，以致苹果不得不开展调查，统计苹果成功帮助美国创造了多少个就业岗位。调查结果表明，苹果直接或间接创造了 50 万份工作，是它已有员工人数的 10 倍以上。

《纽约时报》仍然不为所动，继续不屈不挠地剖析苹果。几个月后，该报刊登了另外一篇强有力的文章，揭露了苹果避税一事，指出苹果在内华达州和海外建立"空壳办公室"（shell offices），因为那些地方的税率要比加利福尼亚州低很多。报道介绍了一种叫作"双层爱尔兰-荷兰三明治"的会计技术，详细说明了苹果把利润转移到爱尔兰分公司、荷兰分公司以及加勒比地区的全过程。苹果 2011 年缴税 33 亿美元，如果不采用这种策略，它将要多缴纳 24 亿美元。在政府资金短缺、联邦项目不断削减的背景下，大公司避税的行为不可原谅。

2013 年 4 月，该组特辑荣获普利策奖。截至此时，苹果已避税数十亿美元，并通过其他方式造成国家经济衰退——这样的想法已经在国民心中根深蒂固。《彭博商业周刊》采访库克时，记者问他苹果对国家都尽了哪些义务。

"我深刻感觉到我们有责任为国家创造工作。"这位 CEO 说道，"我认为我们有责任以力所能及的方式去回报社会……不仅仅是在美国，在国外也应如此。我认为我们有责任生产出可以回收利用并且有利于环境的伟大产品。我认为我们有责任生产出能够为人们带来极大利益的产品。"

尽管库克的答复听上去振奋人心，但是他对苹果崇高追求的宣言无法让人们轻易忘记媒体对公司避税行为的揭露。"双层爱尔兰-荷兰三明治"如何能给人们带来巨大利益？

库克将再次被问及这个问题，但这一次是在国会面前。多年以来，参议院常设调查委员会一直想要抓住那些钻了国家落后的税法的空子，少纳税甚至不纳税的技术公司。继前年秋季严密审视了微软和惠普的记账策略以后，该委员会将目光转向苹果。

委员会讨论的问题在于，苹果将利润转存至海外的做法有多长时间了。据悉，苹果每 1 450 亿美元的现金、现金等价物以及有价证券中，就有 1 020 亿美元存在国外，不用缴税。

在那以前，苹果在华盛顿一直保持着低调的形象，部分原因在于乔布斯没有与政府打交道的耐心。据政治责任中心透露，自 2008 年以来，在所有的科技巨头之中，苹果对政府游说的投入处于最低水平——仅为 905 万美元，而微软投入了 3 800 万美元，谷歌则投入了 3 820 万美元。随着苹果的利润不断增加，与政府打交道已不可避免。它被政府盯得更紧、审得更严了。

参议院下属委员会提出的问题不容忽视。如果苹果想要继续成功之路，其领导层就必须对政府表示亲善，至少要做做样子。那年春天听证会来临之际，苹果积极配合委员会的调查工作，并且苹果的所有执行官，包括库克在内，都可以接受采访。调查组要求库克在一次听证会上做证，他也同意了。自愿出席总比被传讯要好得多。

苹果还聘请了一位说客，他曾创立了微软华盛顿办公室，他所在的美迈斯律师事务所（O'Melveney & Myers）尤其擅长带领大公司从严密监管审查的雷区中走出来。美国安然（Enron）公司、高盛集团都是该律师事务所的客户。事务所的合伙人之一是乔布斯一直以来的好朋友乔治·赖利，赖到以前曾为苹果提供过法律咨询服务。

在此类高调的国会听证会上，公司在国内的声誉往往还是未知数，因此在公开盘问之前，与委员会密切合作无疑能够为公司赢得一些战略上的优势。通常，公司的律师或其他代表都会试图限定调查范围，同时预估公司将面对的问题。提前知道最具破坏力的一击会落在哪个地方，能够让公司为这个重大时刻做好准备。委员会曾邀请 3 位苹果执行官回答议员的问题——库克、首席财务官和税务主管。在听证会开始前几周，这 3 个人接受了美迈斯律师事务所精英团队一轮又一轮高强度的专业指导。该团队设想了一切能够想到的问题和场景，直到他们的回答达到要求——坚定不移，但又毕恭毕敬。库克和其他证人都必须严阵以待，就像去参加法庭诉讼一样。他们说的每一句话都会被记录。他们说的每一个字日后都可能被拿来反驳他们和苹果。

听证会前一个星期，库克接受了《政客新闻》（Politico）和《华盛顿邮报》（Washington Post）的采访，这两家报刊在华盛顿拥有的读者数量最大。委员会任何时候都可能公开调查结果，苹果希望领先一步，站在自己的角度上讲故事。库克并没有单纯为公司逃税漏税的指控辩护，而是以这两次采访作为契机，提供了一个更为精简的公司税法版本。

委员会的工作只是另一场政治表演，每个人对此都心知肚明。尽管所有议员都气势汹汹，但民主党和共和党不可能在任何补救税收漏洞的法案上达成一致。他们也不可能接受库克提出的关于简化税法的任何建议。但是库克只要在听证会之前提出建议，就增加了他在听证会上占据主动地位的可能性。

"如果现在把资金转移到美国，需要拿出其中的 35% 缴税。这个数额实在是太大了。"库克对《华盛顿邮报》的记者说道，"我们并不是建议把税率减到零。我知道我们的很多同行都希望那样，但我并没有那么想过，我只是希望税率能够更加合理。"

他一再表明苹果已经为祖国做出了巨大贡献。

"仅在国内个人所得税方面，苹果每小时就要缴税大约 100 万美元。"他说道，"你可能不知道，但苹果应该是美国缴税最多的企业。"

听证会前一天，委员会将为期数月的调查结果公之于众。报告指责苹果通过创立附属公司避免向美国支付海外所得税。报告宣称，苹果将大量资产和利润转移到爱尔兰的附属公司，那里是世界上唯一一个对税收居所没有要求的地方。其中一个控股公司叫作"苹果国际运营公司"（Apple Operations International），2009 年至 2011 年，其净收入占到苹果全球净收入总额的 30%，却未向任何国家政府缴纳任何企业所得税；另外一家公司叫作"苹果国际销售公司"（Apple Sales International），该公司的确就其在爱尔兰的业务运营提交了一份公司纳税申报单，但根据与爱尔兰签订的协议，该公司需要支付的税费极少，甚至为零。调查小组认为苹果建立这两家空壳公司，就是为了从爱尔兰的税法体制中钻空子。苹果声称实际税率为 24%~32%，这个百分比涵盖了美国境内和境外的税收。经过分析，苹果在美国的企业所得税率为 20.1%，而联邦法定税率为 35%。

"苹果一直在寻求避税的'圣杯'①。"委员会主席、美国国会议员卡尔·列文在与调查结果一并发出的声明中说道，"它在境外建立的公司拥有数百亿美元，却声称自己不是任何地方的纳税居民。我们决定揭发此举，以及苹果其他的境外避税伎俩。"

国会议员约翰·麦凯恩是委员会高级成员，他也指控苹果是美国最大的避税企业之一，将苹果的税收结构称为"拜占庭式迷宫"。两位政治观点截然对立的国会议员，却因同一件事情而义愤填膺。所有人都相信，这次听证会将是一次前所未有的对抗。

2013 年 5 月 21 日上午，库克身穿剪裁完美的深色西服套装和白色衬衫，系着纯蓝色领带，来到德克森参议院办公大楼。

议员在听证会一开始就明确表示，苹果并未违犯任何法律法规，他们仍在研究苹果的运营策略，以期找到方法修补税制漏洞，进一步完善税法。就连他们批评苹果时，言辞中也透着敬意。其中几位表达了他们对苹果产品的热爱。尽管麦凯恩指责苹果间接加重了大众的苛税负担，也不忘称赞库克是"一位杰出的执行官"。

和国会山的所有听证会一样，议员们除了讨论这件事，还讨论了无休止的政治问题。议员中的自由主义者兰德·保罗很快便起身为苹果辩护。

"一个拥有 4 万亿美元资产的政府竟然对美国历史上最伟大、最成功的一家公司进行欺压、指责并纠缠不休，这令我非常气愤。"保罗说

①　圣杯（Holy Grail）常用来比作"无处寻觅的稀世珍宝，努力想得到却得不到的东西"。——编者注

道，"我们真正需要做的是向苹果道歉，是要歌颂他们提供了那么多就业机会，这本是政府的职责。让我们照照镜子看清事实，让我们改善我国的税法，让它更加公平，在世界上更具竞争力。金钱只会去那些欢迎它的地方。目前我们的税法让金钱在这个国家不受欢迎。"

列文冷冷地回应道："如果你愿意的话，你当然可以道歉。"

苹果一直视自己为一家进步的公司，库克的个人政治观点更倾向于列文，而不是保罗。但现在的情况具有十足的讽刺意味，这位CEO显然看出来了，他对自己的政治立场没做任何表示。

作为对委员会报告的回应，苹果在听证会前一天已经准备好了发言稿，不过库克又重新读了一次，以便这些话能够被记录在《国会议事录》中。

库克的发言听上去饱含爱国情怀，他特别强调了公司对美国经济做出的突出贡献。他提到过去 10 年，苹果在美国的劳动大军增长了 5 倍，达到 5 万人，还提醒议员不要忘记苹果计划在国内建立 Mac 电脑生产线。他还解释说海外资金主要用于支持公司的海外运营。

"该缴的税我们都缴了———一分钱都没少。"库克在反击列文之前说道，"我们不是靠耍花招避税才得以存续的。"

他引用了自己最喜欢的一句话来强调他和苹果为国家尽了应尽的职责。"一个人得到多少，就会付出多少。"这句话出自肯尼迪总统[①]。他还正式提出了自己的税收建议：建立收入中性税法（revenue-neutral code），降低企业所得税率，针对境外收入制定合理税率。库克甚至成

---

① 尽管这句话的原始出处应为《圣经·路加福音》（"一个人得到多少，他就应当付出多少"），库克却把它归为约翰·F. 肯尼迪的名言。总统的原话是："那些得到越多的人，付出的也越多。"——作者注

功将其简化税法的建议与苹果的产品研发哲学联系在一起：我们相信简单的就是最好的。

"我们是以开放的视野提出该建议的，我们清醒地认识到这必定会增加苹果在美国的税收。但是我们坚定地认为这种全面的改革对所有纳税人都很公平，这将让美国的税法在全球范围内具备很高的竞争力，从而促进美国的经济增长。"

到目前为止，库克的表现都非常出色。最精彩的是问答环节，议员们可以向库克提出各种问题。但是，尽管在听证会前他们做足了宣传工作，此时他们对苹果的态度似乎在崇拜和谴责之间摇摆不定。不管双方私下讨论过什么，苹果都成功为这场争论确定了基调。没有人再提及苹果将境内税费与境外税费全部纳入统计，刻意夸大它在美国的实际税率一事。

在审问之前，麦凯恩首先向库克的成功致贺。"我认为你一定是一个非常聪明的人，所以才能取得现在的成就，同时你一定也是一个非常严格的人。"而后，他询问库克是否有种遭到委员会欺压或者骚扰的感觉。麦凯恩的语气很温和，甚至很友好。

"能够参与进来我感觉非常开心，我希望能够对此有所帮助。"库克身体向前倾斜，满怀真挚地说道，"我深切希望今年能够进行全面的税制改革，只要苹果能帮上忙，我们就一定会鼎力相助。"

库克告诉委员会他是自愿前来的。

"我认为苹果的故事应该由我们亲自来讲述，我也希望人们能直接从我们这里听到故事的原委。"

"所以你不是被拽到委员会面前来的？"麦凯恩问道。

"我不是被拽来的，先生。"库克咧嘴而笑。

"要想拽动你很难，我知道。"议员说道。库克由衷地笑了起来。

麦凯恩严肃起来，询问苹果是否享有不公平的税率优势，库克温和地表示反对。

"不，先生，我认为不是那样，我希望可以做一个说明。"

库克解释道，苹果缴了每一分应缴的税。

最后，麦凯恩收起战火。

"我很想知道，为什么要用户不停地更新iPhone上的应用呢？你为什么不解决这个问题呢？"

"先生，我们自始至终都想把这些应用做得更好。"库克笑着对他说道。

整个审问环节，库克都特意对各位议员使用尊称，称男性为"先生"，女性为"议员大人"。他感谢他们提出问题，强调他和他们拥有共同的价值观，并且都热爱自己的祖国。他还抓住一切机会肯定议员提出的问题和观点的价值。

"我们改变税法，创造一个良好的投资环境，在你看来有多重要？"议员凯莉·艾约特问道。

"我认为这样做至关重要。"库克回答说，"我认为这样做对美国意义重大。在我看来，如果我们能这样做的话，美国的经济会更加强盛。我相信这会创造更多就业岗位，促进更多投资。我会不遗余力地支持这一举措。"

艾约特指出，更多的就业和投资也会造成税收增加，库克欣然认可。

"我认为这个观点棒极了。水涨船高，无一例外。"

议员们明显能够看出库克接受过专门指导，但是他们同时看到的还有库克那敏锐智慧和善于分析的头脑，正是在他出色的领导之下，他的下属才能如此卓越。即使在苹果工作那么多年，库克也不可能直接参与到其税收策略的每一个操作细节，但是这一次他确实准确地把握了一切内容。而那些议员对这件事只是大体了解，跟库克完全没法比。

库克尽量保持思维开放、态度友好、言辞不具争议性。尽管他和另外两位执行官都没有完全顺从，但首席财务官彼得·奥本海默和税务主管菲利浦·布洛克做出了可以说是截然对立或者富有挑衅性的回应。

议员罗伯·波特曼提到三星的全球税率和苹果的相差无几时，奥本海默站起来指出，苹果处在比三星劣势的地位，由于美国税率过高，苹果不能像三星那样自由地将资金移入国内。

审问接近尾声时，气氛才紧张起来。列文问库克，他是否正确理解了苹果在 2008 年签署的一份协议。按照协议，苹果将大量知识产权——它的掌上明珠——的经济权益转移到爱尔兰，以便将海外收益存放在那里。

"我认为我们在这个问题上需要一个直截了当的答复。"列文说道。

库克打断他："我不认可你的描述。"

"那么，你在 2008 年签署了那份协议，对不对？你是为苹果工作的没错吧？"

奥本海默想要站出来帮库克说话，但遭到了列文阻止。

"库克先生，你签署了那份协议，对不对，在 2008 年？"

"我在 2008 年签署了那份协议，没错。"

"你那时是在为苹果工作，没错吧？"

"我为苹果工作 15 年了，先生。"

"3 位为苹果工作的人签署了那份协议。"列文总结说，"库克先生，我完全不同意你的说法。你当然是把什么东西转移出去了——你最宝贵的东西——你们知识产权的经济权。"

几分钟后，列文问库克："你对员工说过，除非降低税率，否则你绝不会把数千亿美元转移到国内，对不对？是那样吧？"

"我不记得那么说过。"库克说道。这是他首次避免直接回答问题。

列文紧抓住不放，又问了一次："是不是真的？"

库克有点生气了："我说过我不记得自己那样说过。"

"不，我的意思是除非我们降低税率，否则你绝不会把钱转移回来，没错吧？"

面对列文的第 3 次提问，库克停顿了一下，眼珠转到一边向上看，似乎大脑在高速运转，试图想出一个合适的回答。"在当前的税率下，我暂不打算把资金转移回来。"

"好吧。"列文懊恼地说道，"这是不是意味着，如果我们不降低税率，你就不会把资金转移回来？是不是一个意思？"

"不，我不认为这是同一个意思，先生。"

"那区别在哪里？"

"你的说法听上去像是一个长久的打算，而我不会对我要做的事情做出长久的打算，因为我不知道下一秒世界会变成什么样子。"

问答环节最后，议员独自陈述了修改税法的必要性。

"苹果是一家美国公司，我们以此为荣。我们为你们今天取得的成就感到由衷的欣慰，但是正如我们整个上午都在讨论的那样，你们把大部分利润放在爱尔兰那些有名无实的公司里面……当然我们必须改变税务系统，但是要想做出改变，我们首先应该深入了解它，而不是一味地去否定它。"

不过，人们对库克的表现持有完全一致的看法：他超越了自我。他一直都泰然自若、克制自律。他既表现出了应有的权威，又显示出了恰到好处的敬意。最重要的是，他始终坚持立场，即便面对列文的诱导也毫不松懈。如此一来，他将听证会纳入掌控之中，避免了决一死战的状况。库克甚至还打动了议员们。听证会后，麦凯恩的态度来了个 180 度大转弯，他的发言人告诉记者，他希望监管机构不要处罚苹果。

坐在国会山的证人席上，库克终于表现出了 CEO 的本色。或许他没有乔布斯的那种活力，可他展现出了一种全然不同的庄严与智慧。他穿着得体的西装与议员们相对而坐，似乎他就属于那里，就是他们的一员，他的所作所为都合理合法。

尽管会后各方的反应都很积极，但不可否认，听证会将苹果的神秘色彩剥掉了一层。苹果或许有权依法建立它自己的税务结构，但最后它还是自私地决定将大部分资金存放到海外避税。其实很多公司都这么做，而唯独苹果受到了关注，这是因为它获得了巨大的成功，并且它曾宣称自己的存在就是为了让世界更美好。

同一天，《纽约客》（New Yorker）记者乔治·帕克的新书出版，他在书中讨论了美国精神的变化，指出人人都以自我为中心，"赢家比以往赢得更多，就像飞船一样越飞越高，而输家在触底前会持续下跌一段时间，有时他们永远也不会触底"。

帕克接受采访时，把苹果列为最穷凶极恶的罪犯之一，因为它总是装出另外一副样子。"苹果把自己定义为一种生活方式，甚至是一种革命。从 20 世纪 90 年代'非同凡想'的标语就能看出，苹果把自己比作甘地或者国王。它是一场解放运动。"他对旧金山公共广播电台（KQED）说道，"苹果是一类公司……其余的则是另外一类公司。"

　　没过几天，苹果再次陷入困境。司法部立案指控苹果通过提高电子书价格谋划市场垄断，审判定于 6 月 3 日。

　　按照政府的说法，此案与价格垄断直接相关。苹果开办电子书城之前，出版商将图书以批发价卖给零售商。但是后来亚马逊为了巩固其业界龙头地位，开始赔本销售图书，出版商便联合起来阻止其压低价格。政府指控苹果扮演了"马戏团指挥"的角色，说它与出版商达成协议，出版商可以在苹果电子书城中自行定价，而收入的 30% 归苹果所有。出版商拥有一家主要零售合作伙伴作为保障后，便可以将同样的代理协议强加给其他零售商。苹果还添加了一条最惠条款，要求在其他商店，比如亚马逊，图书的价格应与苹果书店中的价格相当。结果电子书的价格上涨了。政府有大量证据可以证明出版商之间以及出版商与苹果之间进行过相关交流。在诉讼中被提名的 5 家出版商全部与政府达成协议，同意终止现行的代理协议。

　　苹果辩称自己并不知道出版商之间秘密合作的程度有多深。甚至在苹果决定开办电子书城之前，他们就已经开始讨论对策，应对亚马逊的打折问题。苹果还声称不能被指控违反反垄断法，因为它是这个行业的后来人，不是龙头老大。它只是想要建立一种可行的商业模型，以促进市场竞争。

　　这个案件最终的走向将不仅影响到苹果和亚马逊，还会影响顾客、书商、作者和作家经纪人。三大出版商与政府达成协议后，法院收到了来自个人、公司、工业集团（包括一家消费者维权组织）发来的 868 份针对最终判决结果的评论。其中一份是一位律师发来的非当事人意见陈述（amicus brief），他画了 5 页连环画来反对这种解决方案。90% 以上的评论都批评了亚马逊的打折策略，并赞成其他公司通过签订代理协议参与市场竞争。

审判在纽约开庭，开庭前 10 天，双方律师与联邦地区法官丹尼斯·科特会面，她是一位经验丰富的法官，以前做过公诉人，喜欢引用典故说事。

科特非常熟悉这个案子，因为调解协议就是她审批通过的。2012 年 9 月，在处理阿歇特图书集团、西蒙与舒斯特出版公司及哈珀柯林斯的调解协议时，她引用了一首诗来强调书籍的重要性。

"不可否认，在人类探求知识和创造性表达的道路上，在构建一个自由而繁荣的社会的过程中，书籍和作家发挥了巨大作用。引用艾米莉·狄金森的几句诗来说就是，'没有大帆船能像一卷书/将我们送到异乡/也没有任何骏马像一页/奔腾跳跃的诗章/最穷的人们也能作此游/而不受关税的威逼/载运这人类心灵的车辆/取费是何等便宜'①。"

听证会接近尾声时，司法部的一位代表律师问科特是否愿意结合证据谈谈她对案件的看法。和那次专利审判案不同，这一次不是由陪审团审判，而是由法官审判，也就是说审判结果将由法官说了算。

出乎意料的是，法官竟然同意了。她一面强调自己的观点仅仅基于那几家被提名参与共谋的公司之间的电子邮件和信函，仍具有不确定性，一面又表示自己站在司法部那边。

---

① 引自余光中翻译的《书》（*There is No Frigate Like a Book*）。——编者注

"我相信政府能够在审判中拿出直接证据，证明苹果参与并促成了出版商蓄意提高电子书价格一事。"她说道，"并且该案件的间接证据，包括协议中的条款，也会证明这一点。"

法官承诺会保持开明的心态，但是她的这番话令苹果坐立不安。在审判开始之前，科特就已着手起草判决。

19

电
子
书
价
格
垄
断

2013 年 5 月底，在《华尔街日报》为期 3 天的年度全球技术大会开幕之夜，蒂姆·库克走上舞台，坐在一把红色皮椅上，台下坐着数百位业内人士。

"数字化大会"的主持人是科技报道领域最著名的两位大人物——沃尔特·莫斯伯格和卡拉·斯威舍，只有收到邀请的人才能出席。发言人大多是当下最热门公司最具人气的执行官。莫斯伯格和斯威舍的提问精练老道，在 600 余位业内最聪明也最具影响力的人士面前，他们向台上的执行官们提出各种实际问题。大会不采用演讲或幻灯片的形式。

多年来，乔布斯一直是那把红色皮椅的常客，他用一贯有趣甚至偶尔带有欺骗色彩的观点介绍苹果、竞争对手和科技行业，把观众带入他那神奇的现实扭曲力场。2007 年，他在那里展示了即将上市的 iPhone。"这是我们做出的最棒的一款 iPod……当然也是我们做出的最棒的一款手机。"他俏皮地介绍道，引得观众哄堂大笑。2010 年，乔布斯最后一次出席大会，他谈及了从苹果产品到各种争议的方方面面，比如丢失的 iPhone 4 样机，不支持 Flash 格式，让观众听得着迷。他还用有趣的内部消息吊足了观众的胃口，比如 iPad 的研发工作在 iPhone 之前就已开始，以及苹果的体制和创业公司一样，等等。

2012 年，库克首次出席该大会，当时他接任 CEO 已有 9 个月。主持人和观众都热情洋溢。库克的语气非常乐观。"在苹果工作绝对是一种意想不到的美好。"他说道，"我享受在那里的每一分钟。"库克的言辞中透露着缜密的思维和真挚的情感。观众们惊喜地发现，他还是一个幽默感十足的人。

今年，库克再次坐到红色皮椅上，讲话的基调则要尖锐得多。还未等这位CEO坐定，莫斯伯格就开始罗列苹果目前面临的种种问题，先是谈到三星和安卓带来的挑战，而后又提到在国会的论战和在中国的传言。

"现在你们因为各种问题被各国政府打得落花流水，你们的股价一直在下跌——下跌得很厉害……其实我并不知道现在的股票价格，但无论如何，它确实跌幅很大。大家感觉你们已经失去了原有的酷劲儿，那酷劲儿被别人抢走了——三星现在成了酷劲儿十足的那一个。"

莫斯伯格接着问了所有人都想提出的问题。

"苹果遇到麻烦了吗？"

"当然没有。"

库克微笑着，但是他的回答并不具有说服力。他拿出套话，表示iPhone和iPad的用户要比其他设备的用户更频繁地使用手机和平板电脑。他还谈到苹果上一年推出的新产品数量"史无前例"，但不论是声音还是表情，都不带一丝情感。

"我感觉相当不错。我感觉相当不错。"他说着，声音却有气无力。

斯威舍不想让他就这么敷衍了事。"在科技领域，"她说，"越来越多的人认为苹果在走下坡路。与以前相比，你们现在面对的强劲对手太多了。"

"我们一直都有非常强劲的对手。"库克反驳道，并拿微软和戴尔举例。他若有所思地将双手合在一起，道出另一句重复多次的话。"制造出最好的产品一直都是我们的期望。"

"这么说，外界的看法并没有困扰……？"斯威舍问道，"因为那些看法显而易见，人们的评论越来越多。大家都很担心苹果。"

库克表示那些评论没有令他困扰。他承认股价下跌确实令人大失所望，但他提醒斯威舍这种情况并不是第一次。"我认为这个行业的美妙之处在于你会看到很多循环。"他试着让自己的话听上去很富哲理性。"如果我们生产出了伟大的产品，丰富了人们的生活，那么其他事情也会发生。"

莫斯伯格和斯威舍将话题转向产品。库克开始为iPad mini辩护，声称创新并不一定意味着创造一种全新的设备，莫斯伯格却打断了他。"我现在并不是想要玩文字游戏。"他说，"苹果到底什么时候才会推出下一个伟大的产品？苹果会生产电视吗？会生产可穿戴式电子设备吗，比如联网眼镜和手表？"

"我不想讨论细节。"库克转移了话题，"我不想回答那些……我没有什么可奉告的。"乔布斯也从不谈论新产品，但至少他总能说出关于公司创造过程的一些趣事。他知道如何在不透露任何新信息的情况下引发观众的好奇心。

难道库克不担心安卓带来的竞争吗？

"我并没有逃避现实。"他说道，第二次指出人们在苹果产品上耗费了太多时间。每次主持人说到苹果急剧下降的市场份额，库克就试图转移话题。随着时间一分一秒地过去，他脸上的微笑也越发紧绷起来。

尖锐的问题接二连三。使用苹果产品的人数是唯一衡量标准吗？苹果产品的销量不再重要了吗？那么顾客满意度呢？斯威舍指出，年轻人不再热衷于使用iPhone，因为他们开始讨厌它的外观和体验。库克会担心使用苹果的人数越来越少吗？苹果会重新设计产品外观以满足年轻顾客的需求吗？

"我们的顾客涵盖各个年龄层次。"库克说道，"我喜欢这样。"

库克已用尽一切办法避免提供任何信息。他的回答开始重复。他坚持说苹果一直都做得非常好，并承诺即将推出激动人心的新产品。他表示自己自始至终都对公司的未来充满信心。团队中的每一个人都做得非常出色。无限循环工业园总部的文化从未改变。一切都很好。

库克开始转移目光，不再望向观众。他焦躁不安，不时地看手表。如果乔布斯遇到类似情况的话，他可能早就爆发了。但库克始终都很有礼貌，尽管他的整个身体都已僵硬。几个星期之前，他为国会证词发言做准备时曾受过专业指导，知道该如何应对这种情况。他努力让自己显得逻辑清晰，便故意放慢语速，引用各种统计数据。他谨遵预先准备的脚本发言，任何企图让他脱离脚本的人都没有得逞。对那些不怎么了解技术领域的年迈议员来说，这种策略很奏效。但这一次的观众可都是硅谷最有头脑的一群人，没那么好糊弄。在这些人面前，库克的回答干瘪乏味。

在被问及即将开始的电子书审判时，库克试图对这个案子轻描淡写。他说苹果并未做错什么，是以完全正当的方式在与出版商订立协议，最后库克还表示会有证据表明他和公司是无辜的。还有一个问题问到为什么苹果不能好好利用那些资金收购公司，库克只是在争辩收购的前提，而没有直接给出答复。他唯一愿意承认的是，公司在苹果地图应用上搞砸了，这一点不言自明，并且他之前也说过这话。

库克的表现不尽如人意。人们认为他热衷妄想、不切实际。如果他真的不担心苹果面临的大量问题，如果他真的相信一切都好，那么苹果才是真的遇到麻烦了。

谈话接近尾声时，库克迎来了最令他烦恼的时刻。专注技术的著名对冲基金经理丹·本顿站起来提出了一个尖锐的问题。他说，库克的话听上去和20世纪90年代苹果表现出的自满精神并无二致，那时乔布斯还没回来，公司正处于破产边缘。

"为什么你不能让我们梦想一下呢？谷歌现在向世界展示了能够实现无线上网的千兆光纤和探空气球，还有谷歌眼镜。"他说道，"为什么你就不能让我们一睹苹果眼中的未来呢？"

本顿实际上是在乞求这位CEO分享一些苹果的愿景。库克的回答完全不带感情色彩，整个房间的气氛似乎都凝结了。

"从至少15年前开始，我们就一直在做同一件事。"他说道，几乎是在生硬地背诵，"只要准备好了，我们就会发布产品，我们一直相信惊喜的力量，我们认为顾客喜欢惊喜，所以我不打算改变这个传统。"

甚至在库克还未离开舞台，就有观众开始在网上发表辛辣的讽刺了。

彭博电台的新闻节目主持人托尼娅·霍尔在推特上写道："当蒂姆·库克站在舞台上谈论苹果的时候，与史蒂夫·乔布斯在领导方面的差距显得愈发巨大。"

《财富》杂志的资深编辑亚当·拉辛斯基的评论最为尖锐，而在这之前，他对于库克管理方式的报道多半都是正面的。

"苹果以卓著的才华和绝妙的愿景著称，但其CEO却三番两次拒绝讨论任何细节问题，这是多么奇怪的一幕啊。"他写道，并指出记者们抓住了新闻的要点。他把这次采访形容为"时而痛苦，时而乏味"。

"数字化大会"中最严厉的一个问题是关于苹果无休止的专利战争。

"你们和安卓的专利诉讼已经持续好几年了，据我所知，你们并没取得任何进展，对不对？"科技媒体网站 The Verge 的主编尼莱·帕特尔说道。"你们打算什么时候结束？什么时候收官？"

库克想不出什么好的答复。

"今晚我不想讨论这个。"他说道，"这就是个价值观问题。总而言之，就是个价值观问题。"

苹果向安卓宣战已超过 3 年，但似乎没有找到解决方案。尽管它与 HTC 的官司宣告结束，但它仍在与摩托罗拉和三星作战。

在苹果与摩托罗拉发生纠纷时，杰出的理查德·波斯纳法官推掉了这个有望成为芝加哥重大案件的"潜力股"，因为他认为这不会产生任何经济效益。他认为，软件行业并不需要预先花大量资金寻求法律保护，只要公司能够将一种全新的技术带入市场，就必然会从中受益。世界范围内针对该裁定的上诉和其他案件仍在奋力挤进法庭。

与此同时，苹果与三星的抗衡愈演愈烈。整个春季，双方一直在磋商。苹果和三星的代表起草了一份和解协议送至双方的资深经理人。但目前这些努力的成果仍然为零。

对外，苹果采取了非常积极的姿态。它对摩托罗拉和三星发起的申诉取得了各种成效，不过更有效的是它的防御策略。针对被指控侵犯的那些标准核心专利，苹果发动了一场公关战争，还申请各政府机构和通信部门建立基本授权标准，并声称专利对公司而言极其重要，他们必须依据公正合理的条款进行授权。结果，苹果成功击败了三星的大多数标准核心专利指控。欧洲监控者也展开了调查。

尽管这些裁决对苹果来说很有意义，但它们却无法保护 iPhone 和

iPad区别于其他品牌的关键创新。案件每多拖一天，对于三星和摩托罗拉来说就获得了又一次胜利，因为它们可以继续销售自己的设备。这将对苹果未来的业务产生重大影响。安卓的市场份额增多将会使谷歌，而不是苹果，成为繁荣兴旺的电子商务的主导者。

整个春季和夏季，苹果赢得了几次战争，也输掉了几场战役。6月初，在通过无线网络传送信息的一项标准核心技术专利问题上，美国国际贸易委员会站在了三星一边。裁决规定，禁止进口那些专门使用AT&T网络的iPhone和iPad设备。苹果声称三星不能使用专利获取禁令，贸易委员会予以否决，并宣布它相信三星建议的专利授权费是合理的且符合善意原则。委员会还指责苹果以条款不公平或不合理为由，擅自使用三星的专利而不支付任何费用。

禁令的影响并不算大。禁令涉及的机型全是旧款，唯一销量还不错的是iPhone 4的AT&T版本。据派杰银行估计，禁令对苹果造成的损失大约是6.8亿美元，或者说是卜两个季度收入的1%。但苹果在禁令生效前请求奥巴马政府撤销禁令。如果成功的话，那么这将是30年来总统首次介入进口禁令事宜。

2013年6月3日上午，苹果和司法部终于在电子书价格垄断一案中当庭对峙，美国纽约南区法院的曼哈顿法庭挤满了记者。法庭不允许携带手机、笔记本电脑和其他电子设备，记者们只能拿出纸笔做记录。空调温度太低，椅子又凉又硬，坐在其中令人不寒而栗。

苹果的法律顾问要克服一个重大难题。法官读完审判前的评述后，说自己相信政府有能力证明价格垄断问题，苹果的律师都很担心其能否得到公平审判。

"我们恭敬而谦卑地请求法庭抛开一切成见。"苹果的首席律师奥林·斯奈德在开庭陈述中说道，"我们将证明，苹果不仅没有参与共谋、不应受到指责，还应得到鲜花和掌声……为其对电子书市场做出的巨大贡献。"

法官立即将他打断，表示她所读的审判前评述是经过双方一致同意的。

"这并不是要投票看是我喜欢苹果还是其他人喜欢苹果。"科特说道，"只要证据不跟苹果对立，那就没人会对苹果不利。"

在接近 3 个小时的开庭陈述中，斯奈德辩称苹果的做法完全是出于自身利益考虑，苹果与各出版商签订的定价协议被广泛应用到了商业中，而且并非是不合法的。他引用了由美国最高法庭审判的孟山都公司（Monsanto，美国著名农业生化公司）一案，指出苹果作为经销商，与出版商讨论价格问题是完全合法的。他还宣称，电子书市场之前被亚马逊控制，苹果的介入为市场带来了健康有序的竞争。他指出自苹果推出电子书店以后，电子书的价格总体上降低了，并且电子书的数量也增多了。

"苹果什么也没做错，却被告上了法庭。"斯奈德说道。他指责政府出示的证据断章取义、歪曲事实。"这是历史上首次指责后来进入饱和市场的公司……违犯了反垄断法。"他说道，称这个案子令人"匪夷所思"。

政府则以事实施压，并展示了 834 个证据，包括苹果与案件中的5 家出版商之间的邮件、电话与信息记录，同时郑重宣告将证明苹果参与旧式定价共谋行为，通过为出版商提供制衡手段，迫使亚马逊改变了业务模式。

史蒂夫·乔布斯的幽灵在法庭中游荡，就像在圣何塞案件中一样。政府的一个关键证据是乔布斯在沃尔特·莫斯伯格的采访中所说的一句话：所有零售商的图书价格都将一样。另外一则证据是艾萨克森在书中引用的乔布斯的一段话。

> 亚马逊搞砸了。它用批发价买了一些书，但用低于成本价的9.99 美元赔本销售。出版商对此深恶痛绝——他们认为那将会使那些售价为 28 美元的精装图书滞销。所以在苹果还未进入电子书领域之前，一些书商就已经开始停止向亚马逊供书了。于是我们就跟出版商说："我们将采用全新的代理模式，价格由你们来定，我们抽成 30% 的收益。的确，消费者需要多付一点钱，反正这就是你们想要的结果。"但是我们也要求，如果其他人的售价比我们低，那么我们也可以以更低的价格出售。因此他们就去找到亚马逊，告诉它："你必须跟我们签订代理合同，否则我们就不卖给你书。"

从一开始，审判就显而易见将成为埃迪·库埃的证词演说。作为乔布斯在电子商务和媒体方面的交易能手和得力助手，在 2010 年 1 月 27 日 iPad 和电子书城推出之前，库埃是与出版商进行为期 6 周谈判的直接负责人。政府想要证明库埃在迫使亚马逊和其他商家改变业务模式的过程中扮演了核心角色，苹果则声称库埃只是尽其所能签订了对苹果最有利的协议，并未考虑出版商与其他零售商之间的关系。

第二周的周四上午，库埃出席法庭。一改往日的牛仔裤和衬衫，他穿上了灰色西服套装、白色衬衣，系着红色领带。库埃说话很流畅，语气中甚至还透出几分愉悦。他表示反对的时候就非常平静地说一句："不，不是那么回事儿。"

按照库埃的说法，苹果本打算以批发价购买图书，从中赚取差价。后来公司发现亚马逊以批发价购买图书，却以极低的价格销售，于是库埃就着手建立另外一种业务模式。经两位出版商提议，库埃采取了这种代理模式。出版商可以从中受益，因为他们可以自行定价，苹果则无论销量如何都能得到30%的抽成。

审问环节，库埃毫不犹豫地承认，苹果建立电子书城以后，电子书的价格提高了，并且他与所有出版商都面谈过，向他们提出了同样的条款。他甚至承认，苹果曾考虑过让出版商将该代理模式强加给他们所有的零售商。

库埃解释说他没有按照要求行事，并不是因为他意识到那则条款不合法，而是因为他无法确定出版商使用的代理条款是否完全一致。他担心亚马逊和巴诺书店的做法对纸质图书零售业产生影响。他还总结说如果出版商不施压的话，他凭一己之力无法将代理模式强加给苹果的竞争对手。

尽管法官尽量保持中立，但她似乎开始认可苹果的说法了。反对同业协定价格的规定条款清清楚楚。在同一领域的公司不得串通定价。但是苹果和出版商并不在同一个领域。它是一家经销商。它与出版商之间是并列的关系。苹果只是完美地争取了对自己最有利的价格。采取了被政府视为定价的行为之后，苹果实际上便可以维护自身利益。可能苹果确实利用某种情形实现自身利益，但作为市场的后来人，它真的有能力操控一场定价阴谋吗？

"我很期待辩论总结环节。"法官在审判的最后几分钟说道，"对我而言，在审判过程中，事情发生了某种转变……正如你们在法庭上看到的一样，事情发生了一点儿改变。"

大约 3 周后，法官公布判决结果。"苹果，"她说道，"应负责任。"

"苹果抓住机会，耍了一个聪明的手腕。"法官科特说道，"它为'出版商被告'（publisher defendants）提供了愿景、模式和时间表，并促使后者一致决定提高电子书的价格。"

在 160 页的判决书中，她严厉批判了库埃的证词。库埃并非像一部分人推测的那样帮助苹果赢得审判，其实他的话完全没有说服力，唯一让法官信服的就是他是一个不可靠的人。

法官在一系列文件中明确表示对库埃的鄙视，一位记者把那些文件称为"辛辣的脚注"。法官指出库埃的证词前后不一致，并且还有很多疑似杜撰的说法。她把库埃称为"精明的谈判人"，说他对指控的某个否认简直"厚颜无耻"。

"很遗憾，"法官总结说，"他并不可靠。"

科特在判决书的主体部分也毫不留情地指出，苹果的证据"没有说服力"，"苹果和出版商请来的大多数审判事实证人都不够积极、不够坦诚"。她还表示乔布斯与其传记作者的谈话很有启发意义。

"乔布斯本人，"她写道，"总会把模式的运行方式坦诚相告。"

她指出苹果本身并未否认出版商参与定价，而是声称自己并不知情。

科特认为，出版商之所以采取相同代理条款，苹果的参与"至关重要"。她声称苹果和出版商之间的定价协议"摧毁了"竞争，而不是促进竞争。

正如法官在审判前听证会上所说的一样，判决书中的大部分背景信息就像提前准备好的一样，不过在最后的 38 页里逐一回应了苹果的辩词。苹果声称自己完全是出于自身利益单独采取行动，科特不同意这种说法，因为那样的行动必须要由出版商和苹果合作完成。她承认代理协议和最惠条款本身都不违法，但这并不意味着公司可以通过以上行为控制贸易。苹果辩称如果自己未曾进入电子书市场，那么出版商将停止向市场供应图书。法官则回应道，没有证据表明出版商将一致采取这种做法。

"从最开始与出版商磋商时，苹果就投其所好，建议提高价格。"她说。法官怀疑苹果与出版商的初次会议并没有刻意安排，因为库埃及其团队具备出色的专业技能，出版业面临的种种挑战也被广泛报道，并且苹果本身也没有时间与出版商正式达成协议。"那么，为什么苹果要费尽心思辩称 12 月中旬的那些会议只是一场商业旁听之旅？"接着，她继续说道——这些会议足以表明，苹果想要提高价格。

"苹果与出版商首先交流想法，而后他们联合密谋，朝着目标迈进，这一点证据确凿。"

审判结束后，苹果的辩护团队表示他们一直都知道胜算很小，但是他们曾打算提出足够多的问题进行上诉，这无疑是整个案件最重要的阶段。出版商仍旧否认有过共谋或任何非法或不道德的行为。

然而，判决的影响是毁灭性的。所有人都明白，德高望重的法官科特做出的决定难以改变，而苹果的无力辩护也同样摧毁了其品牌形象：苹果是为了更广泛的利益而存在，不会被利润这种世俗问题所牵绊。苹果的一个说法是希望改变阅读体验，为顾客提供一款更好的工具。从很大程度上来说的确如此。正如法官科特所说，苹果让人们能够跟着美国名厨茱莉亚·蔡尔德学做法式红酒炖牛肉，让孩子们可以在触控屏幕上阅读《小熊维尼》。不过这些美好的初衷无法改变苹果与出版商勾结、排挤亚马逊的事实。苹果无力让法官信服，这恰恰折射出了其形象的坍塌。

这种引起法官厌恶的策略与苹果公关部门面对记者时采取的策略一样——找出问题的漏洞，勉强给出狭隘的回答或者根本不回答。

多年来，这种回避审问的方法成功保护了苹果神圣的品牌形象。在与三星的专利审判案中，执行官们精心准备的证词令陪审团倾心不已；在国会山，库克精心调配的敬意与反抗并存的态度令议员们深深着迷。这种策略在"数字化大会"对库克的公开采访中没能奏效，因为提出问题的是那些对苹果不满的业内人士。在电子书一案中，苹果的规避策略显得更加糟糕。在审判的热浪之中，法官科特似乎中了苹果的魔咒。但后来她专门抽出时间剖析库埃和其他证人的证词之后，便发现苹果其实一直都在回避问题。她一次又一次击中苹果的要害，将那小心翼翼塑造起来的完美至极、美德模范的形象打破。

库克在红色皮椅上的溃败是一个警告。法官的谴责同样如此。

苹果正渐渐失去对话语权的控制。

20

库克新宣言

2013 年 6 月 10 日上午阴云密布，苹果人再度前往朝圣地旧金山，举办一年一度的全球开发者大会。和往常一样，莫斯康展览中心外挤满了人。警察站在一旁巡视，员工则穿着耀眼的红色衬衫和黑色长裤引导熙熙攘攘的人群。蒂姆·库克主题演说开始前半个小时，迟来的人们急匆匆地冲进展览中心外迂回曲折的队伍之中。

　　为期 5 天的大会一直都是苹果展示雄心壮志的舞台——每年夏天它都会卸下面具，揭开奇迹的面纱，让粉丝一窥苹果的下一个篇章，让他们对未来激动不已。苹果的工程师举行会谈，向与会者提供建议，并就开发者如何为 iPhone、iPad 和 Mac 电脑开发软件交换意见。大会由苹果统一组织规划，大会开场的主题演讲是一个安全的避风港。在这里，没有记者会无礼地对市场份额或股票价格问题穷追不舍，也没有穿着黑袍的法官坐在高处审视，对公司圣洁高尚的言辞与损人利己的行为不相符的事实指手画脚。在这个大厅，掌控麦克风的是苹果，而不是一群连如何更新 iPhone 上的软件都搞不清楚的美国议员。

　　如果苹果想要重新获得话语权，那么现在就是最佳时刻。

　　即便是苹果最忠实的粉丝——那些朝圣者一大早就在外面等待中心开门——也对苹果创意枯竭的事实感到愤慨。第一代 iPad 上市至今已超过 3 年，第一代 iPhone 上市 6 年，而第一代 iPod 则有 12 年。苹果一直在重复生产这些设备，只完成了一些改进，没再进行大胆的新尝试，最近推出的一些更新甚至是场灾难，到处都是错误，比如放错位置的天线、滑稽晦气的Siri和令人崩溃的地图。数次连败的势头终于要停止了吗？

距离大厅一个街区的地方，一位"信徒"一边思考着这些事，一边从雷福牌手推车中拿出热腾腾的咖啡分发给大家。乔丹·埃斯凯纳齐在科罗拉多州的一家新兴公司上班。前天他曾和公司的其他人一起前往旧金山。那天清晨他组装好这辆小推车准备专门放咖啡。除了咖啡以外，他还分发一些小贴纸。那天晚上他所在的公司也举办了一场盛会，有700位开发者到场。能够第二次参加全球开发者大会令埃斯凯纳齐兴奋不已，即便他必须推着小车穿过旧金山的街道也在所不惜。但是谈到苹果的前景时，他变得有些不安。

埃斯凯纳齐不想说消极的话。他所在公司的一位创始人曾是苹果的经理，该公司之所以能够存在是因为苹果促成了一场应用狂潮。

"我不打算说任何关于苹果的坏话。"他停顿了一下，而后默默补充道，"他们本可以做得更好。乔布斯不在了真令人难过。"

甚至连街角也徘徊着那位帝王的幽灵。之后的几分钟，埃斯凯纳齐谈到那位逝去的CEO，但没有明确提及任何一位接任者的姓名。乔布斯去世至今已有两年时间，而他们却仍活在他的影子里。

埃斯凯纳齐迫切希望苹果能够展现出一丝从前的光辉。那是所有与会者的共同愿望，他说道。

"乔布斯不在了，"他说道，"下一个伟大的创造会是什么？"

不论苹果的执行团队是否愿意承认，他们确实仍未找到逃离天才陷阱的方法。这个问题一直困扰着他们，追逐着他们，影响着他们的每一个决定。现在他们的愿景领导人已然成为一个国际偶像，就连死亡也无法消减他的影响，那么他们能否找到重新点燃创造之火的想象力与意志力呢？或者是不是像很多人想象的那样，苹果正在变成另外一种公司？毫无疑问，苹果是世界上最成功的公司之一，但即便如此，它最擅长的是营利，而不是改变世界。

道路尽头，熙熙攘攘的人群涌入大厅，期待听到答案。

当蒂姆·库克和他的团队走到聚光灯下时，他们强大的气场打消了所有人的念头。

尽情享受观众的热烈欢呼之后，他们一遍又一遍地夸耀公司的创造力和革新力。他们引用调查结果说明顾客有多么热爱苹果，并大肆宣扬苹果荣获的各种奖项，夸赞他们的下一代产品比之前的更好、更容易使用、更美、更惊人、更伟大、更壮丽。仅仅几分钟，他们就用光了所有最高级的形容词，但他们并未停止，继续一遍又一遍地重复着同样的赞誉之词，就像是在乐不可支地祷告一样。

他们预先播放了Siri的新声音，既有男声也有女声，承诺Siri变得更聪明了，并且地图应用也已完成更新。宣誓时，他们板着脸，避免透露出这些改进背后的耻辱。在夺目的灯光下，在热情的观众面前，他们注定会大获全胜。执行官在大屏幕上播放幻灯片，展示其应用商城的下载量达到500亿次，他们还播放了一段视频，炫耀最新开业的苹果商店是由柏林一家美丽的老剧院翻修而成的。视频中宣布最新的MacBook Air的续航时间长达12小时，iPhone上的应用现在可以自动更新，公司将不再使用大型猫科动物的名字为其最新电脑操作系统命名（上一个版本被称为"美洲狮"）。新版本将采用加利福尼亚州极具意义的地名来命名。第一个将会是 Mavericks（原意为"言行与众不同的人"），这是一处著名的冲浪海滩。他们在全新流媒体 iTunes Radio 上播放《给我庇护》①，他们还播放了齐柏林飞艇乐队的单曲《全部的爱》（*Whole Lotta Love*）——这的确是个伟大的成就，因为齐柏林飞艇乐队一直都拒绝在任何流媒体上播放自己的歌曲。他们在北极查看天气情况，两位机器人技术专家称赞，苹果的产品帮助他们设计出了人工智能玩具赛车。不远处的几辆玩具车驶离轨道导致翻车，但这明显是为了逗乐。不论怎样，玩具车应用将在那天上市。

那天上午最重大的新闻来自库克，他宣布苹果为 iPhone 和 iPad 推出了最新版本的 iOS 操作系统，他将该软件华丽地称为"自 iPhone 出现以来 iOS 系统发生的最大改变"。软件主管克雷格·费德里吉一边展示着这款最新系统，一边极力夸赞其产品的全新外观和带给消费者的全新感受。

"简直难以置信。"他说道，"它真是太美了。从屏保画面的字体到生动的背景，再到主屏幕上的这些图标。看上去真是棒极了。看上去太奇妙了。"

艾夫出现在视频中，他用一贯的英式口音庄严地宣布苹果认为 iOS 7 "指明了重要的新方向，并且在很大程度上是一个新的开端"。

菲尔·席勒介绍了新款圆柱形的 Mac Pro 微电脑，他强调苹果已开始在美国组装电脑。其实，Mac Pro 的很多部件仍在国外生产，他对此则只字未提。席勒又在大屏幕上播放了一段视频，以彰显该设计与地球曲度的联系，足见苹果对这款新产品的重视。视频结束后，席勒满

---

① 《给我庇护》（*Gimme Shelter*）为滚石乐队歌曲名。——编者注

意地点点头，说了句显然是预先准备好的话：

"谁说不能再创新的？"

观众欢呼雀跃。摄制组将镜头转向斯蒂芬·沃兹尼亚克，一年前他曾公开谈论苹果的创造力日益衰退。这个镜头似乎也是事先策划好的。要想完成这个镜头，摄制组必须提前找到沃兹尼亚克的座位，然后专心等待席勒的那句话。这一刻与奥斯卡颁奖典礼很像，在公布信封中的获奖者时，摄制组会有意捕捉被提名者的瞬间表情。这是一个精心设计的报复吗？是为了让沃兹尼亚克在公众面前下不来台吗？

"他们在手机市场方面有些落后。"沃兹尼亚克曾在2月份对德国《经济周刊》的记者说道，"目前苹果的产品和其竞争对手的产品没有明显的成本差异。三星是主要的竞争对手，因为他们的产品很伟大。"尽管并未明说，他在采访中暗示苹果应该吸收谷歌和三星产品的一些特征，以便把产品做得更好。

苹果再次显示出其真正本质：无休止的自满态度，面对质疑时明显表现出轻松的无所谓的形象。

值得庆幸的是，沃兹尼亚克并未让试图攻击他的人满意。镜头拍到他时，他看起来只流露出了些微的兴趣。一位观看直播的博主认为他看上去昏昏欲睡。

主题演说还包含其他抨击性的内容，大多数都暗含典故，唯有那些始终密切关注苹果的人才能领会。这些玩笑都很短小，因而丝毫未影响愉快的氛围。但演说者接二连三地指责评论家、怀疑论者、安卓、三星以及其他竞争对手。现在斯科特·福斯托被逐出帝国，他便也成了攻击的目标。作为曾经的移动软件主管，他被解雇前一直是公司内部的重要人物，从未被人指名道姓地严厉批评过。而现在他们则嘲笑他热衷于在以前的iPhone和iPad版本中融入拟物风格——iBooks应用看上去像个书架，日历应用看起来像台历，游戏中心应用则像是牌桌的绿色毛毡。在全新的iOS 7系统中，这些风格将全部剔除，就和福斯托的命运一样。

观众需要具备苏俄政体研究者的必备技巧，才能了解这些讽刺背后的动机。为什么苹果的领导层要花时间去抨击一个已经被他们打入"冷宫"的人呢？为什么他们那么讨厌拟物风格的绿色牌桌呢？他们真的认为世界已经逃离拟物主义的专制了吗？这些讽刺可能只是许诺的一种方式，旨在突出移动软件在库克和艾夫的带领下所取得的重大成果。或许他们想要强调他们获胜了，而福斯托失败了。更有趣的是，真正的目标可能并不是福斯托，而是他们的愿景家创始人。过去，乔布斯亲自将虚拟书架和其他拟物风格的元素引入iPhone和iPad。这是苹果宣告独立的奇特方式吗？

"大会对乔布斯的设计哲学进行了很多隐晦的批评。"科技网站"读写"的编辑在实况解说中评论道。

"隐晦？"另一位写道。"我可看不出有一丝隐晦感。"

如果说乔布斯的继任者们希望抹去他的记忆，那么只能说他们失败了。看着库克和他的团队，很难不回想起在这个舞台上多次展现高超技艺的乔布斯。他也会胡说八道，但是至少他说废话也能令人着迷。

苹果这一年很明智，它为演说赋予了流动性，从库克到费德里吉，再到席勒，从视频到歌曲，到幻灯片，再到样本。观众对整场演说都报以支持。

"我们爱你！"有人向库克喊道。

开发者的热情可以理解。很大程度上他们在经济层面的成功取决于苹果。但对其他那些通过网络在世界各地观看主题演说直播的人来说，显然苹果还没有找到一位能够改变游戏规则的人。尽管他们极力夸耀苹果的创新能力，但事实却是，苹果很难再提供具有革新意义的新产品了。Mac电脑和iPhone操作系统上的很多更新是基于竞争对手早就推出的产品特征，苹果采用这些更新完全是出于顾客的极力要求。

"这一切都似乎……有点边缘化。"这位读写网站的编辑写道，他使用的是Mavericks操作系统。

"这里面究竟有哪些是原创的东西？"另一位这样评论iOS 7。"我不确定我是否看到了任何真正有突破性的东西。但是，它看上去确实很漂亮。"

最新版本的iOS系统的外观设计充满了时尚感与现代感，但是它辨识度很低，只能算是对Windows Phone、安卓和Palm公司WebOS软件的融合。毋庸置疑，黑色圆柱形的Mac Pro电脑外观惊艳，甚至有些可怕——就像是Q博士为詹姆斯·邦德①发明的神奇设备一样。但是这款高性能的电脑定价很高，并且主要面向对性能和功能要求较高的专业人士。而苹果的大多数用户都不需要这种高性能。iTunes Radio在正式发布之前就已流言四起，但是除了能够播放齐柏林飞艇乐队的歌曲以外，确实看不出它比推出数年的潘多拉音乐盒、Spotify（声田，是全球最大的正版流媒体音乐服务平台）以及其他流媒体更有竞争力。最令人失望的是，苹果展示的所有产品都将在秋季之后才上市。并且没有人提到苹果电视的问题。

库克以一句话结束了主题演说。

---

① Q博士（Dr.Q）和詹姆斯·邦德（James Bond）同为"007"系列小说、电影中的人物。——编者注

"苹果的目标，"他说，"是生产出顾客喜欢的神奇产品。"

这句话总是很受用，特别是它进一步让人们相信，苹果要比其竞争对手高尚得多。但实际上这句话毫无意义。不是所有的公司都希望制造出好产品吗？有哪位CEO一起床就希望生产出顾客不喜欢的产品？苹果一味指责三星的产品缺乏独创性，恰恰就表明了三星CEO的重心在于质量和安全。

不过苹果与其竞争对手还是有本质区别的。苹果的巨大成功是以一些独特的东西为基础的——有能力生产出杰出的产品，并取得诸多成就。乔布斯去世之前，公司的财富几乎都是通过某种超能力获得的，能够帮助苹果创造出全新的产品——其设备是如此完美、如此惊人，改变了全世界人们的日常生活。在观众看来，大会或许是成功的，但事实上，苹果似乎即将忘记如何比其他公司做得更好。大会上所呈现的一切——高科技宣传、有趣的玩具和漂亮的灯光，声称公司正在重新开始，声称公司的最新产品如何先进，声称苹果富有魔力的设计师和工程师一直在蓄势待发、重塑现实——都不够自然，而且空洞乏味。

主题演说的最后再次引发了观众的失望。库克在大厅前的大屏幕上预先展示了苹果的新广告，这则广告将成为公司下一个市场活动的核心内容。这则广告并非关乎某个特定产品，而旨在声明公司的价值观，以期在乔布斯去世后重塑苹果。

这是一个宣言。

"就是这样。"一个男声旁白说道，"这就是我们看重的东西。"

话音刚落，音乐响起，屏幕上开始滚动播放世界各地消费者使用苹果产品的场景。一位年轻女士站在拥挤的纽约地铁上，头戴耳机，沉浸在音乐之中；日本一间小学教室内，孩子们聚精会神地看着iPad，小手在屏幕上滑来滑去，一脸兴奋。

"产品带给人的体验，"旁白继续说道，"它带给人们的体验如何呢？它会让生活更美好吗？它值得存在吗？"

场景继续切换。一对年轻情侣在雨中相拥，一位女士拿起iPhone捕捉到这个温馨的画面；寿司店的一位男士看着iPad mini屏幕上的影像大笑不止；摇滚音乐会上人山人海，台前观众都拿出iPhone并划亮屏幕。

"我们花费大量时间在少数几个伟大的产品上面，直到我们的每一个想法都能变成现实，直到每一件产品都能丰富人们的生活。"

一对年长的夫妇在宴会上说笑，他们的生活照通过MacBook电脑投射到大屏幕上；一个女孩坐在自己的房间玩iPhone，圣诞节彩灯照得墙壁闪闪发光。

"你可能很少看它，但你总是能够感受到它的存在。这就是苹果的特征。这意味着一切。"

屏幕渐渐变黑，一排简单的白色标语显示在屏幕上。

"由加利福尼亚州的苹果设计。"

字体很漂亮，图像是动态的。但是这则广告完全是在重复苹果多年来一再使用的话语。最令人震惊的是最后"由加利福尼亚州设计"的标语，这则标语将出现在市场战争的所有广告里。对一些人来说，这句话会让他们联想到"美国制造"的标语以及过去通用汽车和克莱斯勒汽车与丰田和尼桑竞争时使用的歌曲。苹果是在提醒美国顾客注意位于韩国首尔的三星，还是说苹果只是希望利用加利福尼亚州的良好形象？

前一种可能性极易演变为沙文主义，后一种则无聊透顶。

那天晚些时候《我们的特质》（Our Signature）广告开始播出时，人们的反应很冷淡。调研公司 Ace Metrix 专门通过观众调查来评估电视广告的有效性①，在苹果前一年推出的 26 个电视广告中，这个新广告的得分最低。《广告周刊》（Adweek）刊登了一篇尖锐的分析性报道，题为《处在转变关键期，苹果是否已失去话语权？》。

作者蒂姆·纳德提醒读者注意，库克曾指出广告中的用词对苹果的每一个人具有多么重大的意义。"不过他们没能变好戏法。"纳德写道，"他们渴望在经典的苹果风格中寻求诗意，但或许苹果已不再是原来那个苹果了。"

那些喜欢这则广告的人拿它与《非同凡想》的广告相比，那是乔布斯返回苹果后的第一场广告战争。两者的背景情况差不多。苹果没有新产品，但公司必须传达精神，从而吸引顾客的注意力，让员工在动荡不安之时能够找到重新凝聚在一起的动力。不过《非同凡想》与这次的广告基调有着本质区别。《非同凡想》是为 Mac 用户量身打造的。它塑造了苹果和乔布斯的疯狂形象，指出凡是能做大事的人都会被误解为惹是生非之人。同时，它颂扬了那些对世界发展做出巨大贡献的开拓者，并把他们与苹果的顾客联系起来。

新宣言说的是苹果象征着什么，而不是顾客代表了什么。总之，

---

① Ace Metrix 公布调查结果后，一些媒体质疑数据的真实性，因为它给客户三星打的分数更高。作者认为这些结果仍然有效。很多公司雇用第三方调研公司提供服务，这并不代表数据不真实。Ace Metrix 在业内享有很高声誉，商贸行业出版物《广告周刊》和《广告时代》经常引用其数据。苹果前广告撰写人肯·西格尔同样在博客上肯定了 Ace Metrix 的调查结果，指出像三星那种闪亮耀眼而诙谐幽默的广告确实要比苹果那种安静的广告奏效。

这则广告是以另外一种方式表明苹果仍然是一家伟大的公司。

"我不喜欢那些为了宣言而宣言的广告。"肯·西格尔说道，他是一名资深广告撰稿人，曾在《非同凡想》和其他广告战争中与乔布斯密切合作。

西格尔指出，过去的苹果广告不会明确传达信息，而是通过极富想象力的奇异图像和文字，让人们从苹果的愿景中看到最好的自我。那些广告从不直白地要求顾客去买苹果的设备，而是宣称其产品是一种时尚。这种方式几乎从未在广告界奏效。不过，这些广告允许观众自己去判断苹果的吸引力。

酷劲儿十足的人极少夸耀自己有多酷，甚至都不会公开表示自己很酷。同样，伟大的公司从来无需说明自己有多伟大。

之后的几个月，每播放一次，新宣言的力量就被削弱了一点，人们越来越容易想起两年前在无限循环园区悼念乔布斯的那一天。有时，追悼仪式好像发生在很久以前。有时，它又好像发生在昨天，每一个细节都历历在目。

巨大的横幅上印着乔布斯的头像，他目不转睛地俯视园区。他的得力助手们站在那个舞台上，努力表现出一副似乎知道下一步该做什么的模样。曾经那个坚定不移的声音，冲刷着他们每个人。

致疯狂的人，他们特立独行，他们桀骜不驯，他们惹是生非，他们格格不入，他们用与众不同的眼光看待事物。

乔布斯是他们之中最疯狂的一个，也是最自大的一个。其手段之精明，无与伦比，既肆无忌惮又耸人听闻。

他们不喜欢墨守成规，他们也不愿安于现状。

乔布斯是所有虔诚的信仰者之中最为虔诚的一位，他能直接看到创造的核心。他知道他们每个人想要什么，害怕什么。危险就在前方等候。

你可以认同他们，反对他们，颂扬或是诋毁他们，但唯独不能漠视他们。

想要忘记乔布斯就好比想要忘记太阳。他仍然统治着我们的每一天、每一秒。那是他在祝福，也是他们在诅咒。

2013 年 11 月

　　史蒂夫·乔布斯去世后不到两年，曾经如日中天的苹果帝国现在却步履维艰。他的继任者们越是宣称公司比以前更为强盛，公众就越是难以信服。

　　尽管苹果的宣传团队竭尽所能、绞尽脑汁，最近一次的宣传反馈却不怎么热烈。7 月，公司报告指出第三季度的利润和收入连续两次下滑。iPad 的销量下跌 14%，iMac 下跌 7%。iPhone 的销量比预想的要好，但是顾客大多选择更便宜的旧款，这就意味着苹果从中获取的收益要少很多。8 月初，奥巴马政府否决了美国国际贸易委员会对部分旧款 iPhone 和 iPad 的进口和销售禁令，苹果获得阶段性胜利。委员会认为苹果的那些设备侵犯了三星的专利权，但遭到了联邦政府的介入，因为政府认为这会严重影响苹果的竞争力。由于大多数被委员会禁止的产品早已停售，所以这次胜利也只是象征性的。苹果取胜并不是因为它满腔正义，从某种程度上来说是因为政府还没准备好公然放弃一家典型的美国公司。

从一开始，苹果就体现出美国的特殊主义①。史蒂夫·乔布斯和他的团队广泛宣传他们的公司与众不同——这是一家有道德的企业，它希望改造世界，用智慧和实力创造出伟大的产品，永远不会被竞争对手打败。在国会人厅和总统办公室，人们仍坚信这条美国定律。在无限循环工业园内，这种观念仍然处于统治地位。显而易见，蒂姆·库克及其资深执行官仍然相信苹果在道德层面和创造力方面都要比其他公司优越。

事实是，苹果曾经是一家特殊的公司。这种特殊性不是指它那掠夺成性的行为，而在于它予人启迪的能力。那些岁月正渐渐逝去。在苹果总部之外，苹果是特殊主义者的观念已经粉碎了。随着富士康的工作条件、苹果与供应商的紧张关系以及苹果想方设法从美国逃税几十亿等事情浮出水面之后，人们很难假装苹果仍然处在更高的道德层面。在电子书一案中，法官科特的判决令苹果的可信性荡然无存。

9 月初，科特对苹果共谋电子书价格的罪行给予严厉处罚。在最终判决书中，法官限制了苹果与出版商签订新协议的权利。这项禁令并不像政府要求的那么严格，但是法官要求对苹果进行外部监管，以保

---

① 史蒂夫·乔布斯曾在 2010 年 7 月 7 日针对 iPhone 4 天线问题的新闻发布会上提到苹果的特殊主义。据路透社记载，乔布斯说："我想这就是人类的一种天性吧，当一个人或者一个公司获得了非常瞩目的成就时，就会有一群人想要把它搞垮。我看到谷歌就经历了这种情况。我看到个别人已经骑在我们头上了。我不太确定你们的目的到底是什么。你们是不是希望我们是韩国公司而不是美国公司？你们不喜欢我们在美国本土进行创新，在自己的领域引导世界？……当然了，我们都是人，我们都会犯错。"

证公司严格遵守反垄断法。该决定可归结为一句话：苹果不可信。

"法院曾给苹果很多机会去表示自己从诉讼中学到了一些教训。"科特在一次听证会上说道，"但令人失望的是，它并没有好好利用那些机会。"10 月，苹果对判决上诉。

从加利福尼亚州到德国法庭，专利战争无休止地上演。虽然其间不断有人猜测苹果和三星将达成和解，但到目前为止，双方的律师军团仍在继续征程。2012 年夏季圣何塞陪审团的判定大多已被时间冲淡。现在双方正在为本月末的新一轮审判做准备。2014 年还将进行另一场审判，讨论两大科技巨头在另一专利体系的纷争问题。就此看来，苹果对法律问题的不懈追求至多也只是堂吉诃德式的幻象，完全不切实际。

对一些人而言，寻求法律救济其实是一个重大的判断失误。全球经济发展的速度远远超过法律和司法体系的完善速度，市场成为至高无上的统治者。难道只要有竞争对手以更低的价格销售外观与 iPhone 相像的手机，苹果就要穷追不舍吗？在这个崭新的时代，创新就如流水一般源源不绝。

无论苹果的未来如何，中国在其蓝图中都居于举足轻重的地位。苹果仍然寄希望于提高其设备在迅速扩大的中国市场的销量，以此增加利润。多年来，苹果一直在与全球用户数量最大的移动通信公司——中国移动——磋商 iPhone 协议。但是达成协议的过程并非一帆风顺。现在的事实是，苹果对中国移动的需求远比中国移动对苹果的需求大。在这个拥有十几亿人口的大国，苹果品牌已经开始失去光环。中国顾客的收入远远低于美国工人的收入，因此他们更倾向于购买较为便宜的安卓智能手机——不是三星或者 HTC，而是中国新兴公司的产品，比如联想、华为和小米。

小米的崛起诠释了模仿是无法被粉碎的事实。小米手机外观酷似iPhone，但价格却连iPhone的一半都不到。CEO雷军很久以来都把乔布斯视为自己的偶像。过去，他为了仿效这位逝去的CEO，经常身穿牛仔裤和黑色衬衫上台演讲。而如今，雷军的崇拜早已经消退。尽管人们把小米称为"东方苹果"，但雷军却把他的公司比作亚马逊。在近期CNN（美国有限电视新闻网）的采访中，他指出苹果似乎不太关心用户的需求。

苹果面临的来自世界范围内的竞争日益加剧。IDC（互联网数据中心）调查结果显示，2013年第二季度，大约80%的智能手机安装的是安卓操作系统，苹果的市场份额下跌了超过3个百分点，仅占13.2%。更糟糕的是，业内迹象表明智能手机的销量可能有下降趋势，因为大多数想买手机的人都已经拥有一部手机了。

三星在夏季的市场份额同样下滑，但根据IDC报告，2013年第二季度，其市场份额仍然高达30.4%。同期季度利润增长50%，达到7.77万亿韩元或者69亿美元。

目前三星关注的已经不是苹果了，而是那些新兴的中国公司，它们正谋划将首尔和库比蒂诺的老一代竞争对手逐出市场。

随着秋季临近，苹果的压力越来越大，世界一片喧嚣，每个人都想看革新性产品。9月，苹果推出了两款新手机，iPhone 5S和iPhone 5C。5C采用塑料外壳，价格比5S低100美元；5S具备指纹识别技术，并且处理速度也更快，除了银色和"太空灰"以外，还有金色。5C其实与上一年的iPhone在功能上没有什么变化，只是电池续航能力更强，并且有 5 种颜色可供选择。两款设备都采用了最新版本的 iOS 操作系统。

除了对金色 5S 备感兴奋以外，公众的整体反应不冷不热。评论员再次指出这些更新都不具革新性。很多人表示尽管 5C 的价格没那么贵，但也算不上便宜。在美国，顾客与运营商签订两年合同便可获得补助，仅用 99 美元便可购买一部 5C，而在中国则没有补助，顾客需要花费 733 美元购买 5C。长期关注苹果的人怀疑这个新产品只是为了用全新的颜色分散用户的注意力。iPod 的市场达到饱和后，苹果也曾采取相同方案。当天苹果的市场份额下降了 2.3%，并且在之后几天持续下降。

按照全新美学观念打造的 iOS 7 系统获得的评论同样褒贬不一。很多人喜欢这种更简洁、更现代的界面，喜欢这种明亮的色彩和扁平的图标。高中老师约翰·基蒂欣喜地发现即便是在嘈杂的厨房发出指令，Siri 也能准确理解他的要求。其他人则认为在该操作系统下，应用容易崩溃，并且使用起来也不那么直观。

新手机发行 10 天后，苹果扬言第一周的销量突破历史记录，达到 900 万部，比上一年高出 80%，但是分析师很快指出，苹果这一年推出了两款手机，而往年只销售一款，并且这一年它在 11 个市场同时发售新手机，比去年的市场数量多 3 个。中国首次成为第一批发行的市场之一，据估计该市场的销量超过 200 万部。5C 的销量初步显示出不祥的征兆；苹果开始接受预订 10 天后，5C 已在市场广泛销售。

之后几周，5C 滞销愈发明显。新款 iPhone 上市不久后，百思买和沃尔玛推出优惠政策，只要顾客签订两年的合作协议，便可以半价买到 5C，但是几乎没有任何效果。又过了几周，媒体报道苹果削减了 5C 的订单量。该行为再次对供应链产生冲击。

讽刺新闻网"洋葱新闻"在新款 iPhone 上市后刊文预测公众的接

受情况。

"苹果揭示了惊慌失措之人没有大脑。"一则标题说道，下面配有蒂姆·库克的照片。文章指出这位CEO "故作兴奋""声音颤抖"，并且"几乎完全没有灵感"。

衰退是不可避免的。

苹果的发展遵循了一种原始模型——一种历史和神话故事中常用到的叙述模式。一个在崩塌边缘苦苦挣扎的帝国，召回在外流放的创始人，并把他视为救世主。这位统治者像奥德修斯（古希腊荷马史诗《奥德赛》中的主人公，伊斯卡国王，在特洛伊战中献木马计）那般残忍与狡黠，他把那些忠于帝国的人召集在一起，鼓励他们去冒巨大的风险，让帝国到达史无前例的巅峰，取得前所未有的成就。就在人们欢欣庆祝之时，帝王却病倒了。他知道自己是帝国财富的鲜活化身，便试图隐瞒病情，直到有一天他终于被迫接受自己并非不死之身这个事实。帝王走后，他的得力助手继续以帝王之名延续帝国，却陷入自满与困惑的深深泥潭，乱成一团甚至精神瘫痪。新任领导班子坚守着过去的做事方法，变得缺乏灵活性，并忽视那些警示迹象。帝王已逝，却无处不在。尽管仍在与敌军作战，但他们却找不到出路。他们精疲力竭。他们困惑茫然。创造之井枯竭了。

克莱顿·克里斯坦森和塔姆·穆坤达的理论对此都给予了清晰的解释。他们指出，苹果的故事很长时间以来都与商业物理学的理论相悖。公司每获得一次成功，就会上升得越高。但迟早它会跌下来，因为万有引力总是赢家。

在库比蒂诺的苹果园区内，员工士气低迷，很多人纷纷辞职。苹果对其信徒的要求一贯严苛。但是在过去，无论是长时间的工作、巨大的压力还是严厉的批评，他们都能欣然接受，因为他们感觉自己的公司自始至终都在朝着高处走。当他们看到乔布斯站在舞台上，揭开他们共同创造的最新奇迹的神秘面纱时，他们感到心满意足。然而，第一代iPad上市后，很多员工难以看到工作的意义所在。每一波新产品都越发显得多余，缺乏革新性，也难以再称为奇迹。

过去两年，人们越来越清楚地意识到苹果发生了根本性变化，辞职的人越来越多。一些员工选择观望，另一些则直接离开。在苹果的个别部门，离别聚餐已经变成每周的惯例。他们甚至创造了一个新词来描述这种现象：G2G，或者是Go To Google（去谷歌）。

10月，苹果推出两款新型iPad——一款更轻、更薄、尺寸较大，称为iPad Air；另一款则速度更快、机身更小、分辨率更高，称为iPad Mini。据说苹果还会免费开放iWork生产力版套件和iLife照片、电影及音乐制造应用，过去这些应用的单价为4.99至9.99美元不等。库克将以上改变誉为"iPad史上最重大的消息"，但是这些炫耀显得非常空洞。三星和亚马逊推出功能相似但价格更低的设备，导致iPad销量一路走低，苹果市场份额缩减。高德纳咨询公司预测，2013年苹果将与安卓平分天下。

发布会过后，网络书签Instapaper的开发人马可·阿蒙特在博客中指出，就连出席发布会的执行官似乎都对自己公布的消息不感兴趣。

"这场演说至多会给人一种焦躁不安的感觉。"他写道。

没过多久，苹果宣布季度利润连续 3 次下滑，总收入仅提升 4 个百分点。iPhone 和 iPad 的销量都没有达到分析师的预期。

iPad Air 上市后，沃尔玛、史泰博和塔吉特从一开始就降价 20 美元出售。

尽管苹果推出了新款 iPhone 和 iPad，但大众仍然迫切渴望能够出现某种全新的、完美的并且能够彻底改变世界的突破。据报道，苹果的开发者正在研发新产品——联网手表和遥控电视。苹果从三星得到启发，也开始考虑生产大小不同的手机。

若苹果此时能够再次震慑世界，也仍为时不晚。那种魔力依然可以复苏。有报道指出苹果或许会在 2014 年的某个时间推出手表或者电视。然而，公司现在的规模太大了，新产品的销量必须达到上百万，才能对总销量产生重大影响，才能获得可观的收益。

人们仍在争论如果乔布斯还在的话会发生什么——他将高速运转极富想象力的天才头脑，他将用严苛的要求使下属不寒而栗，他将继续开着那辆没有牌照的轿车，每天都重新书写自己和苹果的一切可能。其实在他去世之前，很多困扰其继任者的问题就已经生根发芽了。不论乔布斯会给出怎样的答复，如果他还活着的话，人们大概都不会去猜测他未来的举动。他甚至会找到一种方法来说服人们，苹果和从前一样伟大。

没有了他，一切都变了。困境越来越多，越来越难以突破。

重要的是，乔布斯亲手选择了他的继任者。蒂姆·库克是他一手培养起来的，他花了很多年来评估库克的能力。乔布斯之所以选择库克，是因为他清楚地知道库克不是一位愿景家，不是一位革新者，并且他对数据表的热爱众所周知。乔布斯没有选择乔纳森·艾夫来领导苹果。

他选择了存货国度的阿提拉王。问题是，他为什么这样做？他是不是认为一个精通数字的人最适合迎战地平线上卷起的风暴？还是他只是想确保自己的愿景不会被其他人的想法所代替？

库克接任后，他一直声称自己的使命不是去仿效乔布斯的做法，而是去做对苹果有益的事情。同时，库克反复强调苹果并未发生任何变化，即便是他身边的整个世界都改变了，他还是这么说。不知道他有没有看到前后的矛盾。

看库克出现在公众场合——站在舞台上发布新产品，坐在他曾经的老板掌控的那把红色皮椅上——就好像是在看一个人绞尽脑汁去从事不可能完成的任务。他很聪明，他很投入，他坚守信念。但是他的言论总是平淡乏味，还会略微偏离主题。完全没有智慧的火花，完全没有灵感的烈焰。

就连苹果最忠实的支持者也看到了苹果衰退的迹象。在《60分钟》栏目的采访中，拉里·埃里森谈到80年代乔布斯退出后的苹果是什么样子，以及他回来之后苹果是什么样子。

"我们做了相关实验。"甲骨文公司的CEO说道，他曾是苹果董事会成员，也是乔布斯最亲密的朋友之一。"我是说实验已经做完了。我们看到了史蒂夫·乔布斯领导下的苹果。我们也看到了史蒂夫·乔布斯离开后的苹果。最后我们看到了史蒂夫·乔布斯归来后的苹果。"

现在这个模式再次上演。唯一不同的是，这一次，乔布斯永远离开了无限循环工业园。

"好吧，让我公开表态吧。"埃里森坦诚地说道，"我不知道他们如何能够……他们不会像以前那么成功的，因为乔布斯不在了。"

机场的报刊亭则换了另外一种方式讲述这个故事。两本同期销售的杂志都在讲述这个故事，你一眼便能看到它们。《时代》周刊提出以下问题：

谷歌能够解决死亡难题吗？

这家科研巨头正在研究如何拓展人类的寿命。这想法会很疯狂——如果不是来自谷歌的话。

书架上的《彭博商业周刊》则展示了库克与两位得力干将谈笑风生的画面。标题是：

什么，我们担心？

独家：苹果的克雷格·费德里吉、蒂姆·库克和乔尼·艾夫，从未如此确信他们做出了正确的选择。

两篇报道对比异常鲜明。《时代》周刊详细讲述了谷歌正在创建一家新公司，专门从事医学研究，帮助人类延长生命，无需惧怕死亡。报道还指出，谷歌的其他项目若要取得成果，至少需要数十年辛勤钻研——这家公司不求眼前利益，而是放眼长远，勇敢去挑战那些自人类诞生之初就困扰他们的问题。同时，该文章还不可避免地将谷歌与其著名的竞争对手做对比。

"上周苹果推出了一款金色iPhone，这周你们做了什么，谷歌？噢，我们成立了一家公司，在将来的某一天可能会战胜死亡。"

《彭博新闻周刊》的报道则热情洋溢地讨论了苹果的未来。作者首先提到了人们对苹果的预测，而后让库克及其团队来解释为什么那些怀疑是毫无依据的。库克再次告诉人们一切都好，他一点都不担忧，所有问题都在他和团队的掌控之中。关于苹果智能手机市场份额缩减一事，库克指出这是大量廉价手机不断出现所致。

"这个市场上总是有一些垃圾产品。"他说道，"我们从不做垃圾业务。"

文章以新的方式重复了库克在每次采访中都会用到的套话。除了最新推出的产品和下一次季度收益报告之外，文章没有提到任何关于未来的迹象，也没有说明苹果内部发生的任何变故。

他们并不是在重新创造世界，而是在严阵以待。

再看看那幅封面照片。库克、费德里吉和艾夫脸上的笑容发自内心，他们传达信心的意念是如此坚定。

他们看到标题之后会怎么想？他们会不会觉得"什么，我们担心？"是从《疯狂》杂志抄来的说法？他们还记不记得封面上艾尔弗雷德·E. 纽曼傻笑的样子，旁边写着他那具有讽刺意味的漫不经心的标语："什么，我担心？"

是的，新任帝王和他的团队在大笑。但是他们知道笑点在哪里吗？

动笔之前，人们曾告诉我写书注定是一个孤独的过程。然而，这次我唯独没有感觉到的就是孤独。

我要向那些乐于和我分享的近 200 位人士表示最真挚的感激，其中包括苹果公司曾经和现任的员工、苹果公司的合作伙伴以及其他和苹果相关的人员。他们都非常慷慨地协助了我的工作。名单很长，我也答应大多数人要对他们的身份保密，但是我在此要特别感谢3 个人——弗雷德·安德森，乔恩·鲁宾斯坦和艾维·特万尼安。他们并不见得都认同我的观点，但他们都帮助我证实了一些背景信息，还在其他领域开拓了我的思维。我对他们的敬仰与日俱增。

在应对这个极端复杂的故事时，我咨询了很多专家，他们帮我理清了很多方面的技术难题。除了书中引用过其原话的人以外，还有威廉·查普曼、克劳斯·克莱姆普、罗伯特·罗宾斯、伊桑·伯恩斯坦、西蒙·杨、科利·黄、詹姆斯·麦克维以及托尼·萨克那伊。富士康的新闻发言人路易斯·吴非常热心，他把那些冗长乏味的细节做成了"富士康星光之宴"的菜单。我为了写作本书到各地取材时也得到了很多人的帮助。伊夫林·洛厄里女士和WKRG（美国一家广播电台）节目的主持人黛比·威廉是我在亚拉巴马州的向导，我的得力助手田园（维奥莉特）是我在香港和深圳的导游。PixelQi（美国一家致力于研究电脑低功耗显示技术的公司）公司的CEO约翰·雷恩和日经BP社（日本规模最大的出版社）的合同制造专家大月智洋向我介绍了他们与苹果公司的合作，其亲切随和的接待让身在台北的我像在家一样舒适自在。蓝驰创投的尹永宽则助力了我的首尔之行。

写这本书最大的一个好处在于，它让我感受到了记者同事的慷慨无私。沃尔特·艾萨克森对我的工作给予了大力支持，他与我分享了所有那些没有写入《史蒂夫·乔布斯传》的独家背景信息。《纽约时报》的记者乔·诺塞拉不仅把他与乔布斯的对话内容一五一十地透露给我，还愿意让我在他发布之前写入书中。我的朋友，美国《连线》杂志的撰稿人弗雷德·沃格尔斯坦不但在我最困难的时刻伸出援手，还将其书的原稿交予我保管，对我表现出极大的信任。路透社的记者普尔尼玛·谷普塔、"数位包打听"网站的艾娜·弗里德和美国国际数据集团的马丁·威廉帮助我理清了苹果–三星专利审判案件的细节问题。《财富》杂志的菲利普·埃尔默·德威特与我分享了他关于电子书审判案件的报道，《彭博商业周刊》的乔希·泰兰吉尔给予我他采访蒂姆·库克的背景资料。《经济周刊》的马提亚·霍恩泽寄来了他采访斯蒂芬·沃兹尼亚克的文字稿，本书第20章有提到。大洋对面，日本《钻石周刊》的后藤直义和森川纯与我分享了他们关于苹果公司在日本的供应链的报道。日经 **BP** 社的中川广美也帮助我进行了关于日本供应商的研究。

还有很多在我写书过程中提供过无私帮助的人士，由于他们并未获得许可与我交谈，或是跟苹果、三星和富士康有合作关系，故在此隐去名字。我想你们知道我在说谁。谢谢诸位！

我还要感谢在《华尔街日报》与我共事的每位同事。新闻集团 **CEO**、《华尔街日报》前总编辑罗伯特·汤姆森和副主编马特·默里对我写书的想法给予了大力支持，并准予长假让我着手此事。报道苹果的 3 年来，旧金山分局的诸位编辑——斯蒂夫·约德、普依·温·塔姆和唐·克拉克——使我成长为一名更好的记者，这是我自己未曾预料到的。世界各地的同事帮助我收集与此书有关的故事，不断给予我支持与关爱。我特别要感谢伊恩·谢尔、杰弗里·**A.** 富勒、乔安·**S.** 卢布林、托马斯·卡坦、尼克·温菲尔德、约翰逊·迪安、洛蕾塔·乔、蔡婷、埃文·拉姆斯特德、伊桑·史密斯和埃米尔·埃弗拉蒂。还要感谢"数位包打听"网站的沃尔特·莫斯伯格和卡拉·斯威舍给我的鼓励、建议和帮助。

当然，倘若没有一支最优秀的助理队伍，我的任何一项工作都难以完成。除了维奥莉特以外，我还要特别感谢美国的娜塔莉·琼斯，她从最开始就一直陪伴在我的身边。中国台湾的董福兴、《华盛顿日报》的助理李敏善、《韩国时报》的金永哲、《韩国中央日报》首尔总社的金玄根同样给予了宝贵的支持。赖拉·卡妮帮助我完成了事实核查工作。

《华盛顿日报》的同事吉姆·卡尔顿于 15 年前写过一本关于苹果

公司的绝妙著作，如果不是他，我永远也没有机会遇到史上最好的代理商。皮特·金斯伯格是一位主持人，我要感谢他自始至终的引导与鼓励。他带我去哈珀柯林斯出版集团会见了乔纳森·伯纳姆和霍利斯·海姆鲍奇。他们一直都非常支持我的工作，对这本书也始终抱有极大的热情。能够碰到一位既了解作者的想法，又真正关心她所谈之事的编辑真是非常不易。遇到霍利斯和她卓越的团队是我极大的幸运。这个团队的成员包括副主编科琳·劳里、文字编辑汤姆·皮托尼亚克、封面设计米兰·波兹克、市场经理斯蒂芬妮·希拉以及宣传人员斯蒂芬·波利亚克。

写一本 400 页的书是一个令人望而生畏的任务，特别是对一位文稿从不超过 3 000 字的新闻记者来说。我必须向汤姆·弗伦奇致以最深的谢意，他将我庇护在羽翼之下，向我教授了记叙文写作方面的硕士课程。多亏了他，我现在用词更加精准，看电影和读书时也能够明晰它们的架构。汤姆·奥基夫以中学语法老师的视角，一字一句、一遍又一遍地阅读此书的每个章节，报社编辑凯利·本哈姆·弗伦奇和苹果前任行政主管蒂姆·沙夫也参与了审核工作。兰德尔·法默更是细心研读此书并给出很多建议。对我来说，他们每一个人都不可或缺。

我也要感谢旧金山作家协会接纳我成为他们的一员。我不仅获得了一间自己的办公室，还与极具才华的 60 余位小说作家及非小说作家建立了珍贵的友谊，并从他们那里获得建议和精神支持。与他们一道工作令我感到非常自豪。

这世上再没有什么能像写书这样令人身心沉迷、无法自拔的了，感谢朋友和家人一直陪伴在我的身边。朋友们的名字我就不逐一罗列了，以免遗漏某一个。不过，我想在此感谢我的父母和公婆，唐和岩谷文代以及丹尼斯和凯瑟琳·凯恩，他们对我充满信任和信心，还要感谢长姐裕纪对我的照料，以及真由、赖安和苏对我的支持与关爱。

最后，我想要感谢我的丈夫帕特里克。在写书过程中他给予了我无尽的鼓励和支持。他是我最严苛的批评者，最忠实的粉丝，同时也是我最好的朋友。是他成就了现在的我。